AI
に任せる技術
業務別「共生」戦略

アバナード株式会社
Avanade Japan K.K.

日本経済新聞出版

はじめに

２０２３年初頭から生成ＡＩに関する様々なニュースや記事がメディアを賑わせ、テクノロジーの動向にそれほど詳しくない方であっても「生成ＡＩとは何か」をおおまかに理解できるようになってきました。生成ＡＩがビジネスやオペレーションにどのような影響を及ぼすのか、多くの企業が２０２３年半ばから検証を進めています。

マシンラーニング（機械学習）技術と生成ＡＩを活用し、特定のユースケース（利用場面）における技術的な概念実証（ＰｏＣ）は進んでいますが、生成ＡＩが創り出すアウトプットの精度は十分とはいえない状況です。そのため、生成ＡＩをベースとした技術が将来的に本流のビジネスにどう組み込まれるかの検討は未だに先が見えず、企業にとってチャレンジであるといえます。

また、ＰｏＣを通じていくつかの課題が分かってきました。第一にＡＩソリューションの精度向上が、第二に従業員のＡＩリテラシーの不足や、ＡＩ活用に適した柔軟かつ俊敏な基盤の構築が挙げられます。現在、企業はファインチューニング（既存のモデルの調整）やＲＡＧ（Retrieval Augmented Generation：検索機能を用いて回答の精度を高める）の導入を通じ、ＡＩソリューションの精度向上を図るとともに、従業員のＡＩリテラシーの向上や基盤構築を進めています。

２０２４年5月14日にＯｐｅｎＡＩ ＧＰＴ－４ｏが発表されました。４ｏのｏとは「オムニ」を意味していて、音声、画像、動画、テキストなど様々な情報の組み合わせを一度にほぼリアルタイムで処理することを可能とし、生成ＡＩができることを大幅に増加させました。今後、生成ＡＩは単に作業を効率化する存在ではなく、ビジネスユーザーの選択の幅を広げビジネスユーザーに寄り添う伴走パートナーになっていくでしょう。

アバナードは、生成ＡＩソリューションの拡張は四つのステージに沿って進むと考えています。

２０２４年以降、企業は Enterprise Chat 導入（ステージ１）を卒業し、企業固有データとの連携（ステージ2）に移行しつつあります。先進企業では業務・ビジネスとの連携（ステージ3）に進んでいる企業もあります。ステージ1は従業員のＡＩに対する理解やリテラシーを高めるために必ず実施しなければいけないものですが、ステージ2とステージ3は、順番通りに進めていく必要はありません。両ステージを並行するケースは今後増えてくるでしょう。

これまでは「生成ＡＩを導入すること」が目的とされてきました。今後は高いＡＩリテラシーを持ったビジネスユーザーが生成ＡＩを活用して何を成し遂げられるか、そして最終的には個々の取り組みを包含・連携させ、企業のビジネスやオペレーションをどう変貌させるかを明確に打ち出し、生成ＡＩを導入・活用していくことが求められます。

ステージ1 「Enterprise Chat導入」	企業内で利用可能なセキュアなChatGPT環境が導入
ステージ2 「企業固有データとの連携」	①RAG／ナレッジマイニングの高度化による業務生産性の向上と②プロンプト／ファインチューニングなどによる回答精度の改善が実現
ステージ3 「業務・ビジネスとの連携」	①マルチモーダルAIに対応したシステム間連携、②自律的なタスク遂行を含めた業務プロセスの自動化、③企業固有のAI／データ基盤の最適化が実現
ステージ4 「AIエージェント／AGI（汎用人工知能）との共創」	①AIが自律的に従業員の業務を代替、②企業固有のユースケースに沿ったペルソナを持つエージェントの展開、③仮想／物理空間の連携、④人間とAIが共創できる仕組みの導入が実現

ＲＰＡやＤＸなどを一過性のバズワードとして扱ってしまった企業も多いようです。

生成ＡＩを永続的な企業変革のイネーブラー（目的達成を可能にするための手段）とするためには、企業として中長期的に生成ＡＩをどのようにビジネス、オペレーションで導入・活用していくかを明瞭かつ具体的に落とし込んだＡＩ戦略を策定することが必要です。そしてその策定にあたっては、ＡＩリテラシーを持ち、業務にも精通した管理職が果たす役割は大きくなるでしょう。

管理職が企業の中で生成ＡＩをどう導入・活用していくか。特に何をＡＩに任せ、何を人が担うのかといった「共生」の指針や生成ＡＩに関するプロジェクトの進め方と要諦を示すことで、企業が生成ＡＩを使いこなし、ビジネスを成長させるための一助となることが本書の目的です。

目次

第３章　マーケティング

第４章　Ｒ＆Ｄ

第5章　製造・物流

第6章　顧客管理

第7章　人事

第8章　情報システム

第９章　経営企画・経理財務

第10章　他のソリューションとの連携

第1章

AIとの向き合い方

Ⅰ．ＡＩを使う背景

ＡＩなどの先端テクノロジーを業務に取り入れるべき背景について、改めて考えてみます。

日本の人口は２０１０年前後をピークに、現在は緩やかな減少傾向にあります。中でも深刻な問題なのは、15歳以上65歳未満のいわゆる生産年齢人口の割合が下がり、65歳以上の高齢化率が上がるという人口構造の変容が挙げられます。人口動態の予測値は各種政府統計の中でも最も正確な予測の一つといわれていることに加えて、同様の人口問題を抱える他の先進国の動向からも、今後もこの傾向が続くことはほぼ間違いありません。

加えて、２０２４年６月に厚生労働省が発表した２０２３年の合計特殊出生率は全国平均で１・20、東京に至っては０・99と、共に過去最低水準の数値となり、予測よりさらに悪化の一途をたどっているといえるでしょう。

日本政府もこの状況を座視してはおらず２０２３年にはこども家庭庁を新設し、岸田文雄首相（当時）は〝異次元の少子化対策〟と銘打って各種子育て関連支援を拡充しています。また、

図1-1　OECD加盟国の時間当たり労働生産性（2022年）

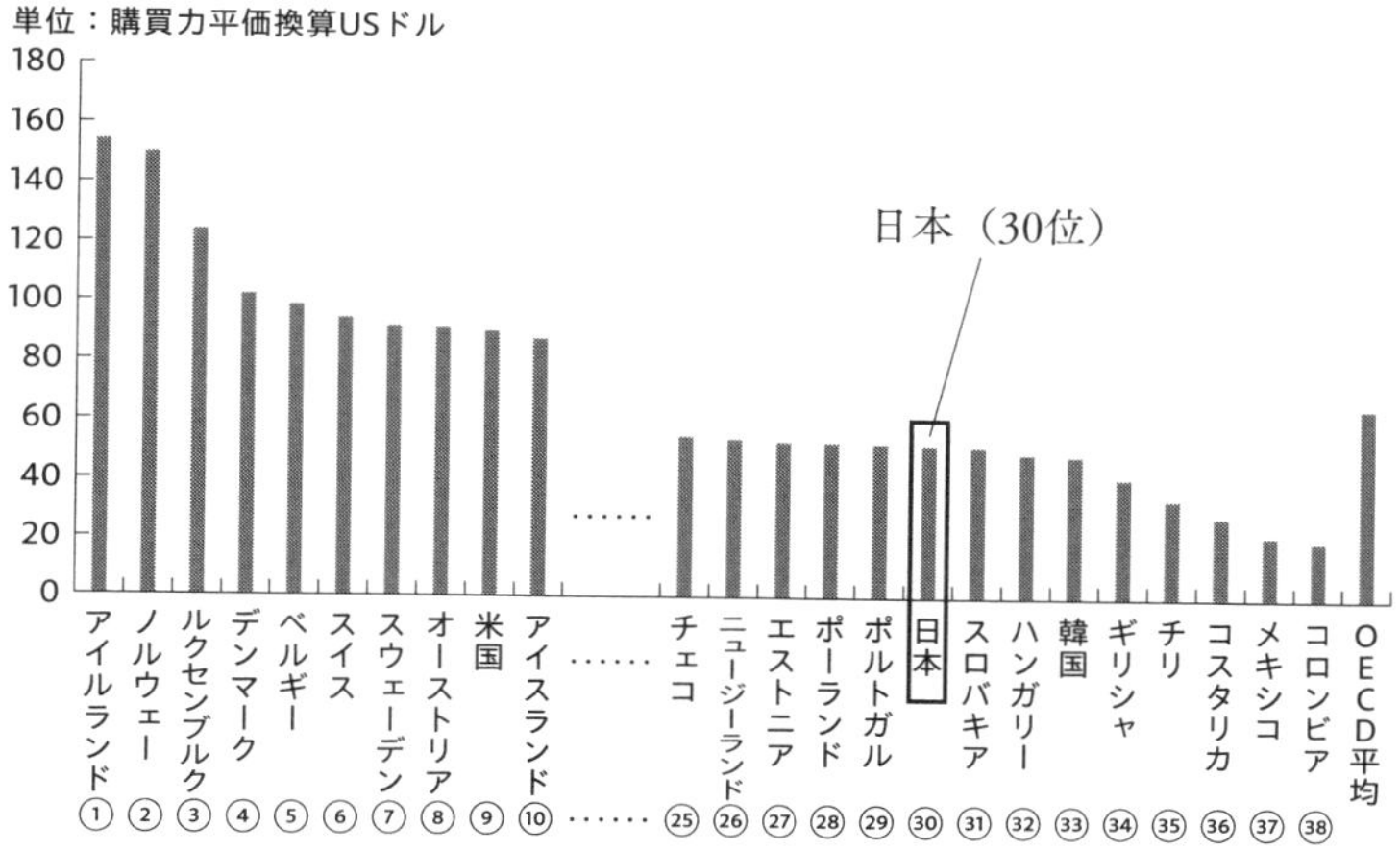

出所：公益財団法人日本生産性本部「労働生産性の国際比較 2023」をもとにアバナード作成
https://www.jpc-net.jp/research/list/comparison.html

２０２４年は政府が初めて少子化対策に乗り出してから30年の節目を迎える年で、これまでに投じた関連予算は66兆円ともいわれています。

しかし、その効果は出ていません。いわゆる少子高齢化問題が待ったなしの課題として、産業界にも突きつけられているといえるでしょう。

このような日本を取り巻く環境として、国力や競争力の源泉となる人口の絶対数の増加が見込めない中、さらなる成長を目指す、あるいは現在の経済規模を維持するだけでも、生産性の向上は避けては通れない課題です。

しかしながら、現実は厳しい状況です。公益財団法人日本生産性本部の調査によると、ＯＥＣＤ加盟国の時間当たりの労働生産性の国別比較において、日本は38カ国中30位となっており、上位のアイルランドやノルウェーなどの3分の1ほどとなっています（図1－1）。

このような状況の中、この数年で新たに出てきたホットトピックが、生成ＡＩをはじめとしたＡＩ革命です。記憶に新しいのは、２０２２年11月に公開されたＯｐｅｎＡＩ社のＧＰＴ－３・５ではないでしょうか。

ＧＰＴ－３・５は普段私たちが日常的に使用している自然言語を用いて、チャット形式で指示を入力すると、あらゆるトピックに対して自然な表現で回答を返してくれます。さらに目的や文脈を細かく指定してプロンプト（ＡＩに指示を与える文章）を入力することで、創造力が求められるような仕事まで対応できるようになりました。特定のテーマのアイデア出しや小説のストーリー構成などは従来、人間の専売特許だと思われていたため、衝撃を覚えた方も多いのではないでしょうか。

コンサルティング会社のアクセンチュアが実施した、生成ＡＩが業務に与えるインパクトの調査では、全業界平均で約40％の業務領域が、生成ＡＩによって業務変革を求められる可能性があると結論づけています（図1－2）。

日本を取り巻く環境や技術そのものが持つ破壊力という観点においても、私たちが日々行う業

図1-2　生成AIによる業界を超えた業務変革

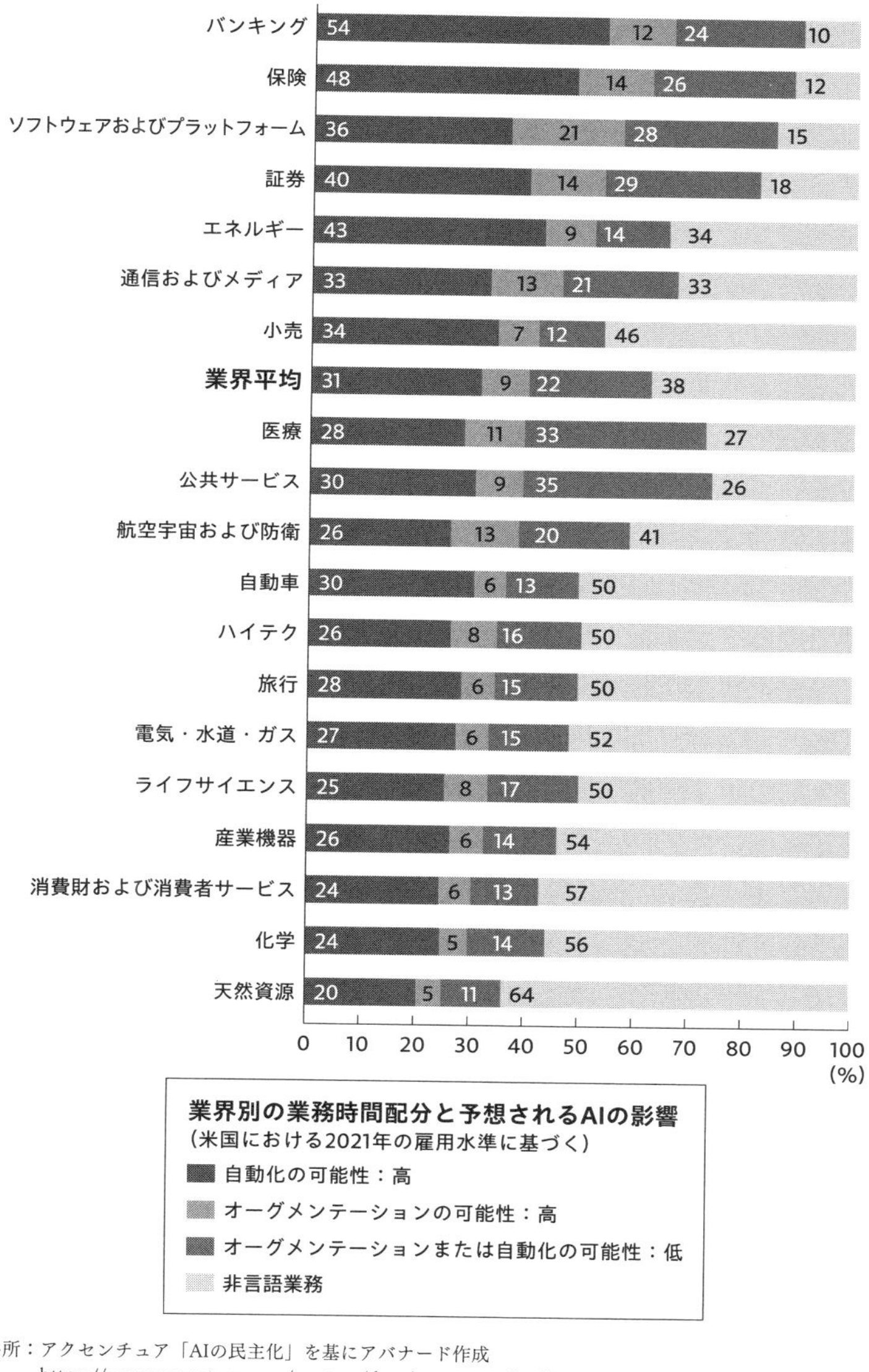

出所：アクセンチュア「AIの民主化」を基にアバナード作成
https://www.accenture.com/content/dam/accenture/final/markets/growth-markets/document/Accenture-AI-For-Everyone-J.pdf

務にこうした先端テクノロジーを取り入れていくことは必須要件になるでしょう。

II. ありがちなＡＩ利活用のパターン

なぜ「ＩＴ導入の基本」を守れないのか

「はじめに」で述べた通り、今まで日本企業では生成ＡＩの導入それ自体を目的とすることが許されてきました。また、生成ＡＩの使用用途を明確にせず、ひとまずツールとして生成ＡＩを導入している事例も数多く散見されます。

一方で日本企業はテクノロジー導入に対し、非常に慎重な姿勢を堅持しています。その導入にあたっては①ビジネスケースの作成、②投資対効果の概算、③導入リスクのアセスメントを実施し、導入の妥当性を明確にした上でマネジメント層に上申することが多いようです。マネジメント層は上申内容を基に、テクノロジーの使用用途や投資対効果、想定リスクをしっかりと見定め、導入可否に対し厳格な意思決定を行います。妥当性に少しでも懸念があると判断された場合、その導入は決して承認されません。

しかし、生成AIに関してはなぜかこの基本が徹底されず、導入の妥当性に懸念があったとしても導入が認められるケースが数多く見受けられます。なぜ生成AIの導入は特別扱いされるのでしょうか。

生成AIに対する理解の不足

日本企業が生成AIの導入・利活用を上手にできていない一因に生成AIへの理解が十分でないことが挙げられます。ChatGPTがメディアを賑わせていることもあり、個々の従業員レベルではChatGPTに触れ、自らの業務にどのように利活用できるかの理解は確かに進んできています。しかし、マネジメント層や部門を率いる上位管理職は、自社のビジネスやオペレーションに生成AIをどう利活用すべきか明確なイメージを持てているでしょうか。

マネジメント層や上位管理職レベルでの理解が進んでいないがゆえに、生成AIの導入・利活用に対する会社の期待値が明瞭にできず、幻想ばかりが膨らんでいっています。メディアを通じて生成AIが秘めるビジネスでの価値創出やオペレーション変革の可能性が伝わるとともに、導入ベンダーが生成AI導入の成功事例を持ち込んでくることで幻想が極大化していきます。その結果、世の中の流行に乗り遅れてはいけないとマネジメント層はテクノロジー導入の基本を無視して、IT部門にツールとしての生成AIの導入を指示するわけです。これは非常に危険です。

AI戦略の欠如

生成ＡＩの導入を単なるツールの導入にしないためには、生成ＡＩを自社としてどう理解し、その導入から何を期待するのかを明確にする必要があります。これらの必要事項はＡＩ戦略の立案を通じて明確にできます。一般的にテクノロジーの導入は中長期でのＩＴ戦略に基づいて行われます。本来であれば図１－３のようなステップを通じてＡＩ戦略を策定しますが、ＡＩ戦略の立案をすることなく生成ＡＩの導入を行うことが散見されます。結果、自社として生成ＡＩへの理解や期待を明確にすることができないわけです。

部門最適ではなく全社最適な観点から生成ＡＩの導入や利活用を進めていくためにも、ＡＩ戦略の立案は必須です。生成ＡＩ活用の将来像を描き、ロードマップを準備することで、戦略的かつ計画的な生成ＡＩの導入を共通認識として持つことが可能になります。

部門ごとの縦割りの導入

生成ＡＩは日々進化するテクノロジーです。その進化内容を十分に理解しないまま、ビジネスユーザーが生成ＡＩの導入を進めたとしても大きな効果を得ることは困難です。

図1-3　AI戦略立案の進め方

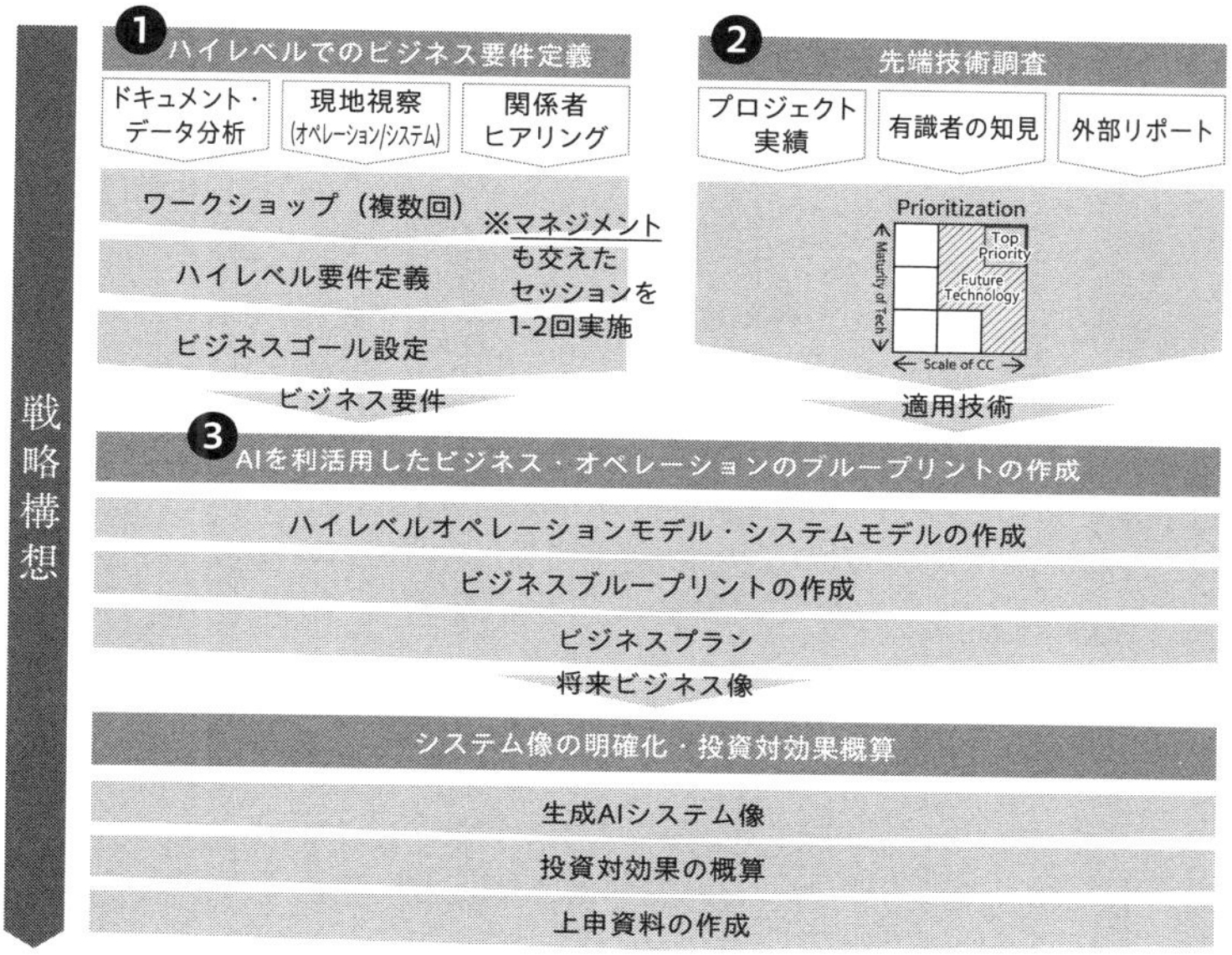

図1-4　戦略構想のポイント

1
先端技術の活用を取り入れた新たなオペレーションやビジネスを描くために、ビジネス、オペレーションに適合する先端技術を調査。

2
マネジメント参加のもと、To-Be方向性を決定し、将来像作成の指針を明確にすることが必要（ビジネスゴールは何かを明確にする）。

3
漠然としたビジネス像だけでなく、それらを下支えするハイレベルでのオペレーションモデルまで描き切ることが必要。

図1-5　生成AI活用可能性検討のためのPoCアプローチ

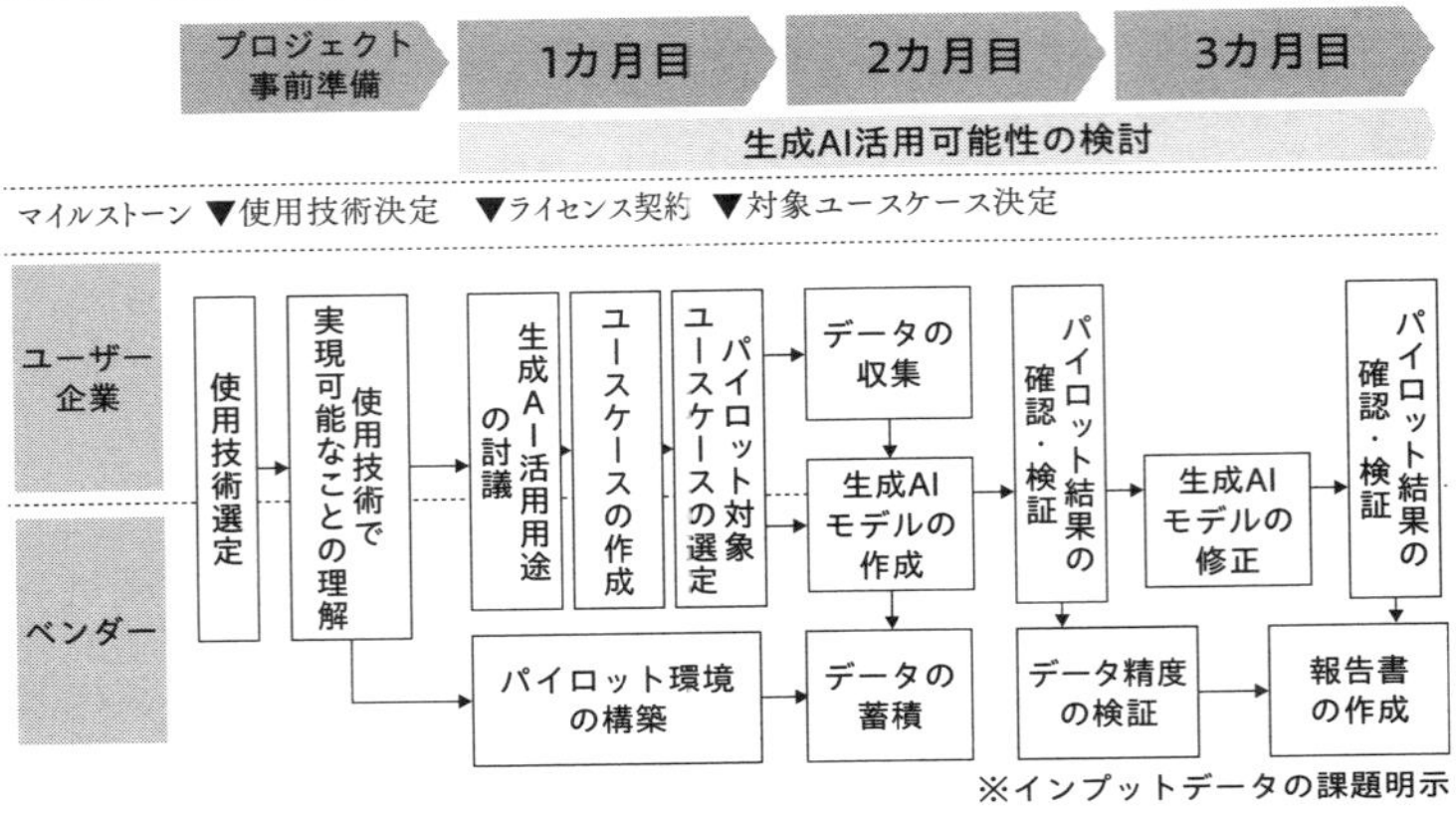

大きな効果を得るには、ビジネスユーザーが生成ＡＩの技術的可能性を理解し、業務適用可能性（利用場面：ユースケース）を把握することが必要です。しかし多くの日本企業は生成ＡＩの技術的可能性の理解のみに焦点を絞り、ユースケースの把握に力を入れていません。

　ユースケースの把握を上手に行うためには、ＰｏＣ開始前からユーザーを巻き込み、①使用技術の決定、②使用技術で実現できることを明らかにしておくことが望ましいでしょう。また、生成ＡＩの技術的可能性やユースケースの理解というＰｏＣの目的を勘案すると、ＰｏＣの実施スコープを広げず、最小限のスコープでＰｏＣを開始すべきです。しかし最小限のＰｏＣは多くの場合、部門内に閉じた取り組みとなっており、全社横断的な利用に至らないのです。この問題を回避するためには、ＰｏＣの「その先」を明瞭にしておく

図1-6　AI利活用におけるリスク

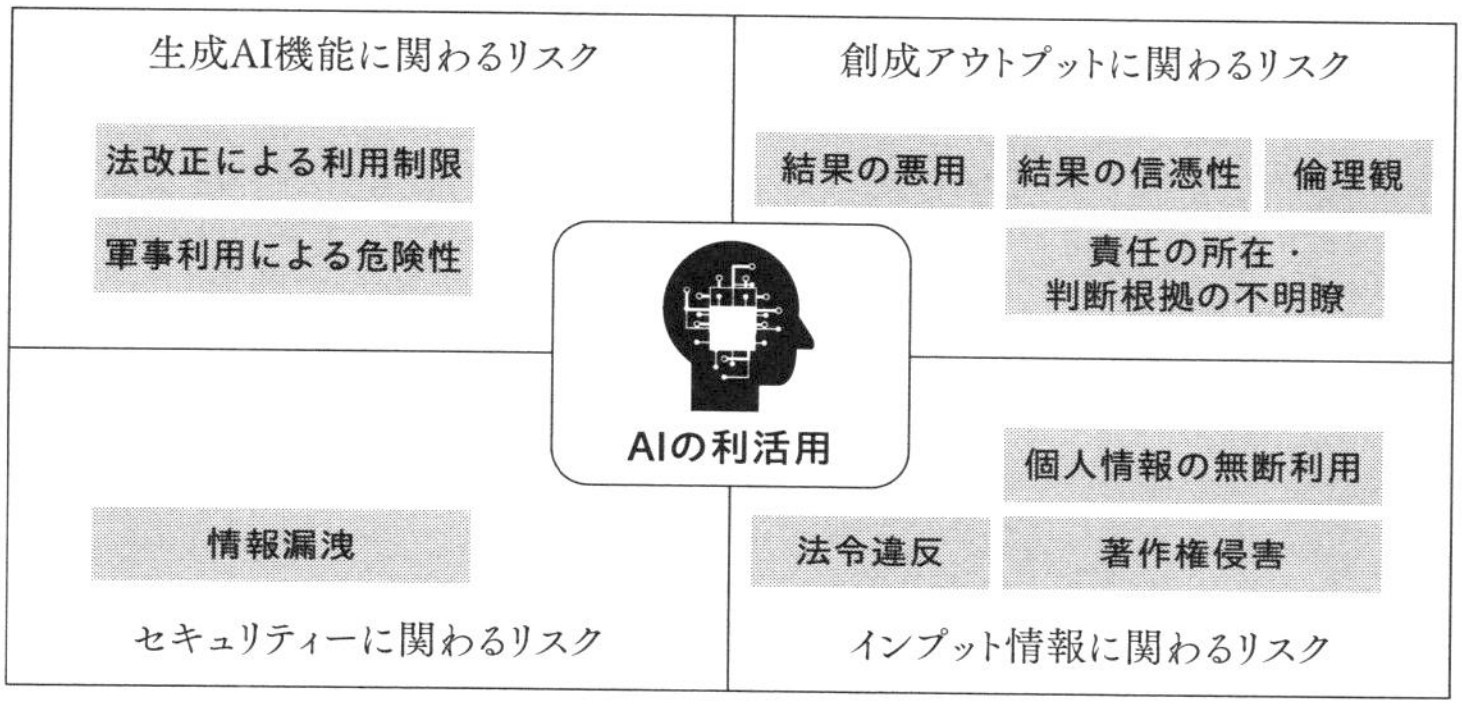

べきです。

また、ＰｏＣを成功に導くためには様々なケースでＰｏＣを経験した外部専門家の力を借りることも場合によっては必要です。

リスクへの不十分な備え

生成ＡＩは発展途上のテクノロジーです。使用されている技術は日々進化を遂げていて、ユーザーにとってブラックボックスとなっている部分も多くあります。生成ＡＩが創出するアウトプットには結果の信憑性、責任の所在や判断根拠の不透明性に関するリスクがつきまといます。知らずに利用した情報ソースが著作権侵害や法令違反を起こしている可能性もあります。また、セキュリティー対策が十分でないまま生成ＡＩを利用した場合、入力情報をＡＩの学習情報として活用されることで意図せず情報漏洩となってしまうケースも考えられます。

テクノロジー導入の妥当性を検証するフェーズにおいてリスクアセスメントは必ず実施しておく性質のものです。マネジメント層やユーザーにとって生成ＡＩが未知なものであればあるほど、生成ＡＩが生み出すリスクに対する備えは必要だからです。会社として生成ＡＩへ正しい理解を持ち、その導入のスコープとロードマップを策定し、さらには業務適用可能性を明確にすれば生成ＡＩ利活用において会社が潜在的に直面するリスクは明らかになってきます。テクノロジー導入の基本に立ち返ることこそ、リスクマネジメントの欠如を回避するための方策です。

Ⅲ．ＡＩを何に使うべきか

ＡＩを使うべきところ

近年、ＡＩ技術は飛躍的に進化し、企業における様々な業務に活用されています。しかし、「ＡＩ万能」という考え方は誤解を招き、期待以上の成果を得られない可能性があります。

企業がＡＩ活用に投資するからには、当然ながら一定の成果を出すことが期待されます。そのため、ＡＩの導入ありきで進めてしまうと、「とりあえず簡単そうな業務でＡＩを使ってみたけど、お金がかかった割にはあまり役に立っていないな……」といった残念な結果に終わってしまうかもしれません。

そもそも自社ではＡＩを何に使うべきなのか？ということを考えていく必要があります。ここでは期待される成果に応じて、次の三つに分けて指針を提示します。

ＡＩを何に使うべきか？についての基本方針

(1)人にできないがＡＩなら実現できること
(2)人にできるがＡＩで高速化できること
(3)ＡＩを組み合わせて人が行う作業の精度を高めること

(1)人にできないがＡＩなら実現できること

ＡＩの卓越した処理能力を生かすことで、人にはできないような仕事をＡＩに任せられるようになります。ここでは生成ＡＩに限って話を進めます。

高度な分析・予測：生成ＡＩは膨大なデータを高速処理し、人間では困難なパターンや傾向を発見することができます。生産管理における需要予測などであれば、人の経験・勘よりも正確な予測結果を出力させることができます。

特定領域の創造的な作業：生成ＡＩを用いることで、特定の領域であれば素人でも簡単に要求通りの出力結果を得ることができます。例えば、プログラマーでなくてもプログラムの簡単な仕様や希望条件を生成ＡＩに入力することで、Python 等のコードで記述されたプログラムを数秒のうちに作成することができます。

(2)人にできるがＡＩで高速化できること

人にできる作業であっても、生成ＡＩに任せることで高速化するのであれば活用検討の候補になります。

単純作業・定型業務：自然言語の処理能力が高い生成ＡＩを用いることで、単純作業や定型業務であれば作業内容の大部分を生成ＡＩに任せてしまうことができます。例えば、自社の膨大な量の契約書を読み取らせて管理表をひたすら更新させるような作業、顧客からの簡単な問い合わせへの自動対応などです。

情報収集・分析：インターネット上の公開情報や社内データを大量に学習している生成ＡＩであれば、その中から必要な情報を迅速に収集・分析することができます。例えば、新規参入を考えている製品についての初期的な市場調査などです。

(3)ＡＩを組み合わせて人が行う作業の精度を高めること

(1)(2)が生成ＡＩ主体での作業を想定しているのに対して、(3)は人が主体の作業の中で生成ＡＩを補助的に用いることで人がやることの精度を高める方向性です。

情報の補強：人の出力結果を生成ＡＩに入力して、不足している情報を補強してもらうことができます。例えば、自社の新規事業の検討アイデアを生成ＡＩに入力し、他の観点でのアイデアがあるかどうかを生成ＡＩにチェックしてもらうことで網羅性を高めるなどです。

Ⅳ．ＡＩを使える業務は何か

ここまでで、そもそも生成ＡＩを何に使うべきなのかについての指針を提示してきました。前提の認識がそろったところで、次は自社・自部署の業務について、一つひとつ生成ＡＩを使えるのかどうか整理していく必要があります。

ここからは、生成ＡＩを使えるかどうかを判断するための業務整理の軸を提示していきます。

業務を整理するための軸は、「⒜業務の中での判断に必要なデータ量」、「⒝業務の中での判断に必要な変数の量」の二つです。

⒜について、生成ＡＩが業務に必要な精度で判断できるようになるためには、一定量の学習データが必要です。そのため、生成ＡＩの学習に必要なだけのデータを確保することができる業務なのかどうかが、生成ＡＩを使える業務の選定において大事なポイントになります。

⒝について、人は業務の中で様々な変数を考慮した上で、総合的に判断しています。そこで重要な変数をすべてデータとして生成ＡＩにインプットすることができれば、生成ＡＩは高い精度

図1-7　業務を整理するマトリクス

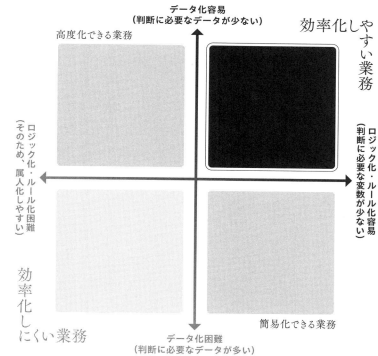

で判断することができます。

　とはいえ、業務の中で考慮するべき変数が多くなればなるほど、生成ＡＩにインプットしなければいけない変数も増えます。属人的な業務であれば、職人が説明の難しい匠の勘で判断していることも多いので、生成ＡＩにすべての重要な変数をインプットするのは難しくなります。そのため、判断に必要な変数が多い業務なのかどうかが、生成ＡＩを使える業務を選定する上で大事なポイントです。

　実際に業務を整理していく上では、(A)を縦軸、(B)を横軸においた4領域のフレームに自部署の業務をマッピングしていくと、どの業務がどの程度ＡＩ活用を検討できるのかについて各領域ごとに分析・解釈することができるようになります。

次章以降で、実際に図１－７のマトリクスを活用して部署ごとの業務を分析し、生成ＡＩの活用方針について議論していきます。

この４領域に対し、どのような改善策があるのか、それが生成ＡＩなのか別のツールなのか、特に、その際に注意すべき点について記述しています。

Ⅴ．費用対効果

ＡＩに限らず、システム導入を進める際に避けて通れないのが費用対効果の検討です。費用対効果を適切な方法で示すことができないと、経営層の承認が得られずＡＩ導入プロジェクトは早々に頓挫してしまうでしょう。

一般的に費用対効果とは効果額をコストで除して算出されますので、コストを抑えつついかに効果を最大化するかという観点がとても重要になります。しかし、これは理屈としては非常に簡単な話ですが、実際に費用対効果を算出しようとすると様々な壁にぶつかってしまうケースが少なくありません。ここでは、費用対効果の検討において直面しがちな問題と、それを乗り越えるためにヒントとなる考え方をご紹介します。

費用対効果の検討において、効果をコストで除した値が何％かという議論はもちろん重要ですが、その前段階の話として、AI導入によって、どのような効果とコストが発生するかをしっかりと把握しておくことがより重要です。

コストについては、比較的簡単に考えることができるでしょう。企業における支出には、大きく分けてCAPEX（資本的支出）とOPEX（事業運営費）があります。AIの導入に際して何かしらの開発やカスタマイズを行う場合、それに要する初期費用がCAPEXです。また、OPEXとしては継続的に発生する保守・運用費用や、AIサービスのライセンス料などが挙げられます。

基本的にはそれだけの話です。しかし、特に保守・運用に関して、例えばIT部門の社員が一定の工数を割いてユーザーサポートや管理業務を実施する必要があるといった場合には、そうした負担も「コスト」として考慮すべきかもしれません。このように、外部へのキャッシュアウトのみがコストとは限らないということを、認識しておく必要があります。

効果については、より難しい議論になります。まず、そもそも何をＡＩの効果として定義するかというところから考え始めなければいけません。

ＡＩによる効果として分かりやすいのは、作業時間の削減でしょう。これまで3時間かかっていた作業がＡＩ活用により2時間で終わるようになれば、1時間の削減効果が得られたと考えられます。様々な業務で積み上げた削減時間数の合計に、社員の時給単価をかけることで、ＡＩによる削減効果を算出することができます。

しかし、これだけが本当に「効果」なのでしょうか。例えば、定量的な指標では表せずとも、ＡＩを活用することで作業品質が向上するなどの定性的な効果も考えられるはずです。あるいは、直接的な品質向上以外にも、ＡＩを使って単純作業が減るなどの理由で、社員の満足度向上といった効果が得られるかもしれません。

また、仮にＡＩ活用により作業時間が削減されたとして、社員はその生み出された時間で何を行うのでしょうか。空いた時間で休憩する、もしくはゆっくり作業をするといった社員もいるかもしれません。一方で、創出された時間を使って新たな提案を考えるなど、プラスαの業務に取り組む社員もいるはずです。

別の観点もあります。先ほど「3時間かかっていた作業がＡＩ活用により2時間で終わるようになれば……」と書きましたが、AI活用による効果は全員一律に表れるものではありません。仮にPoCを実施したとしても、同じ業務で2時間削減できたという人もいれば15分程度しか削減できなかったという人もいて、平均すれば30分程度の削減にしかならないかもしれません。

社員一人ひとりのAIスキルや使いこなし度によって得られる効果は大きく変動するため、仮にPoCで平均30分程度の削減効果という結果が出たとして、その数字をそのままAI導入の効果として見積もってしまうと、AIの価値を過小評価してしまう可能性があります。

このように、AI導入による効果を考える際に、どこまでの範囲を効果としてみなすかについては、様々な考え方があります。これらの論点を構造的に整理したのが、図1－8です。

AIの効果について、横軸で「直接的・副次的」×「定量・定性」の4種類を定義しています。それら4種類の効果が、個々の利用スキルや徹底度合いがバラバラ（ありのまま）の状態で利用した場合の効果が①~④で表現されています。さらに、社員の利用スキルが一定水準まで底上げされ、AI活用に対する文化醸成なども進んだ状況での効果が⑤~⑧です。

また、AIの機能や精度は日々進化していくものです。AIを導入してみたものの、現場から「この精度では業務で使えない」という声を聞くことはよくあります。しかし、現在の精度を前提に考えるのではなく、近い将来にある程度の水準までＡＩの精度が向上した場合、どれくらいの効果が得られそうかということを考えてみることにも、一定の意味があるはずです。それらを表現しているのが、図における⑨～⑫です。

これらのうち、どこまでをＡＩ導入の効果として織り込むべきかは難しい議論です。例えば、最小限の①（ありのままに活用した場合の作業時間の削減）だけを対象とすると、極めて限定的な効果となってしまい、ＡＩ導入の可能性を過小評価してしまうリスクがあります。よって、ありのままの活用だけを前提にするのではなく、少なくとも社員のスキル向上やＡＩ活用に対する文化醸成がある程度進んだ状態でどれほどの効果が得られそうかという⑤の効果を想定して、費用対効果として示していく必要があると考えます。①と⑤の定量効果で、ＡＩ導入に要するコストをペイできると示した上で、プラスαとして定性的な効果（②や⑥）があるというところまで言及ができると、ＡＩ導入に向けた話を進めやすいのではないでしょうか（図の破線枠内）。

なお、副次的な効果については、効果の見積もりが非常に難しく、また実現可能性も不透明なものです。例えば「作業時間が削減されたことで追加の営業活動を行うことができるようになり、そこから新たに〇〇万円の売り上げがもたらされるはずだ」といった皮算用はできますが、保守

図1-8　AIの効果

時間削減だけではなく、作業品質の向上についても言及することで、コストをペイした上でプラスの効果があることを訴求する。

		直接的な効果		副次的な効果	
		定量効果	定性効果	定量効果	定性効果
現在	ありのままに活用	① 作業時間の削減	② 作業品質の向上	③ 空き時間での価値創出	④ 社員満足度向上
	徹底的に活用 （文化醸成が必要）	⑤ 作業時間の削減	⑥ 作業品質の向上	⑦ 空き時間での価値創出	⑧ 社員満足度向上
未来 （AI精度向上）		⑨ 作業時間の削減	⑩ 作業品質の向上	⑪ 空き時間での価値創出	⑫ 社員満足度向上

ありのままの活用だけでは効果が限定的なため、スキルの向上や文化醸成などを通じた徹底的な活用を視野に入れた効果を示す。

的に考えるならばこうした波及効果はあえて考慮しないか、あくまでも補足情報として軽く言及してみるくらいがよいでしょう。

　また、ＡＩの精度が向上した未来に得られるであろう追加の効果については、特に言及しない、言及するとしても補足情報にとどめておくくらいが現実的です。

第2章

営業

営業 業務とAI利活用

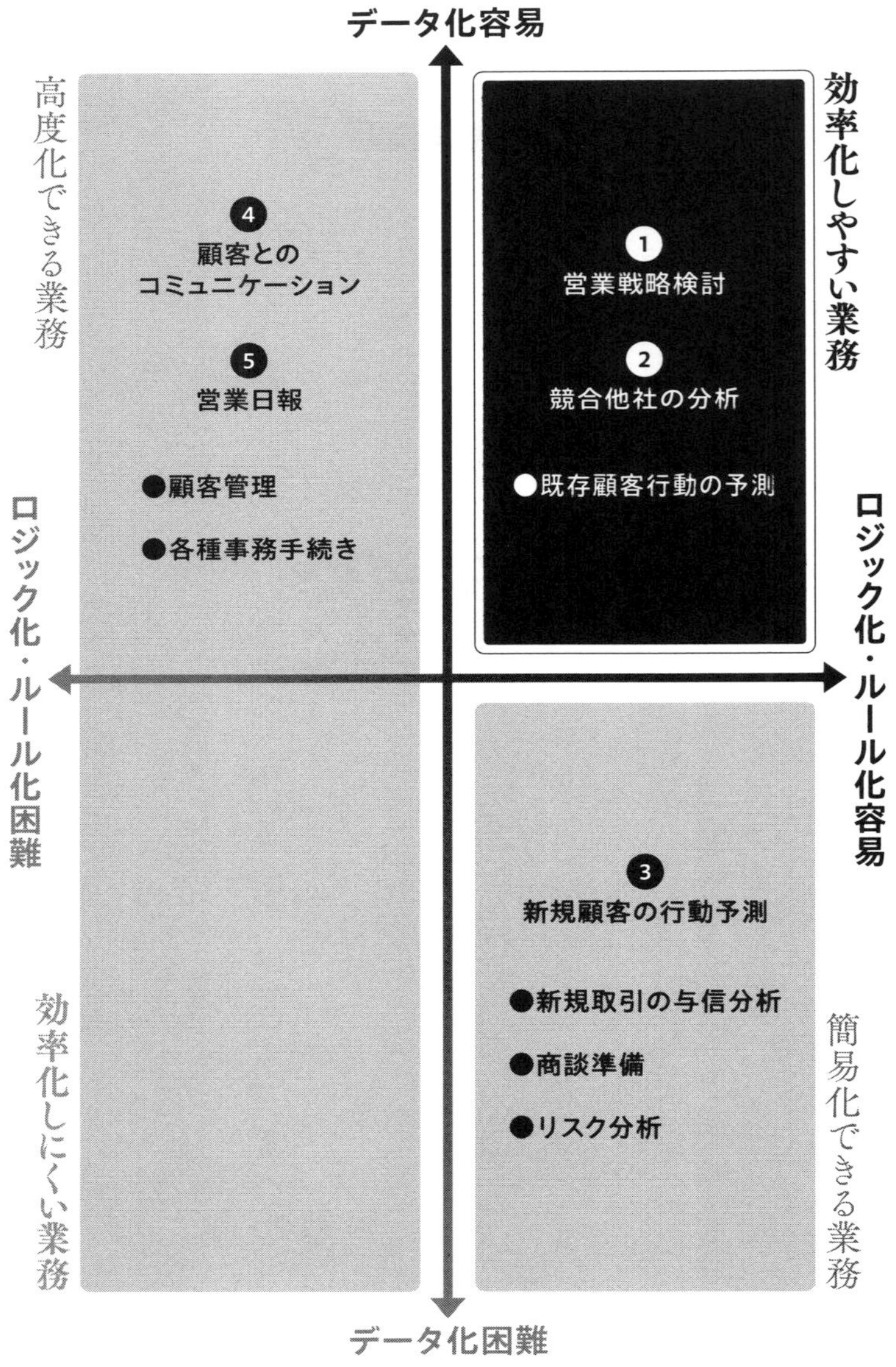
データ化容易
データ化困難
ロジック化・ルール化困難
ロジック化・ルール化容易
高度化できる業務
効率化しやすい業務
効率化しにくい業務
簡易化できる業務
4 顧客との
コミュニケーション
5 営業日報
●顧客管理
●各種事務手続き
1 営業戦略検討
2 競合他社の分析
●既存顧客行動の予測
3 新規顧客の行動予測
●新規取引の与信分析
●商談準備
●リスク分析

I. イントロダクション

営業の仕事は、顧客との信頼関係を築き商品やサービスを提供することで、売り上げ拡大を目的としています。また、市場動向や競合情報の収集も行い、企業のビジネス戦略の立案や実行にも貢献します。

営業担当者は顧客とのコミュニケーションを通じてニーズを把握し、適切な提案や商品情報を提供して顧客の課題解決を支援することが求められます。

そのような営業部において、AIはどのように活用すべきでしょうか。

- 「商談に、AIを使えないかな？」
- 「顧客に有効な提案材料を提供してほしい」
- 「提案資料作成を自動化できれば……」

ＡＩを活用すれば、こうしたことはいずれも実現可能です。特に、膨大なデータを取り扱う予測・分析や、文章の意味や感情を把握する等の複雑な作業はＡＩに任せることが合理的です。

ただし、忘れてはいけないことが一つあります。それは、営業部の仕事はすべて、生身の人間、それも顧客先の大切な社員を相手にする業務だということです。ゆえに、すべてＡＩ任せにすればよいわけではないということを念頭に置いていただければ幸いです。

Ⅱ．業務分類

図２－１であなたの業務はどの領域に当てはまりますか。

- 右上 「営業戦略検討」や「競合他社の分析」
  大量データを活用し、分析・未来予測等の複雑な問題の解決が必要な業務
- 右下 「新規顧客の行動予測」
  少量データを活用し、与信分析・リスク分析等の複雑な問題の解決が必要な業務
- 左 「顧客とのコミュニケーション」や「営業日報」
  定型的な業務や、一定のルールに基づく業務

図2-1　営業業務とAI利活用

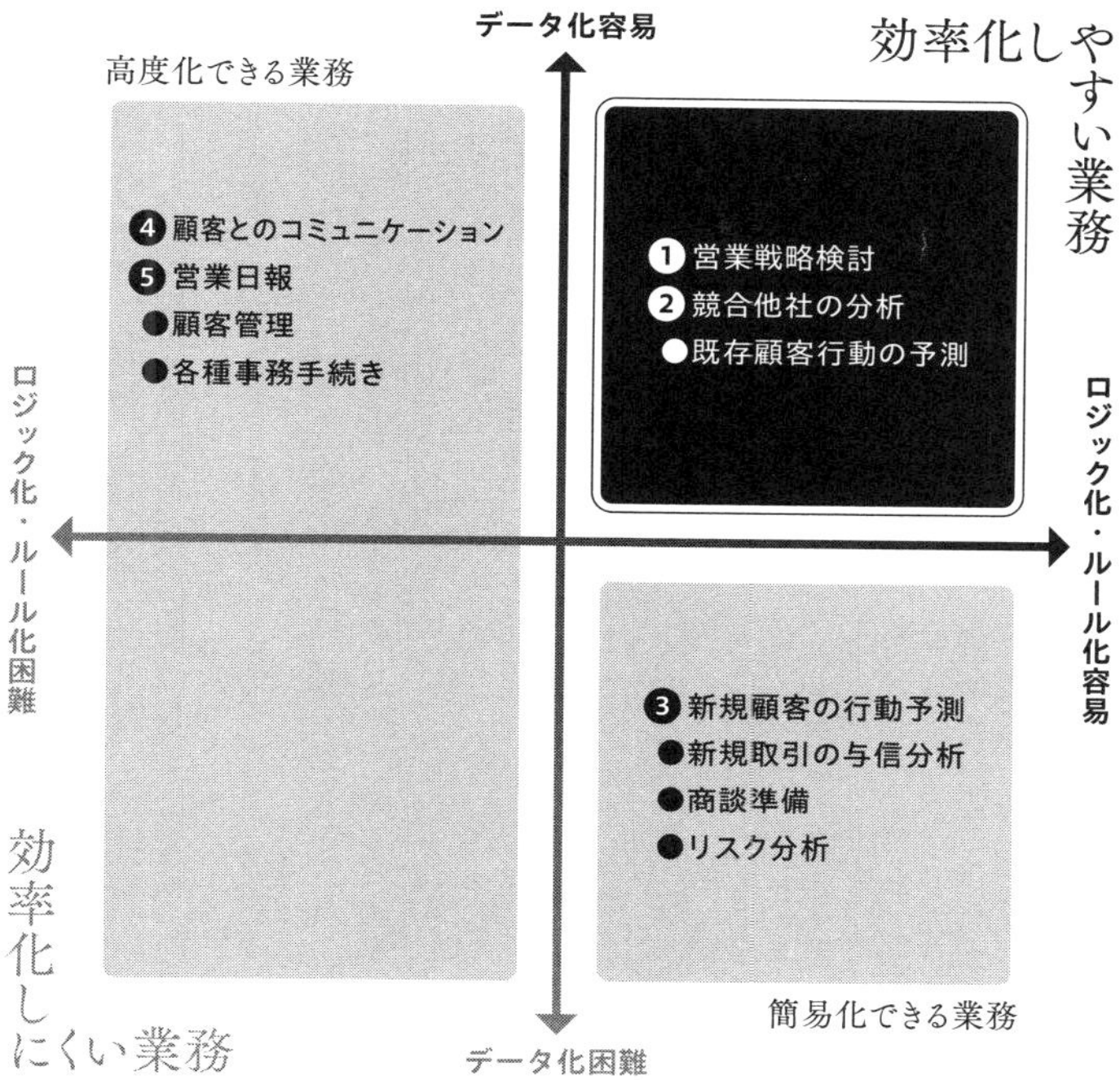

それでは以下、業務事例を交えて領域ごとにＡＩの活用方策を紹介します。

Ⅲ.【分類①】効率化しやすい業務

AI活用の方策　営業戦略を最適化する

顧客の行動、販売予測を分析し顧客のニーズに応えるというのは、売り上げ向上には欠かせない業務です。同時に、難度が高く時間もかかるため、人が行うには困難な業務ではないでしょうか。そのような場合、機械学習を活用すれば、容易にデータを予測、分析することができます。

なお、機械学習モデル構築には次のような特徴があります。モデルを学習させるために、多くの顧客データを収集します。データは問題のタスクに適したものである必要があります。さらに、顧客データを整理し、特徴を抽出します。目的変数と説明変数の関係性を理解し、モデルに適切なデータを入力します。そして、教師あり学習、教師なし学習、強化学習などのアルゴリズムを使用してモデルを学習させます。モデルはデータからパターンを学び、予測や分類を行うようになります。

今回は営業戦略検討業務を例に考えます。ある営業担当者（Aさん）が、本日の夕方までに今期の営業戦略を検討するという想定です。

Aさんは、営業戦略検討のため、次の情報を基に、ターゲット企業を選定したいと考えています。

①企業の基本情報（所在地、業種、従業員数、売上高など）
②市場や業界の特性
③過去の取引実績

しかし、これらの情報は大量かつ社内外に散在しており、収集・分析共に時間と手間がかかり困っています。

機械学習を導入すれば、社内の取引実績はもちろん、社外にある情報も素早く収集してくれるとともに、収集した情報を分析しAさんの考えるターゲット企業選定の手助けをしてくれます。

またAさんは、ターゲット企業の選定に①②③を基に考えていましたが、それ以外に加えた方が良い項目や必要のない項目などの分析も行うことでより精度の高い選定が可能となります。

競合他社との差別化を図る営業トーク分析にも

競合他社の分析は、他社動向を把握し差別化を図るために重要な業務です。それと同時に、情報収集が困難で時間もかかる業務ともいえるのではないでしょうか。

今回は、商談時に使う営業トーク検討業務を例に考えます。

ある営業担当者（Aさん）が、今後の商談で使えそうな営業トークを考えています。Aさんは、以前に商談をした顧客から「違う会社も同じこと言ってたよ、どこと契約しても同じでしょ?」と言われた際に言葉を詰まらせた経験があったため、他社との営業トークの差別化を図ろうと考えています。

機械学習を導入すれば、過去の大量な商談記録やトーク内容、商談のメモ、録音データ、顧客からのフィードバックなどを素早く収集し、キーワードの出現頻度やトーンや感情、商談の成功率や成約率などを分析してくれます。そして、大量のデータを短時間で収集し、分析できるため、競合他社の動向をリアルタイムで把握することができます。

また競合他社の強みや弱みを分析することで、自社の強みを生かし、競合他社との差別化を図ることができるため、顧客に対して独自の価値を見出すことができます。

しかし、商談記録やトーク内容、商談のメモなどはあっても録音データは記録していない営業担当者が多いのではないでしょうか。加えて、営業トークは成約にとても重要となり、営業成績に直結するため、他の人には教えたくないという営業担当者も多いでしょう。

ですが、商談を録音するという文化ができれば、精度の高い商談の成功率や成約率が分析できます。

このようなことから機械学習を導入する企業が増えてくれば、「営業トークが各社同じになるのでは?」と不安になる方もいらっしゃると思います。

もしそうなれば、製品や営業担当者のスキルが求められるようになるため、企業はより良い営業担当者の雇用を求め、顧客は信頼できる良い製品、会社と巡り合えることができるようになると考えています。商談録音が文化になれば、業界全体が高いレベルで取引できるようになるのではないでしょうか。

注意点

機械学習はその名の通り学習が必要なシステムのため、準備が必要です。収集してきた大量のデータから何度も繰り返し分析トレーニングを行い、トレーニング中は、人が分析結果の精度を評価し最終的にシステムにパターンやルールをしっかり学習させる必要があります。

あくまでも機械学習は、〝ヒント〟をくれるという役割であることを忘れてはいけません。人が評価し、高精度の学習結果だったとしても、必ずしも100%合っているわけではないので注意が必要です。

Ⅳ．【分類②】簡易化できる業務

AI活用の方策　新規顧客の行動予測で役立たせる

営業するにあたって既存顧客からの取引は重要です。また、新規顧客の獲得も業務拡大に必要です。しかし、新規顧客の獲得は情報量が少ないため、分析やアプローチ方法を検討するのに時間を要する業務なのではないでしょうか。今回は、新規顧客と大口顧客への商品提案を例に考えます。

営業担当者（Bさん）が、新規顧客（C株式会社）と大口顧客（D株式会社）の商談の準備をしている想定です。

Bさんは、いずれの会社も次の情報を収集し、過去に取引した企業と照らし合わせながら準備を進めようと考えています。

①業界・業種
②規模（売上高や従業員数）

D株式会社の情報はすぐに収集できたものの、C株式会社の②の情報が企業HPを見ても掲載されておらず、情報収集が難航し困っていました。

AIを導入すれば、企業HPやBさんが難航したC株式会社の情報も就活サイトや、ウェブ求人などから素早く情報収集することが可能です（あらゆるサイトの情報収集をしても、もともと掲載されていない情報は収集不可です）。

また、①②の情報以外にも、取得した情報の分析結果から顧客のニーズのヒントを得られる可能性もあるため、Bさんの商品提案をサポートしてくれます。

V.【分類③、④】高度化できる業務・効率化しにくい業務

AI活用の方策　顧客とのコミュニケーションで生かすには

ＡＩチャットボットとは、自然言語処理を用いてユーザーとの対話を自動化するサービスです。これにより、顧客対応の自動化や、24時間３６５日の対応が可能になります。なお、自然言語処理（ＮＬＰ）とは、人間が普段使っている言語をコンピュータで処理する技術です。具体的には、テキストや音声データを解釈し、応答できるようにするためのＡＩの一分野です。自然言語処理（ＮＬＰ）は、次のようなタスクに応用されています。

- テキストから感情や意見を抽出する
  例えば、顧客のレビューやソーシャルメディアの投稿から感情を分析する場合に活用。
- テキストをカテゴリに分類する

例えば、スパムメールの検出やニュース記事のジャンル分類など。

- ユーザーとの対話を自動化するため、チャットボットや仮想アシスタントへの応用
- 言語間の自動翻訳

　Ｇｏｏｇｌｅ翻訳などがその一例。

今回は、問い合わせ対応の業務を例に考えます。営業担当者（Eさん）のもとに、複数顧客（F株式会社、G株式会社、H株式会社）から同時に問い合わせが来たという想定です。

- F株式会社から

「○月×日10時からの打ち合わせを、同日15時からに変更できますか？」

- G株式会社から

「契約導入しているコピー機の紙が何度入れなおしても詰まってしまいます。詰まりを解消するにはどうすればよいでしょうか」

- H株式会社から

「来月契約分の引き落とし口座の変更をしたいのですが、どちらに問い合わせればよいでしょうか」

しかし、Ｅさんは次の商談を控えている上、Ｇ株式会社やＨ株式会社からの問い合わせは、他部署の担当者に確認を取る必要があるため即時回答ができず困っていました。

このように、同時に複数の顧客から問い合わせが来ると対応に時間がかかり顧客を待たせてしまいます。そこで、ＡＩチャットボットを導入すれば、Ｆ株式会社からの質問に対しては、Ｅさん自身のスケジュール調整が必要なため「担当者からの連絡をお待ちください」と、自動で一次回答してくれます。

Ｇ株式会社からの質問に対しては、自動で商品サポート部署の担当者に連携後、自動回答または担当者がチャットや電話で具体的な解決方法を回答してくれます。

Ｈ株式会社からの質問に対しては、自動で経理部の担当者に連携後「引き落とし口座変更はこちらのＵＲＬよりご登録ください」というように自動で回答してくれます。

また、顧客からの問い合わせは１００％の正確性が求められますが、ＡＩが１００％正確な回答を出すことは不可能です。チャットボットでは、顧客に対する回答が蓄積されるため、Ｇ株式会社やＨ株式会社に誤った情報を伝えていないかの確認などもできます。つまり、最終的には人が判断をし、１００％正確な回答をすることができます。

さらに、チャットボットでは「よくある質問」を蓄積し営業時間外でも回答ができるので、顧客を待たせることなく365日24時間対応が可能となります。

営業日報作成はChatGPTを活用

今回は営業日報の作成を例に考えます。営業担当者（Iさん）が営業活動を終え、営業日報を作成するという想定です。Iさんの会社の営業日報には、五つの情報を記載する必要があります。

①その日に行った営業活動の概要を記載します。
　例えば、訪問先や顧客との会議内容、電話やメールでのコミュニケーションの内容など。
②その日の売り上げや受注状況、契約締結の状況など顧客情報に関する内容を記載します。
③新規顧客の情報や既存顧客との関係強化活動など顧客情報に関する内容を記載します。
④営業活動において発生した課題や問題を記載します。
⑤明日の営業戦略やアクションプランなど、次に取るべき行動について記載します。

Iさんは、日々の営業活動が忙しく日報作成に時間を割けないため、効率的かつ正確な日報を自動で作成したいと思っています。このように毎日行うルーティーン業務は単純な作業だからこそ自動化したいと思う方は多いのではないでしょうか。

ＣｈａｔＧＰＴを導入すれば、ＣＲＭ（Customer Relationship Management）システムと連携をさせることができます。そのため、営業活動に関するデータをＣＲＭシステムや営業報告書から取得し、ＡＩシステムが営業活動の概要、売り上げデータ、顧客情報を簡単に抽出することが可能になります。

実際に次のようなプロンプトをＣｈａｔＧＰＴに入力します。

本日の営業日報を作成してください。
以下の情報を含め、制約条件を守り記載してください。
1. 今日の営業活動の概要
2. 顧客とのやり取りや成果
3. 問題点や改善点
4. 明日の営業活動の予定

#制約条件
・前向きさが伝わるような内容を作成してください。

・不足情報は、合理的に推測される範囲で内容を追加・補足してください。
・出力形式のそれぞれの項目の文章を２００字以上で作成してください。
・できる限り箇条書きで書いてください。

すると、ＣｈａｔＧＰＴから以下のように営業日報が作成されます。

1. 本日は新規顧客開拓と既存顧客フォローアップに重点を置き、商談と追加受注手配を実施。
2. J社は新製品に興味を示しサンプル提供承諾。K社は追加受注で40万円の売り上げ増加。K社、L社から商談アポイント獲得。
3. M社からコピー機の紙詰まりに関する品質改善要望あり。商品企画部へ共有し、改善検討を進めてもらう。
4. 明日は営業会議で新製品に関する営業戦略検討と顧客アプローチ、フォローアップを予定。

もちろん、フォーマットやレイアウトを指定して見出しや項目の配置を変えることも可能です。アラート機能を追加すれば、訪問漏れの既存企業へのアプローチも漏れなく行うことが可能となり日々の営業活動の精度が高まります。

第3章

マーケティング

マーケティング　業務とAI利活用

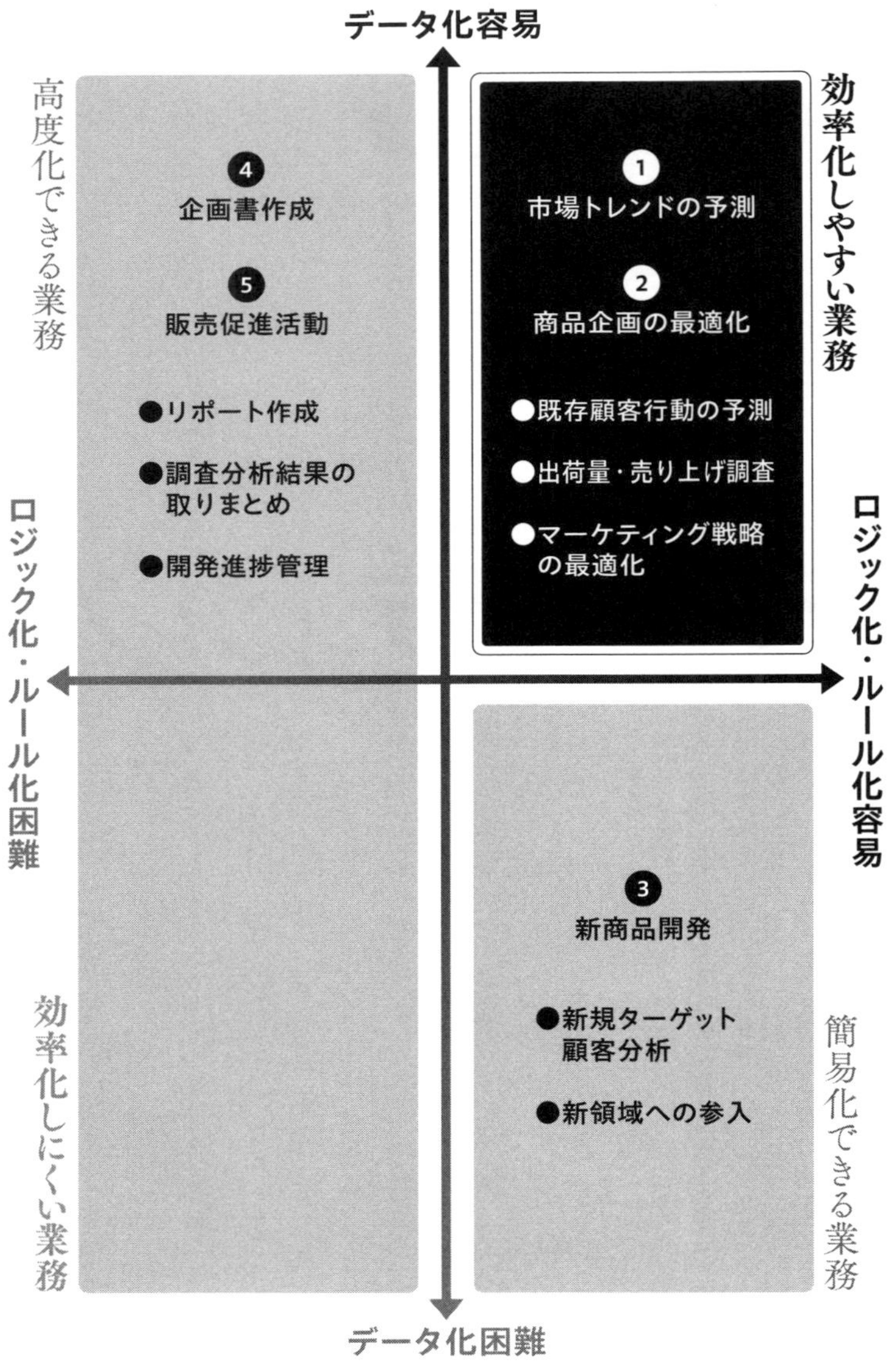

I. イントロダクション

マーケティング部門の仕事は、新しい商品やサービスを、企画から販売戦略までトータルで考えることです。また、市場の動向や競合状況を見極めながら、会社の利益や成長に貢献する役割を果たします。そのため、全体を俯瞰《ふかん》し、戦略的な判断を行う重要なポジションです。

このような部門において、ＡＩをどのように活用すべきでしょうか。

- 「顧客が必要としている商品はどんなものか」
- 「なかなか新しい商品のアイデアが浮かばない」
- 「企画書をもっと早く作れたら……」

前章の繰り返しになりますが、ＡＩを活用すれば、こうしたアイデアは実現可能です。もちろん、すべてをＡＩ任せにすればよいわけではありません。

図3-1　マーケティング業務とAI利活用

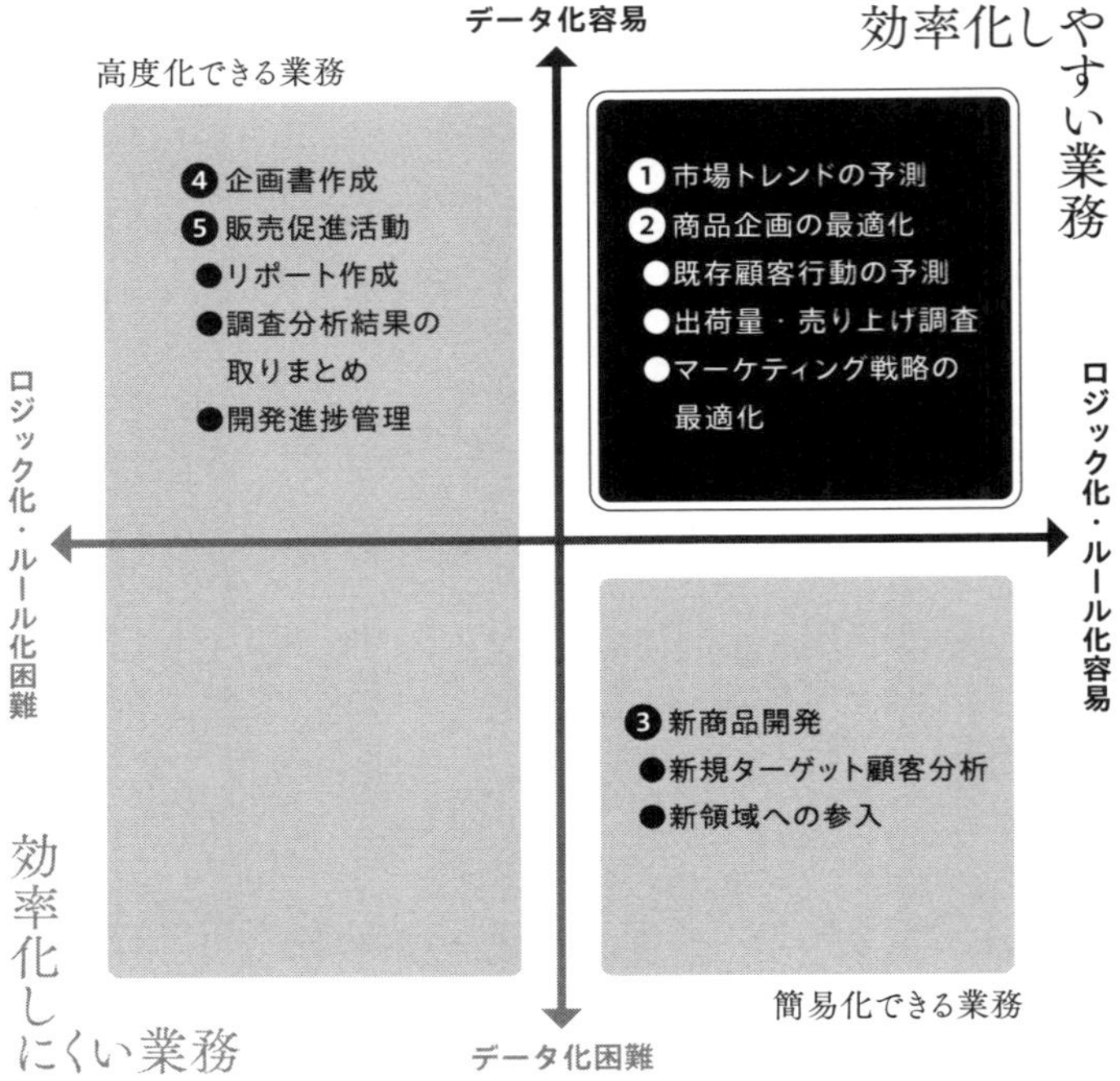

Ⅱ．業務分類

図3－1であなたのマーケティングの各業務はどの領域に当てはまりますか（各領域の詳しい説明は第2章の「Ⅱ．業務分類」をご参照ください）。

ここからは、業務事例を交えて領域ごとにAIの活用方策を紹介していきます。

Ⅲ.【分類①】効率化しやすい業務

AI活用の方策　市場のトレンド予測を分析

市場のトレンド予測、マーケティング戦略の最適化は、新たな商品を企画する際に欠かせない業務です。しかし同時に、難度が高く時間もかかるため、人が行うには困難な業務です。そのような場合、AIを導入すれば容易にデータを予測、分析することができます。

今回は新商品を売り出すための市場トレンド予測を例に考えます。企画チーム（Aチーム）が関西と関東で別の新商品を売り出す想定です。

Aチームは、新商品を売り出すにあたり、企画する商品によって地域で異なる文化やトレンドなどが多く存在しており、社外からの情報収集が必要となるため、とても時間がかかり困っています。また、情報量が多いことから分析にも時間がかかっています。しかしAIを導入すれば、作業時間を短縮することができます。

情報収集する際に「関西地域の2024年の経済動向に関する最新のリポートを収集し、主要なトレンドを特定してください」と入力すると、日本総合研究所や経済界などの信頼性の高い情報源から最新の経済リポートが収集されます。そのリポートから、関西地域での消費者支出の増加、観光需要の高まり、大阪・関西万博に関連する投資の増加などの主要なトレンドが特定されます。

他にも、「関東地域の消費者行動に関する最新の調査データを収集し、主要なトレンドを特定してください」と入力すると、各社の調査データが収集されます。この調査データから、関東地域で「健康志向が高まっている」「オンラインショッピングの増加、エコフレンドリーな製品の需要増加」などの主要なトレンドを特定することもできます。

予測に関してはそれらの情報と過去情報から最適解を分析し、出力してくれます。

このように、人が行うには困難な業務でもAIを導入すれば容易に行うことが可能です。

商品企画のアイデア出しにも

新商品の企画には他社と差別化を図るためにも独創的な発想力が必要です。しかし、人だけで考えられることには限界があります。そのような場合、AIを使えば多くのヒントを得られるでしょう。
今回は、新商品開発を例に考えます。企画チーム（Bチーム）が関西と関東で別の新商品を売り出す想定です。

Bチームは AIを導入し、市場トレンドの情報収集や分析を行いました。しかし、分析結果を基に色々と案を出してはみるものの、ありきたりなアイデアしか浮かばず困っていました。

そこでAIを導入し、「関西市場のトレンドデータを基に、新製品のコンセプトを策定してください」と入力したところ、関西市場のトレンドに合った製品コンセプトが出力されました。

また、マーケティング戦略にも活用しました。「関東市場の消費者データを基に、ターゲットを絞ったマーケティングキャンペーンを展開してください」と入力すると、関東市場のトレンドを基に、特定の消費者をターゲットにしたSNS広告やインフルエンサーマーケティングキャンペーンが出力されました。

このように、AIは調査結果からターゲット層や市場トレンドに基づいた具体的かつ独自なアイデアを絞り込むことも可能になるため、人の考えとは別の角度からのヒントを与えてくれるといえます。

Ⅳ.【分類②】簡易化できる業務

AI活用の方策　新商品の開発で意思決定支援を使う

新商品の開発は、会社の顔を作る重要な業務です。しかし、競合他社と差別化した新商品の開発は、過去実績などの情報が少なく、考えるのが困難な業務といえます。そこで、今回は新商品の開発検討を例に考えます。商品開発チーム（Cチーム）が現在提供中の商品に、競合他社では取り入れていない機能を加えた新商品の開発を検討している想定です。

Cチームは、競合他社も取り入れていない新商品の開発検討をしているため、情報が少なく、アイデア出しと売り上げの見通しを立てることに苦戦しています。AIを導入すれば、製品に対するアイデアを出力してくれます。例えば、「環境に優しい洗浄製品『エコ綺麗』の新機能を考えてください。競合他社がまだ取り入れていない独創的な機能を提案してください」と入力すると「エコ綺麗に内蔵されたセンサーが汚れの種類を自動検出し、最適な洗浄モードを選択する機能」

や「使用後に自動的に生分解性のカプセルに変わり、廃棄物を減らす機能」などが出力されます。

また、技術的なアイデアを出力することも可能です。「次世代のスマートホームデバイスの新機能を考えてください。競合他社がまだ取り入れていない独創的な機能を提案してください」と入力すると「スマートホームデバイスがユーザーの健康状態をモニタリングし、異常を検知した場合に自動的に医療機関に通知する機能」や「デバイスが家庭内のエネルギー消費をリアルタイムで最適化し、エネルギーコストを削減する機能」といった内容が出力されます。

こうして提案された機能が技術的に実現可能かどうか、市場での需要が見込まれるかどうか、競合他社に対して優位性を持つかどうかを人が判断します。出力されたアイデアが独創的なものなのかなどでグルーピングをし、実現性の高さと優先度を決めるとよいでしょう。

その後、AIはプロトタイプの設計やシミュレーションを行うことも可能です。そのため、「選定された新機能を基に、エコ綺麗のプロトタイプを設計してください。具体的な設計図やシミュレーションを提供してください」と入力すると、新機能を組み込んだ製品の詳細な設計図や新機能がどのように動作するかを示すシミュレーション結果を出力してくれます。

プロトタイプを市場でテストし、ユーザーからのフィードバックをアンケートなどで収集すれば、AIでフィードバックを分析し、製品の改良に役立てることが可能です。

V.【分類③、④】高度化できる業務・効率化しにくい業務

AI活用の方策　企画書作成は自動化せよ

企画書の作成は、アイデアを具体的な行動計画に落とし込み、関係者を納得させるための重要な業務です。しかし、膨大な情報を収集・分析し、それを論理的かつ魅力的なストーリーとしてまとめなければいけないため、とても時間がかかります。

今回は、企画書作成を例に考えます。商品企画チーム（Dチーム）が来年販売予定の新商品「エコ綺麗」の企画書を作成するという想定です。

Dチームは企画書作成のため、情報収集・整理をし、その情報を基に社内関係者に納得してもらえるような文章構成の構想に苦労していました。商品企画書には主に次の要素が含まれます。

①製品概要、②競合分析、③ターゲット市場、④マーケティング戦略、⑤販売計画、⑥財務予測

の六つです。これらの要素を効果的に作成するために、ＡＩを導入しました。

まずＤチームは①製品概要を作成することにしました。そこで、「新製品『エコ綺麗』の製品概要を作成してください。環境に優しい洗浄力を強調し、家庭やオフィスでの使用に適していることを説明してください」とＡＩに入力しました。そして、「エコ綺麗は、環境に優しい成分を使用した強力な洗浄製品です。家庭やオフィスの清掃に最適で、持続可能な未来をサポートします」と出力されました。

次に、②競合分析を行いたいＤチームは市場分析から始めるため「エコ綺麗の市場分析を行い、主要な市場トレンドを特定し、グラフやチャートを作成してください」とＡＩに入力しました。すると、「市場分析の結果、エコフレンドリーな製品の需要が増加していることが分かりました。特に都市部での需要が高まっています」とグラフやチャートも含んだ内容が出力されました。

続いて、「エコ綺麗の競合製品との比較分析を行い、優位性を示す表を作成してください。比較項目は価格、性能、環境への影響です」とＡＩに入力しました。その結果、「エコ綺麗は、競合製品に比べて生分解性成分を使用している点で優れています。また、価格も競争力があります」と比較表を含む内容が出力されました。
③ターゲット市場に関して、これを特定するために「エコ綺麗のターゲット市場を特定し、その市場の特性を説明してください」とＡＩに入力しました。そして、「ターゲット市場は、環境意

識の高い都市部の消費者です。特に30代から40代の家庭を持つ層が主要なターゲットです」という内容が表示されました。

その後Dチームは、④マーケティング戦略の要素を得るために「エコ綺麗のマーケティング戦略を作成してください。ターゲット市場に対するアプローチ方法を説明してください」とＡＩに入力しました。すると、「エコ綺麗のマーケティング戦略は、ＳＮＳ広告とインフルエンサーマーケティングを中心に展開します。環境意識の高い消費者にアピールするため、エコフレンドリーなメッセージを強調します」といった内容が出力されます。

そして、⑤販売計画を作成するために、「エコ綺麗の販売計画を作成してください。初年度の販売目標を設定し、主要な販売チャネルを説明してください」とＡＩに入力しました。すると、「初年度の販売目標は10万ユニットです。主要な販売チャネルはオンラインストアと大手小売店です」という回答を得ることができました。

⑥財務予測を出すために、「エコ綺麗の財務予測を作成してください。売り上げ、コスト、利益を含めてください。過去のデータと市場トレンドを基にしてください」とＡＩに入力しました。その結果、「初年度の売り上げ予測は1億円、コストは５０００万円、利益は５０００万円です」といった内容が出力されました。

最後に、各要素を統合して一つの企画書にまとめます。「エコ綺麗の企画書全体のデザインを統一感のあるものにしてください。ブランドカラーは緑と白です」とAIに入力したところ、統一感のあるデザインで全体的にプロフェッショナルな印象を与える企画書が完成しました。

このように様々な情報から企画書を作成することができるため、Dチームは社内関係者に納得してもらえる企画書を作成できました。

自然言語処理・画像認識機能を販促で

新たな商品を企画し販売するにあたり、顧客販売促進活動は重要な業務です。それと同時に、どれだけ良い商品でも適切に販売促進ができていないと認知してもらえず売り上げ向上につながりません。

今回は、商品のブローシャー作成を例に考えます。商品企画チーム（Eチーム）が自社製品のブローシャー作成をするという想定です。

Eチームは、魅力的な自社製品のブローシャーの作成をしようと考え、次の九つの要素を取り入れて作成を検討していますが、なかなか意見がまとまらず時間がかかり困っています。

①表紙にロゴとブランド名、製品の魅力を一言で伝えるキャッチフレーズを視覚的に目立つよ

うに配置したい。

②製品名と高品質な写真を使用し、製品の主な特徴や利点を簡単に記載したい。

③製品の具体的な機能や特徴をリスト形式で、必要に応じて詳細な技術情報を記載したい。

④製品の使われ方を具体的に示し、実際のユーザーからのフィードバックやレビューを記載したい。

⑤競合製品との比較を記載し、自社製品の優位性を強調したい。

⑥価格を明確かつ分かりやすく記載したい。

⑦お問い合わせ情報（電話番号、メールアドレス、ウェブサイトのURL、SNSアカウントへのリンク）を記載したい。

⑧簡単な会社紹介を記載したい。

⑨ブランドカラーやフォントを統一し、統一感のあるビジュアルデザインにしたい。

AIを導入すれば、Eチームが作成したい要素を取り入れ、自社製品である「エコ綺麗」のブローシャー作成を手助けしてくれます。例えば、①の要素については、「ブランド名とロゴを目立たせた表紙デザインを作成してください。キャッチフレーズは『革新の力』です」とAIに入力すると、デザインツールがブランド名とロゴを中央に配置し、キャッチフレーズを目立つフォントで上部に配置したデザインを生成してくれます。
②の要素に関しては、「新製品の簡単な説明を作成してください。製品名は『エコ綺麗』で、主な特徴は環境に優しい洗浄力です」とＡＩに入力します。すると、「エコ綺麗は、環境に優しい洗浄力を持つ最新のクリーニング製品です。強力な洗浄力とエコフレンドリーな成分で、家庭やオフィスの清掃に最適です」と出力してくれます。
次に③の要素についてです。「エコ綺麗の具体的な機能と特徴をリスト形式で説明してください」とＡＩに入力すると、「結果例：高い洗浄力、生分解性成分、無香料、低アレルギー性」と出力してくれます。
④の要素を実現するには「エコ綺麗が家庭で使用されているシーンの画像を生成してください」とＡＩに入力します。そうすれば、家庭の台所でエコ綺麗を使用しているシーンの画像が生成され要望を叶えてくれます。
続いて⑤の要素に関してです。「エコ綺麗と競合製品の比較表を作成してください。比較項目は価格、性能、環境への影響です」とＡＩに入力します。その結果、比較表が生成され、エコ綺麗が競合製品よりも環境に優れた選択であることが視覚的に示されます。
⑥の要素に関しては、「エコ綺麗の最適な価格設定を提案してください。市場調査データを基にしてください」とＡＩに入力すると、市場調査データに基づいた価格設定が提案されます。例

えば「エコ綺麗の推奨小売価格は1500円です」といった出力がされます。
⑦の要素の場合は、「会社名『グリーンエコロジー』の電話番号、メールアドレス、ウェブサイトのURL、SNSアカウントへのリンク」とAIに入力します。すると、それぞれの情報が記載されたものが表示されます。
⑧の要素に関しては、「会社概要を簡潔に説明してください。会社名は『グリーンエコロジー』で、ミッションは『持続可能な未来を創造する』です」とAIに入力すると、「グリーンエコロジーは、持続可能な未来を創造することをミッションとする企業です。環境に配慮した製品を提供し、社会に貢献しています」と出力されます。
最後は⑨の要素についてです。「グリーンエコロジーのブローシャー全体のデザインを統一感のあるものにしてください。ブランドカラーは緑と白です」とAIに入力します。その後、緑と白を基調とした統一感のあるデザインが生成され、全体的にプロフェッショナルな印象を与えるブローシャーが完成します。自社製品の画像から文言やレイアウトを抽出してくれるため、クリエイティブで魅力的なブローシャーを作成することができます。

このように要素からヒントを生成することで、今までまとまらなかった意見も、取捨選択がしやすくなるため魅力的かつスピーディーにブローシャー作成ができるようになります。

第4章

R&D

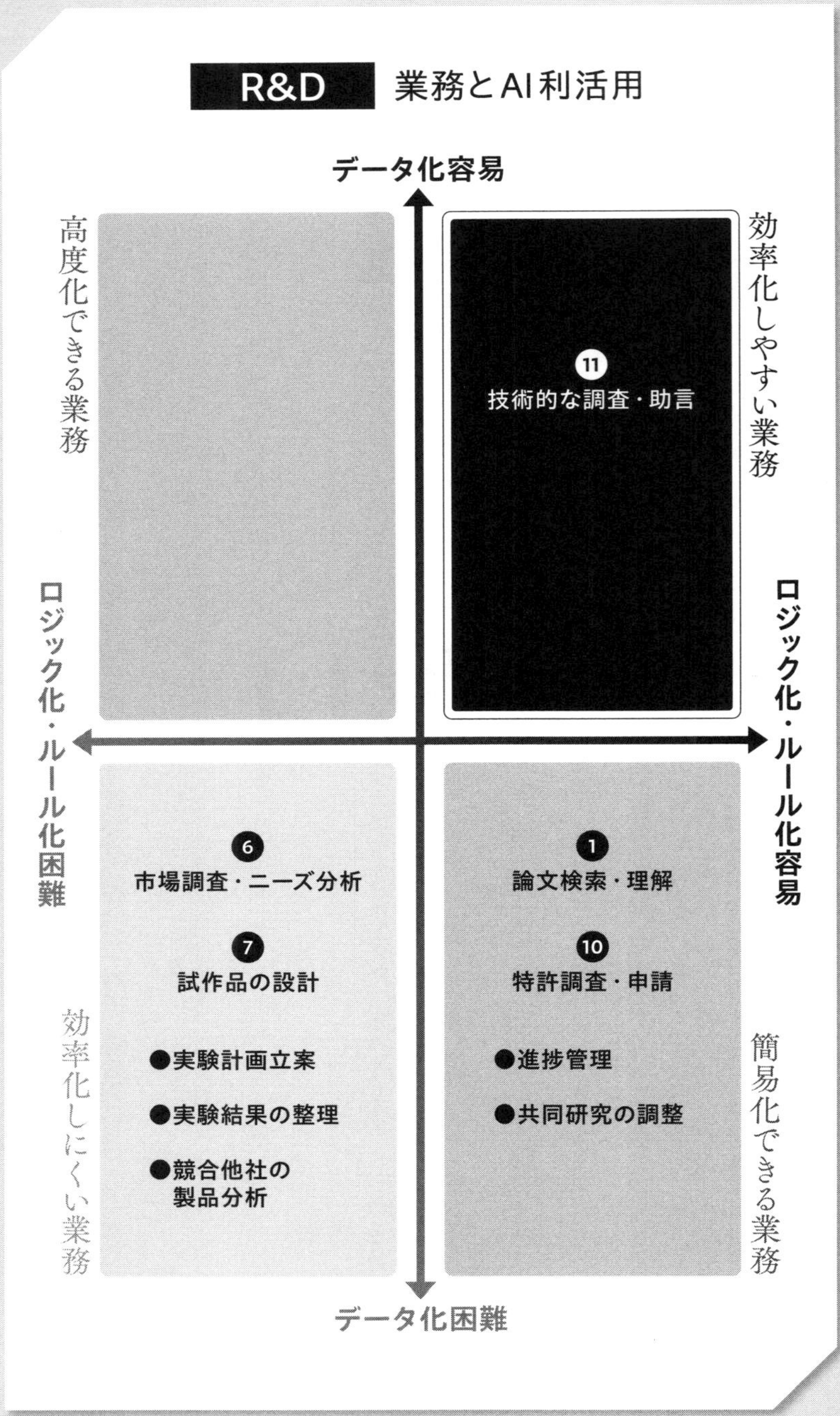
R&D 業務とAI利活用
データ化容易
データ化困難
ロジック化・ルール化容易
ロジック化・ルール化困難
効率化しやすい業務
高度化できる業務
効率化しにくい業務
簡易化できる業務
11 技術的な調査・助言
6 市場調査・ニーズ分析
7 試作品の設計
●実験計画立案
●実験結果の整理
●競合他社の製品分析
1 論文検索・理解
10 特許調査・申請
●進捗管理
●共同研究の調整

I. イントロダクション

いかにイノベーションを創出するか

変化が大きく先行き不透明な昨今の事業環境の中、企業が持続的な発展を目指すにあたって、R&D（Research and Development：研究開発）部門が担うイノベーション創出への期待感は高まっています。

経済協力開発機構（OECD）の調査によると、日本の産業部門における2021年のR&D投資額は、アメリカ・中国に次いで世界3位となっています。2009年に中国に逆転を許して以降、約10年間で上位2カ国との投資額の差は拡大し続けています。

こういった状況を踏まえると、限られたR&D予算をいかに効率的に成果に結びつけるかが肝要です。そのための手段として、デジタル業務改革や、高度研究人材獲得に向けた採用・評価制度の見直し、自前主義から脱却したオープンイノベーションの推進等、が考えられます。

R&D部門におけるAI利活用について、すぐに具体的なイメージが思いつく方はあまり多くないのではないでしょうか。

もちろん議事録やメール作成の自動化等は、R&D部門においても効率化に寄与するでしょう。ただそれでは、抜本的な効率性向上及びイノベーション創出にはつながりません。

II. R&D部門の業務

R&D部門の主な業務内容

一口にR&D部門の業務といっても、業界や企業によって大きく異なるでしょう。例えば、基礎研究に注力している企業もあれば、開発研究に注力している企業もあるでしょう。あるいは、自社営業部門やクライアントからの技術的な問い合わせに時間を割かれて、本質的な研究・開発ができていないという企業もあるのではないでしょうか。

そのため本章では研究開発業務とその関連業務という2軸から業務を分類しています。研究開発業務はさらに基礎研究と事業開発（応用研究・開発研究）に分け、本章では文部科学省の定義に沿って基礎研究を「特別な応用、用途を直接に考慮することなく、仮説や理論を形成するため若しくは現象や観察可能な事実に関して新しい知識を得るために行われる理論的又は実験的研究」、応用研究を「基礎研究によって発見された知識等を利用して、特定の目標を定めて実用化の可能性を確かめる研究、および既に実用化されている方法に関して、新たな応用方法を探索する研究」、開発研究を「基礎研究、応用研究、および実際の経験から得た知識の利用であり、新しい材料、装置、製品、システム、工程等の導入または既存のこれらのものの改良をねらいとする研究開発」とそれぞれ位置づけています。関連業務は、本質的な業務ではなく研究開発業務に付随するものとして定義します。具体的な業務は、表4－1で整理しています。

R&D部門の課題とAIの関係性

R&D部門の改革を企図した際、表4－2のような課題を抱えている企業は多いのではないでしょうか。前述したようにR&D部門における生産性向上は急務であると認識しつつも、現場の抵抗によって改革実行まで至らないまたは頓挫するケースもあるでしょう。またこれらの課題は他部門とは大きく異なるため、経営層から理解されない、予算が下りないといったケースも考えられます。

これらの課題はAI利活用を推進していくにあたっても克服していくべき対象です。特に

R&D部門メンバーの特色として、他部門と比べて自分たちは研究者としての知見があり、技術に強いという自負を持っているケースが想定されますので、トップダウン型のアプローチは敬遠される可能性があります。現場の声を取り入れつつボトムアップ型でのAI利活用構想を練っていくというアプローチも有効でしょう。

AIは魔法のツールではないため、ある程度のデータが蓄積されていない領域では有効な示唆は導けません。特に機密性が求められるR&D部門においては、安易な外部ソースの利用が難しいため、自社データを有効活用していくことが肝要です。そのためデータをインプットするという意識づけが必要です。その意味ではAIに限らず、普遍的なDX人材の育成研修も重要といえるでしょう。

表4-1 R&D部門の業務概要

大分類	中分類	#	業務	業務内容
研究開発業務	基礎研究	01	論文検索・理解	テーマに関する情報を収集・理解する
		02	実験計画立案	実験を設計し、計画を立案する
		03	実験の遂行	実験を遂行する
		04	実験結果の整理	実験結果を取りまとめる
	事業開発（応用研究・開発研究）	05	競合他社の製品分析	競合他社の製品を技術的に分析する
		06	市場調査・ニーズ分析	事業開発に向けた市場調査・分析を実施する
		07	試作品の設計	試作品を設計する
		08	試作品の実験	試作品を実際に開発・実験する
関連業務	事務	09	進捗管理	各研究・開発といったプロジェクト状況を管理する
		10	特許調査・申請	既存特許に関する調査や、自社の特許申請をする
	社内他部門サポート	11	技術的な調査・助言	社内からの技術的な問い合わせに対して、調査・回答する
	外部連携	12	共同研究の調整	大学等の外部との共同研究（オープンイノベーション）を調整する
	対外ブランディング	13	論文・リポート執筆	研究・開発結果の論文やリポートを執筆・公開する
		14	イベント登壇、メディア露出	研究開発状況に関して、外部で講演する

表4-2 R&D部門改革の課題

主な課題	
標準化が進まない	● 学生時代より自前主義で研究を行っている人が多く、属人的な作業が常になっており、標準化視点が不足している傾向にある ● 業務を知らない外部からの意見に排他的な傾向にある ● 最大の目的は研究成果であり、標準化／効率化に意義を感じていない ● 自分の研究成果は自分の成果として評価されたいため、共有することに抵抗がある非公開主義な傾向がある
データ管理／活用が進まない	● 現状ノートやExcelで自由に記入しているため、データ入力による負荷増を感じ、システムへのデータ入力に対する抵抗がある ● データ活用施策において、内部のデジタル人材が不足しており、また兼任での活動となることで、なかなか活用が進まない

図4-1　R&D業務とAI利活用

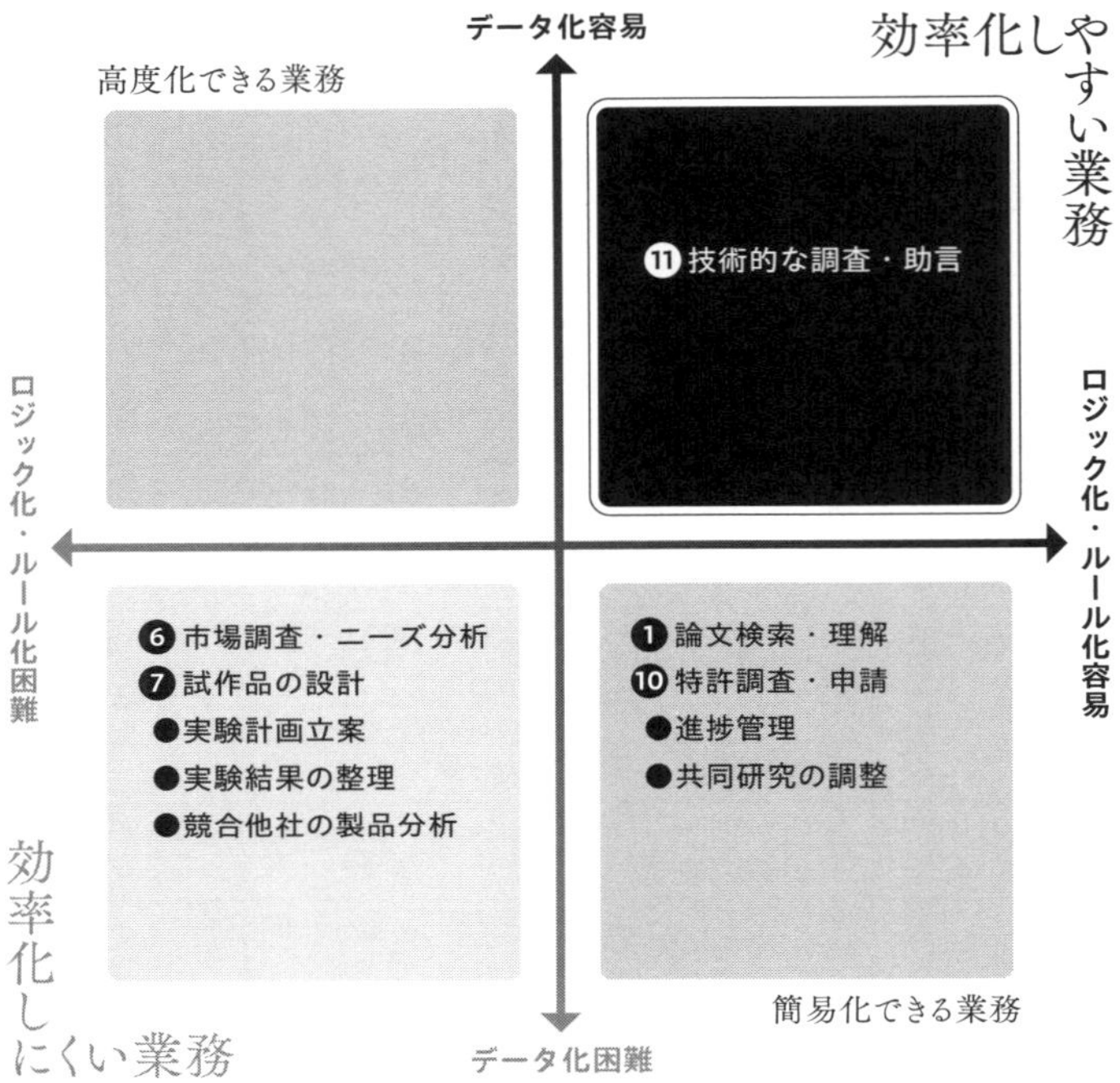

Ⅲ．業務分類

現在はデータサンプルの量及び信頼性などの観点から「高度化できる業務」は空白にしています。ただＡＩの進化によって大きく変化する可能性はあります。なお、実際に人が作業・発言する一部の業務は除外しています。

ここからは領域ごとの具体的なＡＩ利活用について述べます。

Ⅳ.【分類①】効率化しやすい業務

業務の事例

ＡＩによって効率化しやすい業務としては、「#11 技術的な調査・助言」が該当します。新製品・技術に関する問い合わせや、社内運用ルールを無視する人が一定数発生する可能性を考えれば、厳密にはゼロにはできないものの、ゼロに近づけることはできるでしょう。

ここでいう「技術的な調査・助言」は、主に自社の営業部門からR&D部門への問い合わせを想定しています。

私たちが携わったあるメーカーのプロジェクトでも、R&D部門では営業部門からの技術的な問い合わせ対応に多くの時間を割いていました。同じような事象は多くの企業で起きているのではないでしょうか。

また、本事象はR&D部門だけの問題ではなく、営業部門側から見ても質問と回答のキャッチボールに工数を取られますし、顧客への回答が遅くなるような場合には顧客満足度の低下を引き起こす可能性もあり、全社的な問題であるといえます。

こうした問い合わせ対応業務は回答に用いるデータが既に蓄積されているケースも多く、ＡＩを導入しやすい、つまりクイックウィンを狙いやすい領域です。

ではどのような使い方ができるのでしょうか。

ＡＩ活用の方策　ナレッジ検索システム

電話・メール・チャットといった社内コミュニケーションツールから寄せられた質問に対して、Ｒ＆Ｄ部門はおおむね「内容確認」⇒「調査」⇒「回答」という3ステップを踏む必要があります。場合によっては、営業担当者が顧客からの技術的な問い合わせを丸投げしてきたがために、質問の意図・具体的な内容を理解できず、「内容確認」に時間を要することもあるのではないでしょうか。

例えばマイクロソフトの Azure OpenAI Service を活用したナレッジ検索システムを導入することで、このステップを不要にすることが可能です。現場ユーザーが知りたい内容を検索すれば、設計情報・図面・実験データ・品質検査データといった社内情報からＡＩが適切な答えを回答してくれるようになります。

ここでは基本的にＲ＆Ｄ部門の負荷軽減が大きなテーマですが、昨今のＧＰＴの解析力によって技術的な回答を平易化することで、質問者側にとってもR&D部門から回答をもらうよりも理解しやすいというケースが発生する可能性も高まっているといえるでしょう。

また、必要に応じて、ＯｐｅｎＡＩを活用して社外の公開情報を組み合わせた内容を回答させるよう設定することも可能です。

具体例を紹介します。図４－２は Azure OpenAI（ＧＰＴ）を解析リソースとして活用した私たちアバナードの支援事例のイメージ図です。

大手自動車部品サプライヤーに対して、「あらゆる情報、データを一括で検索（マッチング、類似検索、気付きを与える）」、「社内のメタデータと解析リソースとして Azure OpenAI Service を使ってセキュアに実現」、「部門間の壁を越えて情報の利活用を促す（SharePoint Online と Teams を活用）」というコンセプトでナレッジ検索システムを構築しました。

ナレッジ検索システムを検討する際は、「情報ソースの確実性」に注意が必要です。営業部門や製造部門などR&D部門以外の社内メンバーにとってはR&D部門の常識は常識ではありません。外部データを活用した場合に、回答に誤った情報が盛り込まれていてもファクトチェックができないケースが考えられます。そのため、情報ソースは社内データから活用を始めることが安心です。

図4-2　Azure OpenAI（GPT）を解析リソースとして活用したイメージ

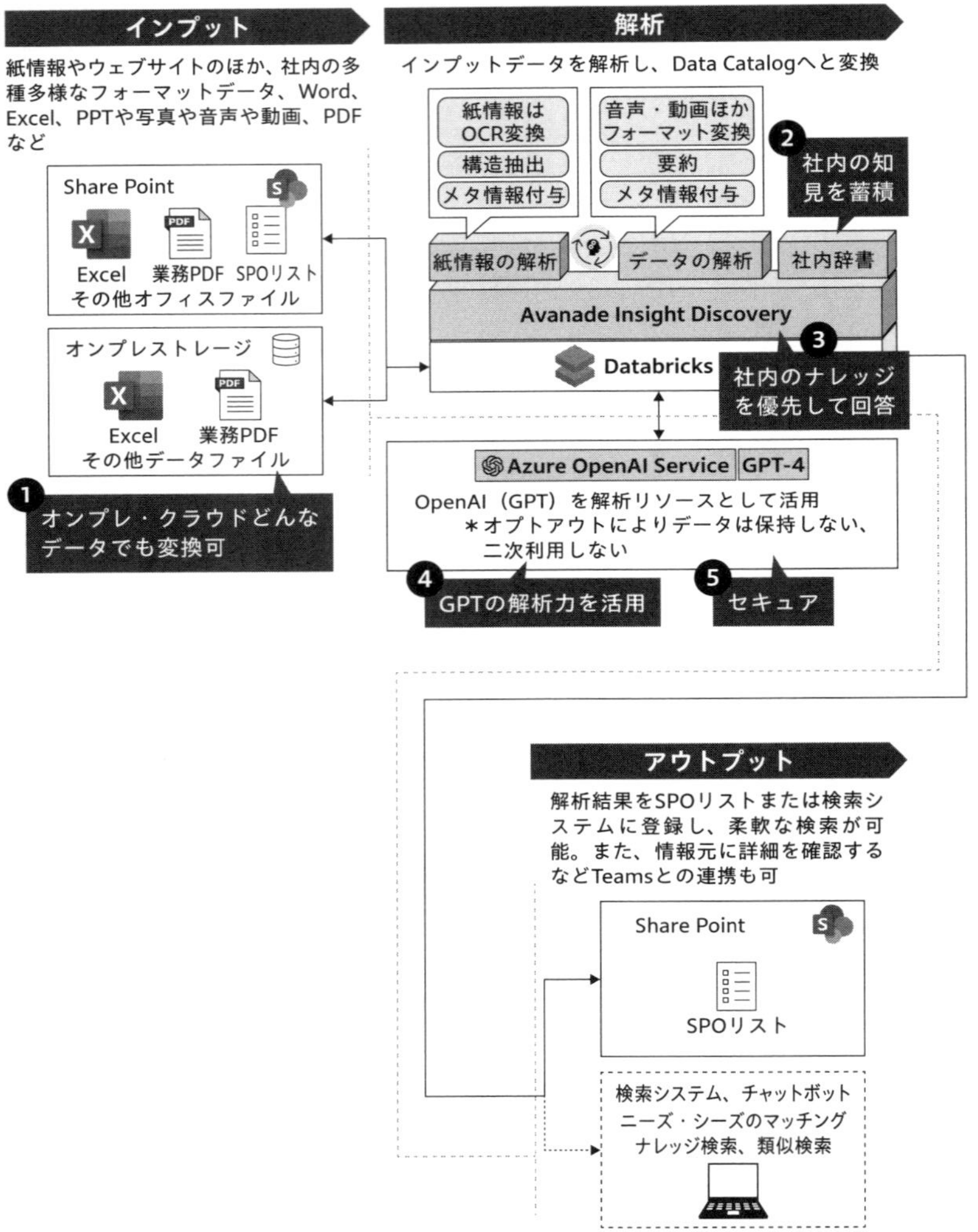

V.【分類②】簡易化できる業務

業務の事例

ＡＩによって簡易化できる業務としては、「＃01 論文検索・理解」、「＃09 進捗管理」、「＃10 特許調査・申請」、「＃12 共同研究の調整」が該当します。将来的には「＃13 論文・リポート執筆」も該当すると想定しています。その中から「＃01 論文検索・理解」、「＃10 特許調査・申請」という二つの業務について取り上げます。

「進捗管理（管理計画立案・資料作成等）」や、「共同研究の調整（シンプルなコミュニケーション調整業務）」は、一般的なＡＩ活用のイメージ通りですから、本章での具体化対象からは外しています。

なお「論文・リポート執筆」については、図表の作成効率化等でＡＩ利活用による工数削減が見込まれますが、論文不正等に直結する可能性もあり非常に難しい問題です。活用には慎重な検討が必要でしょう。

R&D部門におけるAI活用では「論文検索・理解」がイメージしやすいのではないでしょうか。特に基礎研究において、関連する論文の網羅化・要約に加えて海外論文の翻訳も可能になれば、論文検索・理解の時間を大幅に削減できるでしょう。

「特許調査・申請」も一定の工数削減が見込まれる領域です。特許の調査から申請書類の作成サポートまでを一気通貫で支援する専門ソリューションも開発・リリースされています。

AI活用の方策　論文検索・要約システム

論文検索については、社内データを中心とするパターンと、外部の専門ソリューションを使用するケースの2パターンに分けて考えることができます。前者の社内データを中心に活用するケースについては、ナレッジ検索システムとあまり相違がないため詳細な説明は割愛します。その他に、研究者個人がChatGPT等の一般的な生成AIツールで論文検索・要約することも考えられますが、データの信頼性といった観点から個人単位での利用は推奨せず、R&D部門として自社構築または外部ソリューションを導入していくべきでしょう。

続いて外部の専門ソリューション利用について、考えていきたいと思います。まず大前提として、研究目的でのAI利用には、安全性・正確性が特に高い水準で要求されます。ここでは、三つのソリューションを例として取り上げています。すべて海外製ソリューションのため、日本語

表4-3　論文検索・要約システム

企業名	ソリューション概要	特徴
Consensus（アメリカ）	●200万人以上の利用者を誇る研究用AI検索エンジン	●2億件以上の科学論文をキーワードの一致なしで検索できる広範なカバーエリア ●すべての検索結果が、実際の研究結果と結びついていることによる信頼性（査読済みの研究から直接得られた結果） ●GPT4等を活用した独自の要約機能
Elicit（アメリカ）	●論文の要約、データの抽出、調査結果の統合といった作業の自動化ツール	●1億2,500万件のデータベースから関連する学術論文をリストアップ・要約が可能 ●検索結果の情報ソースを表示可能 ●論文から詳細を抽出し、表形式に整理可能 ●検索に対する回答の正確性として90%程度を想定
ELSEVIER（オランダ）	●医学・科学技術関係を中心とする世界最大規模の出版社であるエルゼビア社の提供する生成AI搭載検索ツール「Scopus AI」	●7,000社以上の出版社から毎日コンテンツの更新を受けているデータベースに蓄積されている28,000以上の学術雑誌、368,000冊以上の書籍などから読みやすく信頼性の高いトピックの要約が可能 ●ユーザープライバシーを保証し、不必要なデータ保持を避けるEU一般データ保護規則を遵守

出所：https://consensus.app/ , https://elicit.com/ , https://www.elsevier.com/products/scopus/scopus-ai#3-ai-articles-&-resources , https://www.elsevier.com/products/scopus/20-years-of-discoveryを基にアバナード作成

対応や翻訳機能はありませんが、最低限の英語の読み書きができれば十分に使いこなせ、効果が出せるでしょう。

導入実績という意味ではアメリカ系の「Consensus」・「Elicit」が優位であり、あくまでも一例ですがハーバードやスタンフォードなどの大学、ジョンソン・エンド・ジョンソンやＧｏｏｇｌｅなどの民間企業、アメリカ航空宇宙局や世界銀行などの公的機関でも利用されています。両者に機能面の大きな違いはありませんが、信頼性のあるデータソースから検索・要約をすることが可能です。

実質的なサービス開始が２０２４年

の年初からなので現時点での導入実績では劣りますが、学術分野で世界的に高い知名度を持つエルゼビア社の「Scopus AI」も信頼性・機能面では前述した二つのソリューションと大きな相違はありません。

特許調査システム

現在の特許調査の主流は、「J-Plat Pat（独立行政法人工業所有権情報・研修館）」等の特許データプラットフォーム上での検索です。旧来のように特許公報等の紙資料から調査をすることを思えば、効率化されたといえます。ただ、世界的な特許件数の増加や技術の多様化・複雑化の流れの中、思うような結果を導くために膨大な検索時間をかけている、あるいは時間をかけた割に正確性の低い情報しか取れていない、検索スキルが属人化され特定の人に検索業務が集中しがちといった課題を抱えているケースも多いのではないでしょうか。

このような課題に対して、論文検索・要約と同じく、自社で独自システムとして構築するケースと外部の専門ソリューションを利用するケースが考えられます。

自社構築の代表的な例として、大手化学メーカーであるレゾナックの例を紹介します。レゾナックでは全社横断的なＡＩ利活用の一環として、日本ＩＢＭと共同で特許読解支援システムを開発し、社内で継続的に利用しています。

図4-3　AI Samurai ONEの機能イメージ

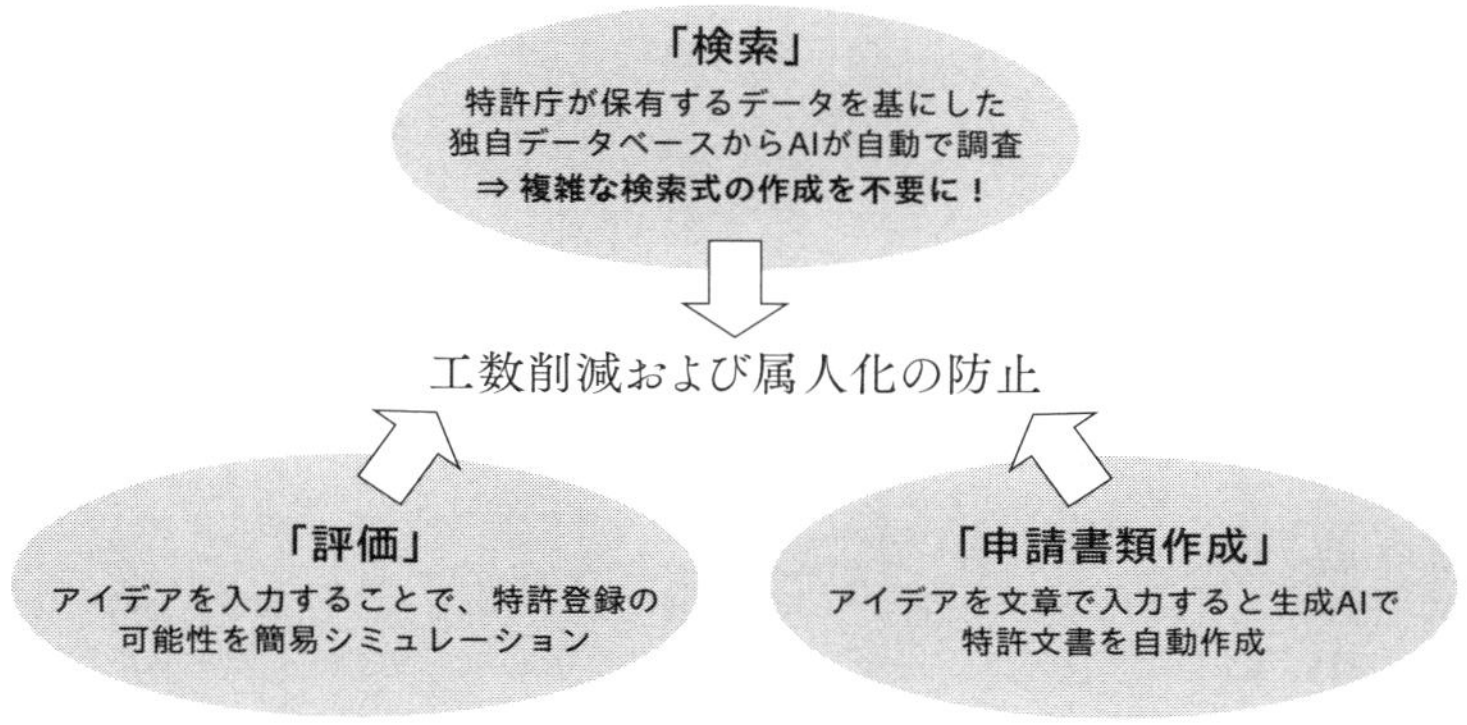

出所：AI Samurai https://aisamurai.co.jp/ を基にアバナード作成

外部の専門ソリューションは、日本発のテックベンチャー複数社からもリリースされています。

幅広い業種の国内企業が採用している「AI Samurai ONE」について取り上げたいと思います。「AI Samurai ONE」は、大阪大学と北陸先端科学技術大学院大学発ベンチャー企業であるAI Samuraiが提供する特許申請支援ツールです。こちらは主に検索・評価・申請書類作成の三つから構成されています。

複雑な検索式ではなくキーワードを入力するだけで、関連する日本・アメリカ・中国の特許情報を迅速にリスト化できます。これによって瞬時に広範囲の特許が把握可能になり、目的に合った特許情報の検索がサポートされます。

さらに新しいアイデアを入力するだけで、特許分類の付与、先行技術調査、アイデアと引例との比較、特許登録可能性のランク付けまでを自動的に行う特許評価シミュレーションも可能です。

また、直接的なR&D部門の業務とは断言できませんが、特許申請資料作成についても生成AIによって自動化することが可能です。

注意点

「論文検索・要約」、「特許調査・申請」共に、検索・調査結果の信頼性について注意が必要です。本章で紹介した専門ソリューションは一定の信頼性が保たれていると考えられますが、生成AIによって嘘を真実のように見せられている可能性があることをしっかりと念頭に置き、情報ソースを確認することが肝要です。

そういった意味で、どれだけ技術が進歩しようとも、結果の受け取り手である人間の最低限のリテラシーは欠かせません。

また、海外ソリューションを活用する場合、英語での利用がベースとなる可能性があります。もちろん日本語検索に対応しているソリューションも存在しますが、その場合は情報の精度が落ちることに注意が必要です。日本語を用いたソリューションで高精度を求める場合、自社でデータベースから構築する必要が出る可能性もありますが、システム構築・データ収集等でコストが跳ね上がるためROI（Return On Investment）の検証は必要不可欠です。

VI.【分類③】高度化できる業務

業務の事例

現時点で本分類に明確に当てはまる業務はほとんどないかもしれません。高度化には自社でデータ基盤を構築することが欠かせません。国内でもデータ活用の重要性は認識されており、私たちもデータ活用基盤の企画・構築に関する相談を頂くことが多い状況です。

今後は、自社データに加えて産学官の連携によってオープンイノベーションを図ることで、高度化に寄与するデータ基盤が生まれてくるでしょう。これまで人からは出てこなかったアイデアが創出される可能性を秘めているといえます。ライフサイエンス業界では創薬ＡＩが隆盛していて、米系ユニコーンベンチャーが牽引しています。一握りのケースですが、生成ＡＩで新薬を開発することや、病気を発症しやすい特徴を発見するようなことが可能になりつつあります。

ただ生成ＡＩによって優れたアイデアが生まれるようになっても、倫理性を踏まえたアイデアの検証は人間が担うことに変わりはないでしょう。

Ⅶ・【分類④】効率化しにくい業務

業務の事例

効率化しにくい業務には、現時点で「#02 実験計画立案」「#04 実験結果の整理」「#05 競合他社の製品分析」「#06 市場調査・ニーズ分析」「#07 試作品の設計」などの業務が該当します。簡易化、高度化は難しくとも、AI活用によってTipsを得られるものがここに含まれます。

ここでいうTipsとは、「無条件で信頼はできないものの、R&D部門としてイノベーション創出を狙っていく中で、AIから示唆を得られるもの」と定義します。例えば、生成AIが自社データベースから過去の実験結果を踏まえて、これまでよりも良い実験計画（案）を提示するようなケースです。その他にも、顧客ニーズ分析にあたって、これまで人によって考えられていなかった示唆を出すことや、新製品の設計において異なる角度からのアイデアを生み出すケース等が考えられます。

データが少ない段階ではアイデアの精度は高くなく、あくまでもTipsレベルにとどまることが予測されます。しかしデータが蓄積され、さらにオープンイノベーションの推進・定着によって他社データも取り込むことが可能になっていくことで、さらに精度が高まっていくでしょう。将来的には「高度化できる業務」に移行していくと考えられます。

日系大手企業での活用事例を踏まえて、「市場調査・ニーズ分析」・「試作品の設計」について、活用イメージを紹介します。

AI活用の方策　市場調査・ニーズ分析

R&D部門として、市場や顧客がどのような技術・製品を求めているのか調査・分析することは、製品開発において非常に重要な役割を担う業務です。

キリンビールでは、新製品開発工程においてAIを活用したAIペルソナ（サービス・商品の典型的なユーザー像）を構築・導入しています。新製品開発において、商品コンセプト仮説立案にAIペルソナを導入することで仮説精度を向上させることを企図しています。また、それによって仮説立案に続く顧客インタビュー調査にかける時間を削減することも可能になり、商品開発期間の短縮に寄与します。

従来は過去データを基に社内で議論を重ねることで商品仮説を立案していましたが、この過去データとAIを組み合わせることで顧客インタビューの回答を予測することが可能になります。

図4-4　ニーズ分析へのAI活用イメージ

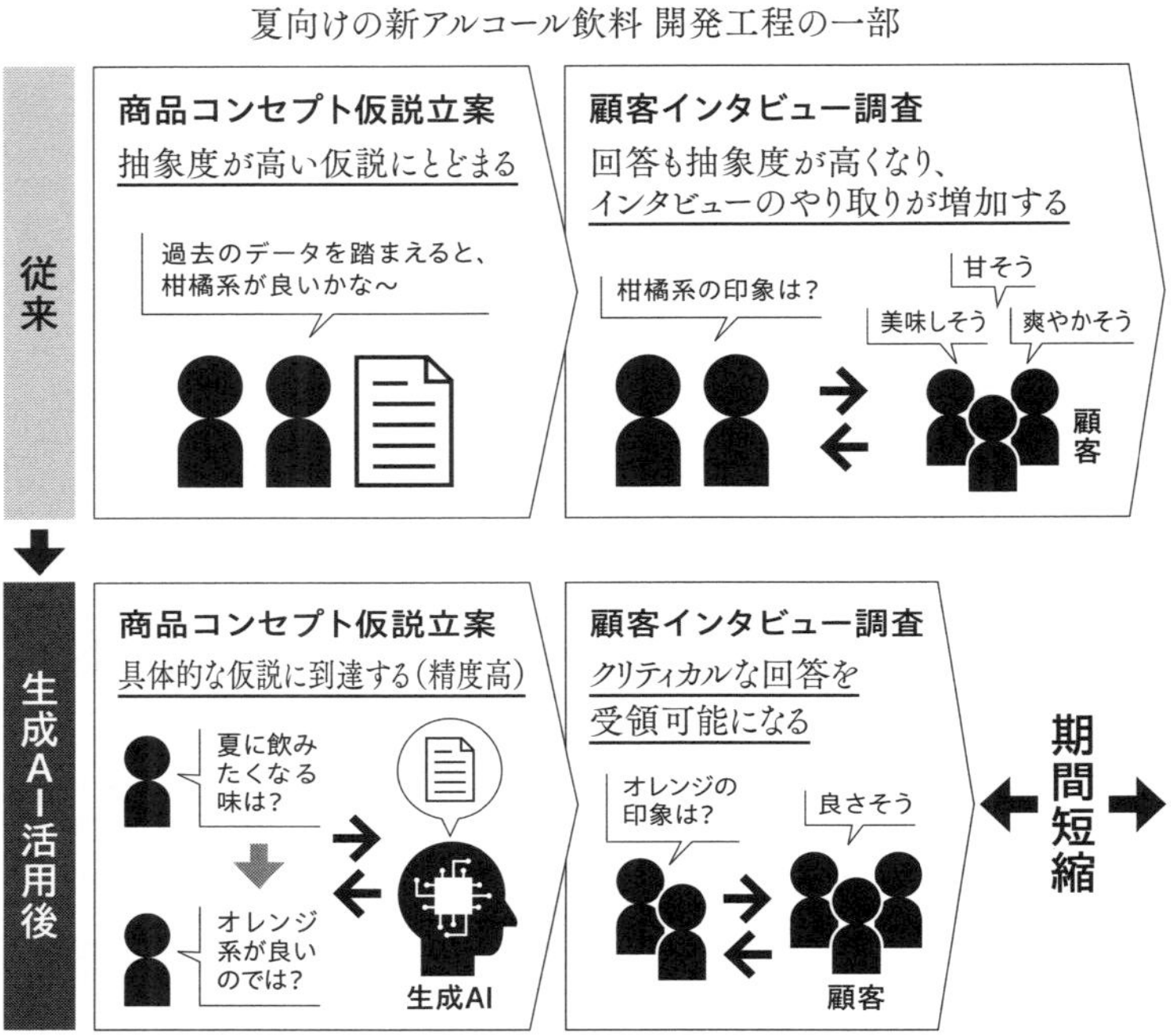

出所：キリンホールディングス ニュースリリース
https://www.kirinholdings.com/jp/newsroom/release/2023/1219_02.html を基にアバナード作成

試作品の設計

製品の設計や材料探索といった領域へのＡＩ活用は、Ｒ＆Ｄ部門において特に期待されているものの一つといってよいでしょう。現時点では、明らかに試作品設計に活用されているとは言い切れませんが、インサイト導出に向けた取り組みが始まっています。

ここでは創薬分野と製造業分野の事例から活用イメージを紹介しますが、各社の研究内容の深掘りではなく、あくまでもＡＩ活用イメージの想起を目的としている点をご留意ください。

「デジタルトランスフォーメーション銘柄（DX銘柄）」というものがあります。経済産業省・東京証券取引所・独立行政法人情報処理推進機構が、優れたデジタル活用の実績が表れている企業を共同で選定するものです。この「DX銘柄」に2020年から4年連続で選定され、2022年には業種の枠を超えてデジタル時代を先導する企業としてDXグランプリに輝いたこともある製薬大手の中外製薬では、積極的な生成AI活用を図っています。

マイクロソフトのAzure OpenAI Serviceを用いて社内に基盤を構築し、2023年8月から全社展開を開始しています。活用率も高水準を維持しており、まさにDXのトップランナーとしての地位を築いています。成功の要諦としてはマネジメント層のDXへの理解・知見等が考えられ、こちらも興味深いテーマですが、分析は割愛します。

中外製薬では、本書でも触れてきた社内技術チャットや論文検索・要約にAIを活用した上で、さらにアイデア・示唆出しといった一歩先の領域へと踏み込み始めています。図4－5はR&D部門に特化したAI活用のイメージです。特に「標的分子探索への活用」、「非構造化データの構造化」、「試験デザインのアシスト」、「臨床試験デザイン・計画の提案」といった部分がインサイト導出に当てはまるといえるでしょう。

図4-5　中外製薬におけるAI活用のイメージ

研究	橋渡し研究	開発	プロセス開発
過去知見の再利用性確保	非構造化データの構造化	臨床試験デザイン・計画の提案	合成プロセスの生成
標的分子探索への活用	試験デザインのアシスト	臨床試験関連文書作成とQA	申請書・報告書作成・レビュー支援

出所：中外製薬株式会社 IR情報 2023／9 DX説明会資料を基にアバナード作成
https://www.chugai-pharm.co.jp/ir/index.html

鉄鋼メーカーであるプロテリアル（旧日立金属）では、ＡＩを活用できるＭＩ（マテリアルズ・インフォマティクス）プラットフォーム「D2Materi」を開発し、実際のＲ＆Ｄ業務に適用しています。

D2Materi は、ＡＩを活用した独自のアルゴリズムを活用することが可能で、実験によって得られた既存のデータトレンドから、未知のデータの値を予測することが可能です。

さらに従来の実績にとらわれない新たな特性や特徴を持つ材料を製造する条件の予測にも優れていることから、革新的かつ高性能な材料の設計や開発が可能になります。

実務での利用としては、鉄道車両用電線被覆材の開発において、各種の材料を網羅的に組み合わ

図4-6　MIプラットフォーム活用イメージ

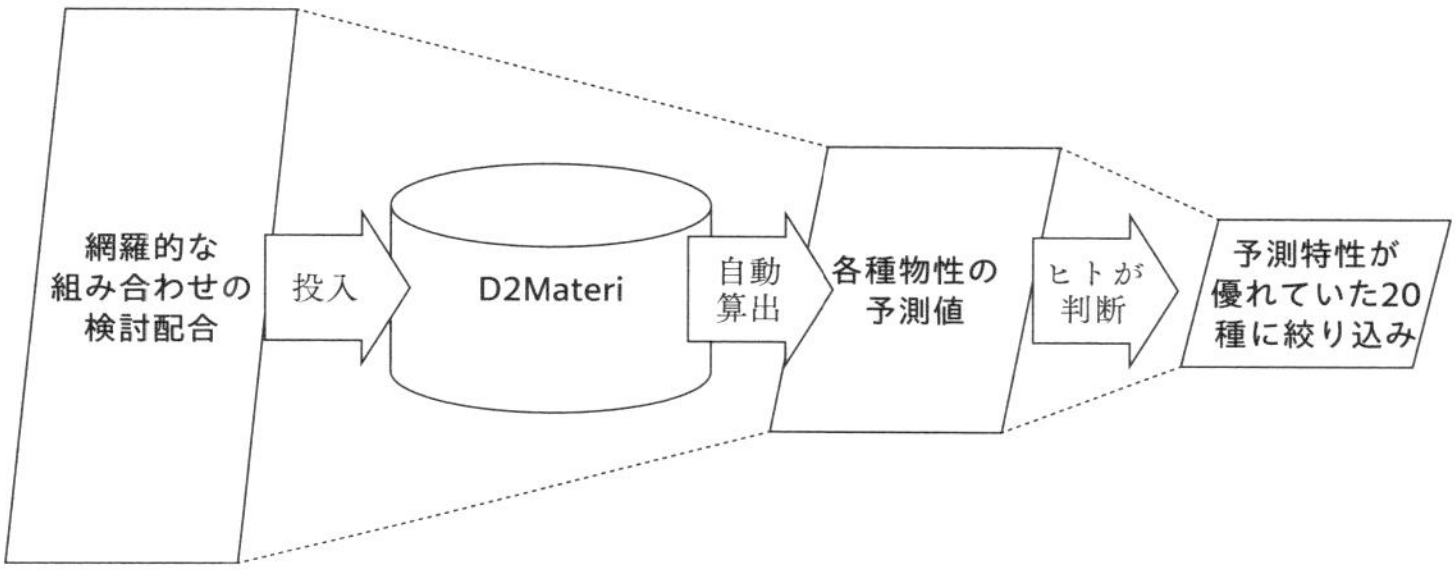

出所：プロテリアル ニュースリリース https://www.proterial.com/press/2023/ を基にアバナード作成

せた検討配合をD2Materiに投入し、各種物性の予測値を求めています。特性が優れていた配合を20種抽出した上で試作を行い、検証実験を実施し、良好な特性が得られることを確認しています。これによって、最適な配合を得られるまでにかかっていた期間を従来の1年程度から3カ月弱に短縮することが可能になり、開発速度を大きく改善するという成果を上げています。

注意点

これまでR&D部門の本質的な業務でもＡＩが利用できることを示しましたが、設計や選定などを誤った場合に重要技術や独自アイデアが社外へ流出する可能性もあり、活用には十分な注意が必要です。

特に海外製基盤を利用することには、懸念の声もあるでしょう。とはいえ、機能面含めてマイクロソフト等の海外勢が先行している領域であり、ＡＩ活用の検討にあたって最初から海外製基盤を排除することは現実的ではありません。メリット・デメリットを十分に検討し、セキュリティー上の対策を取ることで、海外製基盤であっても安全に利用することが可能です。

例えば、本章でも取り上げた大手自動車部品サプライヤーでは、「オプトアウトによりデータは保持しない、二次利用しない」ことで安全性を高め、ＯｐｅｎＡＩ社のＧＰＴを利用しています。

Ⅷ．費用対効果

ＲＯＩを算出するには

ＡＩに限りませんがシステム導入検討にあたっては、マネジメント層からＲＯＩを求められることが多いでしょう。ＡＩは２０２３年からの急速な普及で認知度が高まり市民権を得つつありますが、リスク面も取りざたされることが多く、マネジメント層が懸念・拒否感を持っているケースも多いです。

また、Ｒ＆Ｄ部門特有の課題として、研究者としての自負や自前主義からＡＩ導入に現場が否定的という可能性も考えられます。このような状況下では、導入に際し費用対効果が得られるのか強く要求されることが容易に想像できます。

効果としては、純粋にR&D部門メンバーの作業負荷を軽減する工数削減と付加価値創出に分けることができます。ここでいう付加価値創出は、製品開発までのリードタイム短縮や、イノベーティブな新製品開発等が該当します。

費用としては、自社で基盤から構築するのか、外部の既存ソリューションを使用するかによって大きく異なります。イニシャルコストという面では、圧倒的に外部ソリューションの方が安価なことが多いでしょう。一方ランニングコストは、外部ソリューションの方が高額になるケースも想定されます。

では、どのようにROIがあることを示すのか、企業文化にも大きく依存するため、明確化することが困難です。一方でAIに懐疑的なマネジメント層もまだ多い状況であることを鑑みると、高額なイニシャルコストを提示することは利活用推進が完全に頓挫してしまうリスクも考えられます。そのため、まずは既存ソリューションを活用した工数削減領域でクイックウィンとしてROIを示すことを推奨します。

課題・目的ドリブンにせよ

最後にＡＩ活用の道筋について考えたいと思います。ここで肝要となるのは、課題・目的ドリブンのアプローチです。

Ｒ＆Ｄ部門の抱えている課題や部門として存在する目的は各社・業界によって大きく異なるでしょう。問い合わせ対応等の雑務が多いのであれば単純に工数削減を図る目的でＡＩを導入すべきです。そうではなく新製品・技術開発がうまくいっていない・時間がかかりすぎているのであれば生成ＡＩからアイデアを出してもらう目的で導入すべきでしょう。この際に、現場の課題解決に特化するのではなく、中期経営計画等の全社的な指針から逸脱しないよう注意が必要です。

こちらもＡＩに限らずＤＸ投資にありがちな落とし穴ですが、全社的な指針から逸れていることで、マネジメント層からはしごを外されるといったリスクも存在します。

一般論としてのベストシナリオは、現場の課題を反映させつつ、中期経営計画⇓全社ＤＸ戦略（⇓データ利活用戦略）⇓ＡＩを活用したあるべき業務像へ落とし込む、というアプローチになるでしょう。

とはいえ、これまでも述べてきたように、各社・業界によってＤＸ浸透度やデータ基盤の有無等は様々ですので、各社独自の検討が肝要となります。

現時点で導入の計画が定まっていない場合は、まず「なくせる業務」・「簡素化できる業務」の領域でPoC的な成功体験を得た上で、全社的な投資を伴うアイデア創出領域への展開を検討することを推奨します。

ＡＩを活用することで働き方がどのように変わるのか、ショートストーリーである一日のワークスタイルの変化を見ていきます。

ＡＩを活用したR&D業務の将来像

大手素材系メーカーにて研究開発員として勤める松田。彼は理系の大学院修了後に新卒として入社してから10年目になる中堅社員で、現在は新材料の開発をリードしている。

郊外にある主力工場に隣接する研究所が彼の職場だ。朝は８時に出社し、業務はメールチェックから始まる。

以前は研究開発部門以外から届く技術的な質問にメールで回答するために、早朝から出社することもあった。ＡＩを活用した自動回答システムの定着によって、研究開発部門への問い合わせは激減した。

メールチェック終了後、前日に作成した実験計画を確認し、実験準備に着手する。これまでは毎回手作業で実験計画を立案していた。しかし、今は協力関係を結ぶ企業と学術機関との共通データ基盤を活用している。その結果、過去の実験計画を参考に生成ＡＩが半自動的に生成した計画をベースに実験計画の立案ができるようになった。これまで同作業にかかっていた時間は50％ほど短縮した。

実験結果も踏まえて、午後は論文調査に取り組む。この論文調査もＡＩによって抜本的な変革があった業務だ。

これまでは調査したい内容をキーワード検索し、関連している論文１件１件に目を通した上で精読すべき論文を特定するという流れだった。そのため、有用ではない論文を読むことにも時間を費やしていた。それが会社として契約している専門のＡＩ検索エンジンを利用することで、キーワード検索によって関連する論文が要約された上でリストアップされるようになり、精読すべき論文の特定が容易になったのだ。

この日松田は、ＡＩ検索エンジンを活用することで、有用な調査結果を素早く取得・理解することができた。

市場ニーズをつかむことは従来、難しいものだった。生成ＡＩを活用して仮説を生成することで、これまでよりも短期間で市場ニーズを特定できるようになった。松田は市場ニーズにつながるよう、新材料の試作に挑む。

この試作では、従来は１００種類以上のパターンを検討していた。ＡＩを活用することによって、筋が良い試作パターンを20～30種類まで絞り込むことができるようになった。

翌日の準備をして、定時である17時に帰路についた。

ＡＩを多くの業務シーンで活用することになったため、残業時間は以前と比べて劇的に減った。松田は今後のキャリアアップ・専門性の強化に向けて、業務と並行して大学院の博士課程進学を検討している。

第5章

製造・物流

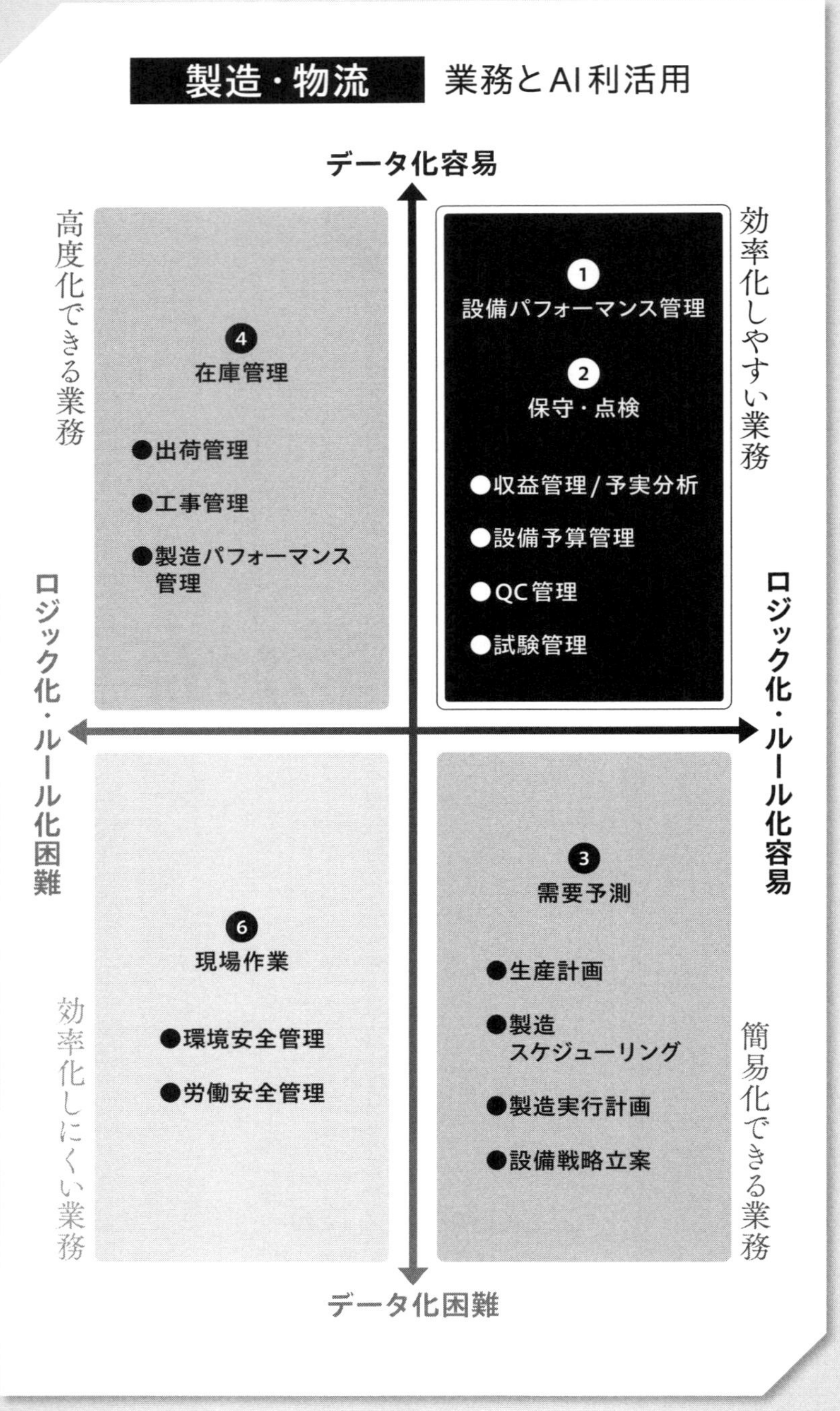
製造・物流
業務とAI利活用
データ化容易
データ化困難
ロジック化・ルール化困難
ロジック化・ルール化容易
高度化できる業務
効率化しやすい業務
効率化しにくい業務
簡易化できる業務
❹ 在庫管理
●出荷管理
●工事管理
●製造パフォーマンス管理
❶ 設備パフォーマンス管理
❷ 保守・点検
●収益管理/予実分析
●設備予算管理
●QC管理
●試験管理
❻ 現場作業
●環境安全管理
●労働安全管理
❸ 需要予測
●生産計画
●製造スケジューリング
●製造実行計画
●設備戦略立案

Ⅰ．イントロダクション

製造・物流業における悩みを解決する鍵とは

クライアントからは、次のような悩み事を頂くことがあります。

- 「ＡＩを活用して匠の知恵を見える化できないか？」
- 「製造情報と品質情報を結びつけて品質トラブルを未然に防ぐことはできないか？」
- 「労災につながる事故が起きる前に予兆検知はできないか？」

どの悩み事も特定の業務領域にとどまらず、製造フロー全体で考える必要のある問いです。本章では、こうした問い立てに対して、どうやって実現していけばよいのか、読者の皆様の抱えている悩みについて解決の糸口となるようなヒントを提供していきます。

世界で認められる製品を高い品質で安定的に供給しつづけるためには、製造業では事業活動におけるバリューチェーン全体で高いクオリティーを出す必要があります。これを達成するために、有名なトヨタ生産方式やワイガヤをはじめとした企業独自の考え方が生まれてきたといえます。

このような製造業において、私たちはこれまでデジタル技術を活用した多くのプロジェクトに参画してきました。それらのプロジェクト活動を通じて分かったことは、どの製造業務においてもデータの収集と集めたデータの解析及びそのデータ活用が肝だということです。

それでは、製造・物流領域の業務を全体像として示し、データプラットフォーム上にデータを集め、どのようにＡＩ活用を実現していくのかを紹介していきます。

II. 製造・物流部門の業務

製造業の業務全体像

製造業の業務全体像について見ていきます。製造業のバリューチェーンではサプライチェーンとエンジニアリングチェーンの大きく二つの流れがあります。

図5-1　製造業のバリューチェーン全体像

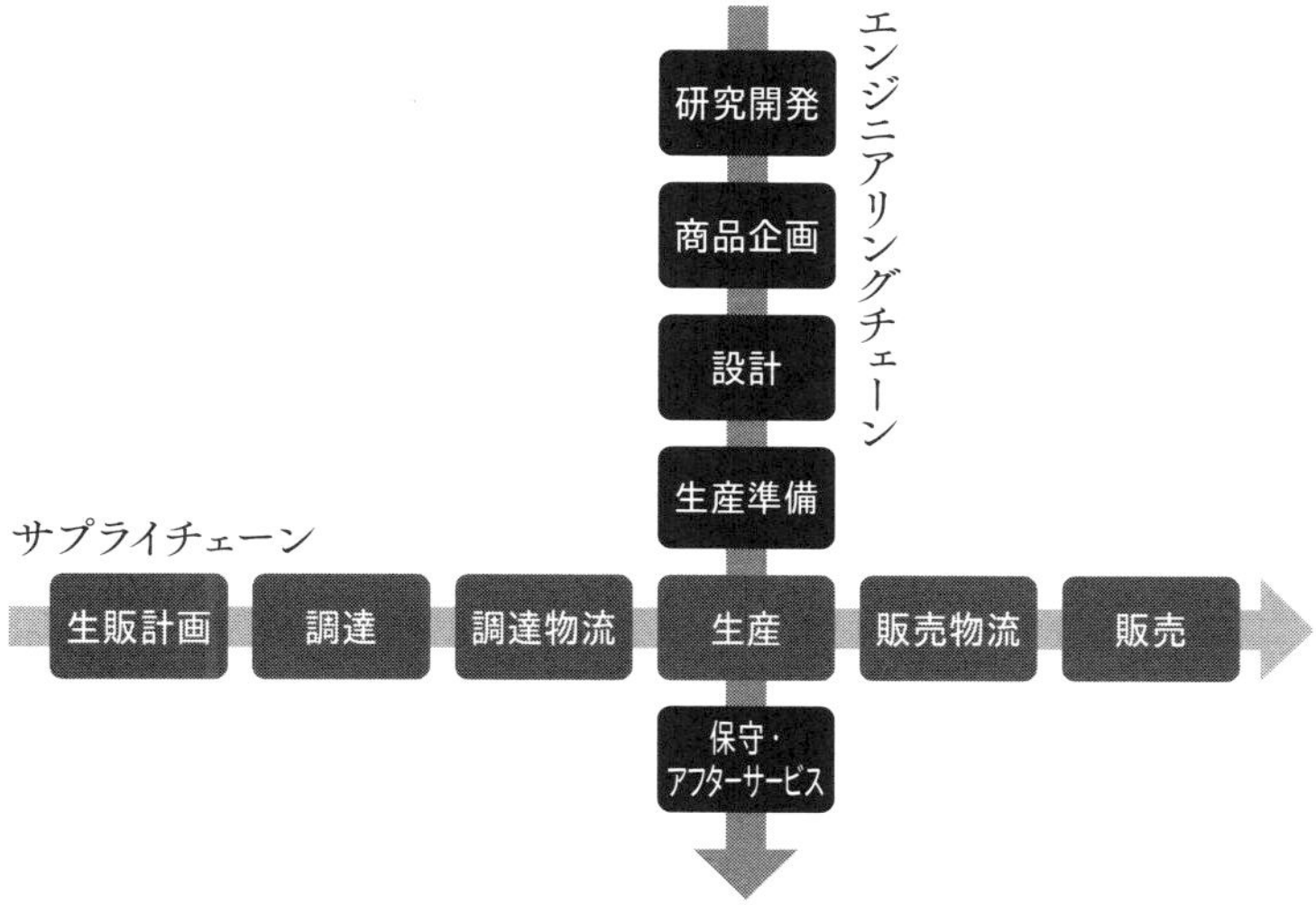

　エンジニアリングチェーンでは、企業が製品やサービスを生み出すための研究開発からスタートします。企業活動にてR＆D部門と呼ばれる部署が日々研究を行っていますが、未読の場合は本書のR＆D部門もぜひご参照いただければと思います。

　次に商品企画へ移行します。商品企画では、研究開発にて成果のあった研究をどのように商品化・事業化していくのかを、商品コンセプトやビジネスプランを具体化することで投資評価を行う段階です。商品企画にて、経営判断も入り事業として成立すると考えられると、設計に入ります。

　設計は製造する製品の具体的な仕様を定める段階です。事業として販売する製品によって実施内容は異なりますが、基本的に量産に向けた図面の作製を行います。

生産準備では、設計フェーズにて作製した図面に基づいて製品を生産するために、製造工程や設備の設計・製作を行います。また、スムーズな生産を行うために生産に携わる従業員へのトレーニングも実施します。

生産準備までで製品製造の前段階が終わり生産に入ります。生産段階は後述するサプライチェーンとエンジニアリングチェーンの両方が重なりあう工程です。特に製造業では品質（Quality）とコスト（Cost）、そして工期・納期（Delivery）の三つの重要な要素を意識する必要があります。このＱＣＤの観点から最適化された形で製品を生産します。

製品を生産した後は、販売した製品について不具合があった際の修理や定期的なメンテナンスを行う保守・アフターサービスを提供します。保守・アフターサービスで見つかった不具合等を踏まえて、今後の研究開発や商品企画から生産までの上流工程へフィードバックを行います。必要に応じて改善を図ります。


続いて、サプライチェーンについて見ていきます。サプライチェーンは生産・販売計画を基に、製品の原材料や部品を調達しそれを生産拠点に供給し、生産拠点にて製造された製品を最終顧客へ届けるまでのモノと製品に関する業務の流れです。

まずは生販計画にて、販売計画や製品の需要に基づく需給計画を下敷きに、生産計画を策定します。生産計画は製造企業にとって、生産過多による在庫の増加や供給不足による機会損失を最小限にとどめる必要があるため、精査をして作成を行います。

生産計画ができると調達に入り、計画に基づいた数の製品を生産するために適切な量の原材料や部品をサプライヤーである企業へ発注を行います。次の調達物流では、サプライヤーから納入された原材料や部品を生産拠点にある倉庫で保管し、必要に応じて生産場所へ供給を行います。

生産はエンジニアリングチェーンとサプライチェーンが重なる箇所です。前述したQCDの考え方にのっとり、材料の加工や部品の組み立てを通じて製品を生産します。

販売物流では、生産された製品を顧客の注文に応じて輸配送を行い納品します。販売では、製品の販促活動を実施し、顧客や最終顧客へ製品を販売します。

一般的な製造業のバリューチェーンであるサプライチェーンとエンジニアリングチェーンの流れは以上ですが、販売する製品の形態によって、企業ごとにこれらのバリューチェーンが変わってきます。例えば、製品による違いがあります。化学品や製油をはじめとした流体を原材料として製造をするプロセス製造と、自動車や電子製品といった固体を原材料として製造するディスクリート製造で作られる製品ではバリューチェーンは変わります。その他にも、仕様が一品一様となる個別受注生産や一つの製品を連続して生産する繰り返し生産といった、生産様式の違いもあります。しかし、各企業でバリューチェーンの詳細が異なることはありますが、基本的な全体像としては大きく変わりません。

製造・物流部門の業務内容

製造業のバリューチェーンについてサプライチェーンとエンジニアリングチェーンを見てきましたが、「製造・物流領域の業務全体像」というよりも「製造事業全体」になるため、ここで製造・物流領域の業務を区切ろうと思います。本章では、プロセス製造を基に、製造・物流領域の業務におけるＡＩ活用を記載します。そのため、読者の皆様の業務がディスクリート製造の場合は実態と異なる部分が出てくると思いますが、ご了承いただければ幸いです。

製造業のバリューチェーンの中で、製造・物流領域と主にいわれている業務は生販計画、調達物流、生産、販売物流の一部または全部です。製造・物流業務をこの中で分類し抜粋すると、生販計画では「生産計画」、生産では「製造」、「保全管理」、「品質管理」、「ＨＳＳＥ：Health（衛生）、Safety（安全）、Security（セキュリティー）、Environment（環境）」となり、最後に調達物流及び販売物流では「倉庫管理」が一般的なプロセス製造における製造・物流領域の業務だと

表5-1　製造・物流業務整理

バリューチェーン	業務 Lv1	業務 Lv2	主な業務
生販計画	生産計画	生産計画	生産計画立案 / 需要予測
		製造スケジューリング	生産計画に基づいた製造スケジュール作成
		収益管理 / 予実分析	製造工場収益における予実分析の実施
生産	製造	製造実行計画	製造スケジュールに基づいた実行計画作成
		現場作業	製造実行計画に基づいた現場での製造作業実施
		製造パフォーマンス管理	製造作業の進捗管理 / トラブルシューティング
	保全管理	設備戦略立案	製造設備全般における増強・補強・取り壊し等の戦略策定
		設備予算管理	設備戦略に基づいた予算管理の実施
		工事管理	設備戦略に基づいた工事管理の実施
		設備パフォーマンス管理	製造設備のパフォーマンスを管理
		保守・点検	製造設備の保守点検を実施
	品質管理	QC 管理	生産物の品質管理を実施
		試験管理	定期・不定期に生産物への試験を実施
	HSSE	労働安全管理	製造環境で働く従業員の安全管理
		環境安全管理	製造に基づく環境基準値の管理
調達物流 販売物流	倉庫管理	在庫管理	製造された生産物について在庫管理の実施
		出荷管理	製造された生産物について出荷管理の実施

いえます。企業によってはバリューチェーン上の他領域についても製造・物流業務として実施されていることはありますが、一般的に考えられる領域としてこちらの定義を採用いたします。それぞれの業務分類の詳細は表5－1をご覧ください。

関係部門との連携

一般的な製造業の業務について全体像をバリューチェーンで見てきましたが、ここで関連する部署に注目します。エンジニアリングチェーンとサプライチェーン、それぞれで複数の部署にまたがって仕事が遂行されるので、私たちが一般的な製造業のクライアントと仕事をするときは、複数部署の方とやり取りをすることが必須です。今回のＡＩ活用というテーマでも、複数部署にまたがり密な連携が必要となるので、検討する際は関連する部署全体を俯瞰して見る必要があります。

製造・物流領域の業務Lv１ごとに、関係する部署について見ていきます。生産計画では製造部門以外に営業部門や購買部門が関係し生産計画を策定していきます。実際に計画を立案するときの需要予測を営業部門からのインプットを基に作成することや、生産可能かどうかの判断を製造過程だけではなく、原材料等の調達の観点からも評価するため購買部門が関わりを持ちます。生産計画の情報は年度の売上高や利益といった数字にも大きく関係するため、内容は経営層や経営管理部門ともやり取りをして精査する必要があります。

次に生産です。バリューチェーン上の生産に該当する製造業務、保全管理業務、品質管理業務、ＨＳＳＥのそれぞれで他部門にわたる連携を実施する必要があります。

製造業務ではただ製品を生産するだけではなく、生産設備が製造工程においてトラブルなく適切に稼働しているかどうかを保全部門と確認することや、環境へ考慮する項目が問題なく実施できているのかを環境管理部門によってチェックをすること、また生産した製品を適切に保管するために物流部門と連携することが挙げられます。

表5-2　製造・物流業務と関連部署の整理

バリューチェーン	業務 Lv1	主な関連部署	部署ごとのミッション
生産計画	生産計画	営業部門	需要を把握し、生産計画のインプットとする。
		購買部門	市況から材料や原料を調達する観点から評価する。
		製造部門	経営計画や需要予測等を考慮し生産計画を策定する。
製造	製造	製造部門	生産計画に基づいて、製品を生産する。
		保全部門	稼働している生産設備に問題がないかを確認する。
		環境管理部門	環境へ考慮する項目が問題なく実施できているのかを確認する。
		物流部門	生産された製品を適切に保管する。
	保全管理	保全部門	設備戦略を策定し、計画にのっとって工事の管理や定期的な保守・点検等を実施する。
		製造部門	生産設備に問題がないかを日次で点検する。
		経営管理部門	設備管理関連の投資対効果を把握し、予算管理を実施する。
	品質管理	製造部門	品質管理部門からの依頼に応じて生産された製品のデータを把握する。
		営業部門	顧客からの品質に関する問い合わせを受け付ける。
		品質管理部門	生産された製品について定期・不定期の品質調査を実施する。
	HSSE	人事・総務部門	生産拠点で働く労働者の安全に関する管理を実施する。
		環境管理部門	稼働している生産設備や生産された製品から環境への影響がないかを管理する。
		製造部門	生産拠点での労働者及び環境の安全を管理する。
調達物流 販売物流	倉庫管理	調達部門	原材料や部品の納品を実施する。
		物流部門	製品の生産に必要な原材料や部品及び生産された製品の在庫管理を実施する。
		製造部門	生産した製品を倉庫へ納品する。

保全管理業務では一般的には製造部門と保全部門が一緒になって主に設備戦略の立案や設備パフォーマンスの管理及び日々の保守・点検を実施しますが、全社的な投資効果の確認も必要となるため、経営管理部門とのやり取りも行います。また、工事作業等があると生産拠点全体への影響も出てくるため、適切なタイミングでの周知も重要です。

品質管理業務については、生産した製品の品質チェックを品質管理部門が実施することが大きな連携です。これだけではなく、営業部門などから品質について問い合わせ等があった際に、その製造ロットから品質に異常がないかをトレースして検証することもあります。

HSSEは労働環境や、環境への配慮が必要となるため、人事・総務部門、また環境管理部門とのやり取りが行われます。生産拠点では無事故で製品を生産することを第一と掲げるため、労災が起きないように日々徹底した管理を行っています。

最後に倉庫管理です。倉庫管理では調達部門からの原材料や部品の納品を実施する際のやり取りや、生産した製品を出荷するときの物流部門とのやり取りを製造部門が主に実施します。倉庫にどれだけの在庫があるのかを日々チェックし、管理部門へ報告することも経営上の数字を見るためには必要となるので、フォローアップも含めて密接にやり取りを行います。

ここまで、製造・物流領域での業務ごとに多くの部門とのやり取りがあることを見てきました。

ＡＩ活用に限った話ではなく、何かしらのプロジェクトを製造・物流領域で実施する際には関係する部門は多岐にわたります。ＡＩ活用においても、どこかの部門へ業務のしわ寄せが行くことなく、全体的な改善を図ることが求められます。

Ⅲ．業務分類

この節では製造・物流業務におけるＡＩ活用についてご紹介します。製造・物流業務を４領域に分類し、分類ごとにＡＩ活用を見ていきます。

ＡＩ活用における業務分類を「データ化が容易かどうか」、「ロジック化・ルール化が容易かどうか」の二つの観点で分けていきます。「データ化が容易かどうか」では、データを利用する業務はデータ化が容易である一方、計画策定といったデータを集めて、それを分析することで示唆を得ていく業務はデータ化が困難です。また、「ロジック化・ルール化が容易かどうか」では、繰り返し実施するような定常業務はロジック化やルール化が容易だと考えられます。また、業務について短期、中期、長期と期間で区切った際に、中長期にわたる製造・物流業務はロジック化が容易ですが、短期での業務はトラブル対応をはじめとした突発的な対応を実施する必要があるためロジック化は難しいでしょう。

この二つの観点で実際に、業務を分類した結果が「製造・物流業務とＡＩ利活用」（図５－２）です。


４領域のうち、右上はＡＩ活用によって業務効率化が実現しやすい領域です。なぜなら、一般的な企業ではデータが蓄積されていることが多いためです。いわゆるホワイトカラー業務の中で、時間をかけて実施する業務です。

右下の領域には、ロジック化・ルール化は容易ですがデータを集めることが難しい、計画関連の業務が含まれます。例えば需要がどのように変わっていくのかといった需要予測のデータは、最終顧客の生の声を集めるだけでは集まらず、他の要因も含めて収集する必要があります。単純に特定のデータを集めればよいわけではないため、データ収集が難しい業務といえます。よって、この領域の業務はデータを集めるというよりもＡＩを活用し業務をどのように効率化していくのかの検討が重要なポイントです。

左上の領域は、データは集まっており中長期的にはロジック化・ルール化がしやすいですが、短期的にはイレギュラーな対応も必要となる業務です。管理業務がこちらの領域に入ってきますが、イレギュラー対応の関係でロジック化やルール化が難しくなります。これらの業務における

図5-2　製造・物流業務とAI利活用

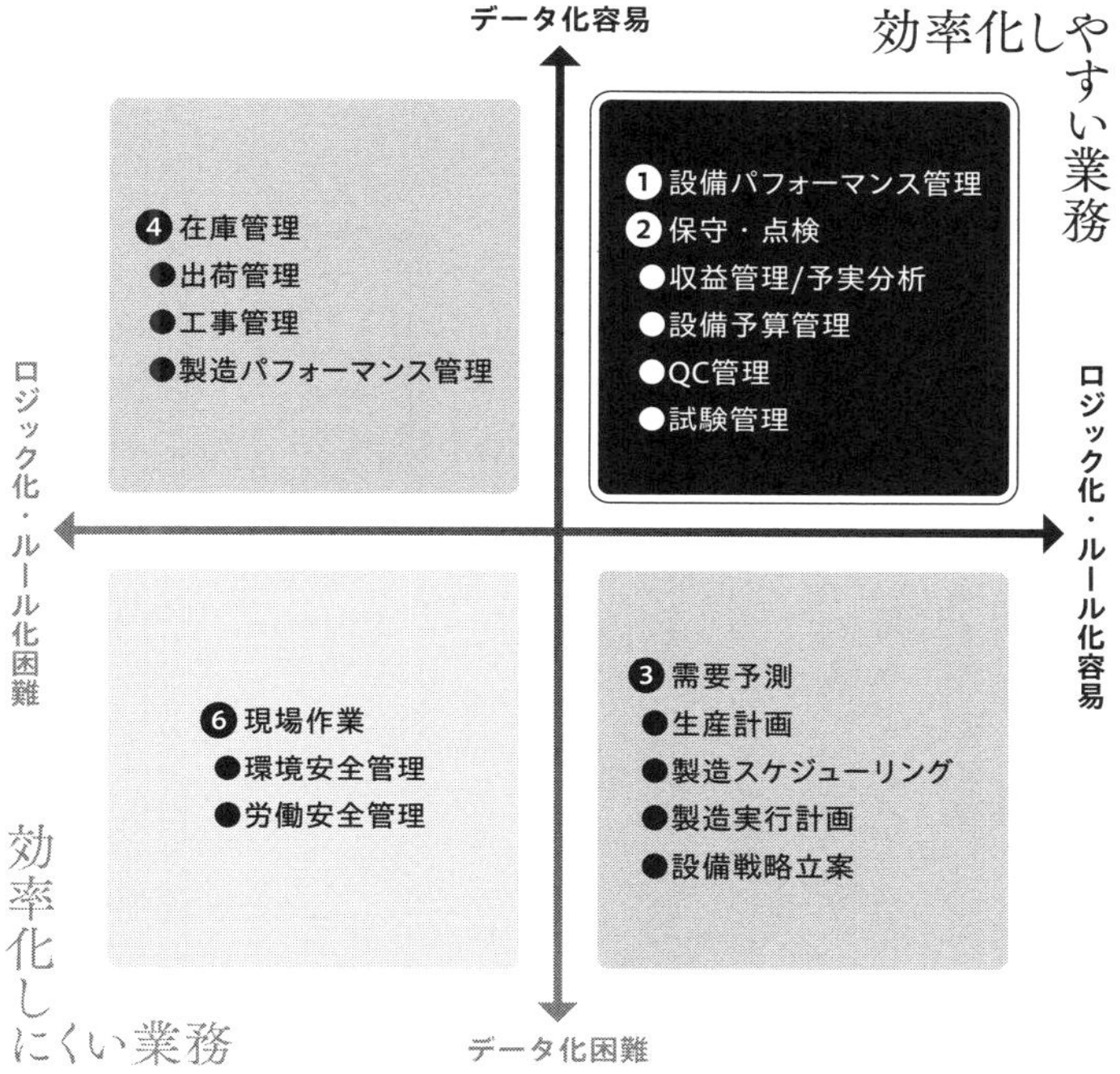

ＡＩの活用法としては中長期から入り、短期では人の判断に対して示唆を出していくような活用を検討していくとよいでしょう。

　最後に左下の領域です。こちらの業務はロジック化・ルール化が難しい日々の活動であり、データを集めることも難しいです。実際に製品を生産する現場作業や人命に影響のある環境安全管理、労働安全管理の業務がこちらの領域に分類されます。現場作業では匠の知恵をいかにＡＩによって可視化していくのかがポイントです。環境安全管理と労働安全管理については、ＡＩ活用によってインサイトを獲得できたとしても、間違った判断が下ることで、人に危険が及ぶ可能性があります。そのため、必ず人が介在する必要がある業務といえます。

ここで分類した領域ごとに、ＡＩ活用例をご紹介していきます。

Ⅳ．【分類①】効率化しやすい業務

業務の事例

発展途上である生成ＡＩが最も力を発揮する業務はホワイトカラーの業務といわれています。製造・物流部門の業務でホワイトカラーの業務に該当するのは工場長やライン長、物流センター長などの管理職が担う報告書作成といった定型かつ定期での管理作業でしょう。

これら管理作業は各担当者から様々なインプットを紙や Excel で提供してもらい、管理者自らが Excel でそれらインプットの加工や集計を行って報告書に仕立て直しています。仕立て直した報告書を確認し、必要に応じて所感を記載することもあるでしょう。インプット収集から報告書の作成までに時間がかかる場合では1週間程度のリードタイムが必要になるかもしれません。もう少し短期間でインプットを分析できたら製造現場でのトラブルを未然に防げたはずだ——。製造・物流部門の管理者のほとんどがそんな経験をしているのではないでしょうか。

生成ＡＩは報告内容や報告先を入力するだけで報告書に必要なデータを収集・生成して、自動的に見やすい報告書を作成してくれます。またデータの集計や分析においても集計・分析結果の要約を生成することができます。

報告書に報告者の想いや意思を入れることは非常に大切なことですが、その前工程のインプット収集から報告書ドラフトの作成までの作業にかかる時間は短時間であればあるほど望ましいといえます。

必要なデータがそろってさえすればこうした作業を生成ＡＩは瞬時に行ってくれます。その結果、管理者は生成ＡＩが作成した報告書を確認・修正の指示を出すだけになり、より高度な意思決定に注力することが可能となります。

ＡＩ活用の方策　Power BI Copilotを利活用した設備パフォーマンスリポートの生成

まずは、ライン長による設備パフォーマンスリポートの作成を例に考えます。１カ月に１回、ライン長は工場長向けに設備パフォーマンスリポートを作成し、報告を実施しています。ライン長は各設備のパフォーマンスデータを月初めに収集し、その後1週間ほど時間をかけてExcelでデータ加工・集計や分析をし、その結果をリポートとして作成していました。リアルタイムではないため作成期間中に新たに設備故障などが発生してもリポートに反映できず、リポート情報の鮮度に悩みを抱えていました。

２０２３年11月にマイクロソフトのPower BIに生成ＡＩが導入され、リポートのトピックを選択するか、特定のトピックに対しPower BIのCopilotに質問を入力することでリポートを自動生成できるようになりました。

Microsoft FabricでCopilotを有効にしておくなど、いくつかの準備が必要になりますが、Power BIのCopilotを利活用すれば、生成ＡＩが社内外のデータソースから必要なデータを収集し、データ加工・集計、分析、グラフ生成を実施し、設備パフォーマンスに関する様々な項目をまとめたリポートを数クリックで作成してくれます。リポートを作成するだけでなく各項目の要約をしてくれたり、さらにはシミュレーションを実施したりすることもできます。

ライン長はリポート作成の時間を大幅に削減するとともにリポート情報の鮮度を最新にすることで、工場長に意思決定を仰ぐ際にも追加の情報提供が不要になりました。

物流センターにおける保守・点検での情報提供

ホワイトカラーの業務以外で機械的に答えが出せる「単純作業」での生成ＡＩの使用例を一つ挙げます。

保守・点検の専門家がいる工場と比べ、物流センターにはそうした専門家は配置されていません。そのため、専門知識を持った作業者による保守・点検を実施するのが困難な状態にあります。そこで保守・点検時に外部業者に作業依頼をしたり、社内専門家が出張し、保守・点検をしたりすることになります。

生成ＡＩとのチャットによる質疑応答を通じて、例えば、専門知識を持たない作業者に設備機器の仕様とその点検項目や、過去の対応事例の情報を提供し、専門知識の不足をカバーすることができます。その結果、今まで専門家が物流センターに出張し実施していた代わりに生成ＡＩと専門知識を持たない現地の作業者で実施できるようになります。そして、保守・点検に要する時間とコストを節約することが可能になります。

注意点

生成ＡＩを利活用することで、必要とする情報をクイックに収集すること、さらには収集情報を基に報告書などの作成物を数クリックで生成することができるようになります。今まで数日かかっていた作業が数分でできるようになることは常に改善活動に取り組み、生産性向上のために無駄な1秒を削減している製造・物流の現場にとって非常に大事なことです。

しかし生成ＡＩが生成した報告書などの作成物はあくまでもドラフトであり、完成品でないことを生成ＡＩの利活用者は理解する必要があります。生成ＡＩが生成したドラフトをレビューし、内容の正確性や参照情報の鮮度をしっかり確認しましょう。生成ＡＩが生成した作成物であったとしても最終的な作成責任は利活用者にあることを忘れてはいけません。

生成ＡＩがやることと人間がやるべきことの境界を見極めて生成ＡＩを利活用していくことが重要なのです。

Ⅴ．【分類②】簡易化できる業務

業務の事例

生産計画をはじめとした計画を立案する業務では、管理職や担当者が各々持っているロジックを基に作成することが多いです。データをただ集めてBIツール等を用いて可視化するだけでは、そこから示唆は得られたとしても計画を作成する業務の手助けにはなかなかなりません。

この分類でクライアントから頻繁に「需要予測を実現したい」という相談を受けます。需要予測は製造・物流領域では、どれだけの製品を生産すればよいかという生産計画の精緻化への手助けとなります。それを踏まえた後工程である、製造実行計画や製造スケジューリングにも利用できる情報です。また、生産設備の増強をはじめとした設備戦略立案にも、この内容が生きていくため、生成AIによる需要予測についてこちらで触れます。

需要予測でのAI活用では、過去の販売実績のデータと共に、曜日や気象データ、またマーケティング活動等により得られるトレンドデータ等をひもづけて生成AIにより分析し、今後の需要を予測する活用が一般的です。過去の販売データと曜日データは自社にて基本的には持っている情報となりますが、気象データは外部データを主に活用します。また、トレンドデータの取得が難しい部分となりますが、こちらは販促をかけた際の情報や、顧客からの声をはじめとしたアンケートデータ、SNSやウェブサイトを解析した結果から得られるデータを別途取得する必要があります。

AI活用の方策　Microsoft Fabricを用いた需要予測の実現

需要予測は、基本的には生成AIによる解析を行える環境があれば実現できます。しかし、構造・非構造問わず大量のデータを収集する必要があるため、データ基盤を構築でき、データ基盤上でデータ解析も含めて実施できるMicrosoft Fabricを活用することをお勧めします。

データ分析を実現する基盤を構築する前に、まずは企画構想として、どのように需要予測を実施するのかを整理する必要があります。BtoB（Business to Business、企業間取引）とBtoC（Business to Customer、消費者向け取引）という違い、プロセス製造なのかディスクリート製造なのかという違いをはじめとした製造する製品の違いにより、AIモデルも異なります。また、予測する期間は年、月、日どの単位で行っていくのかというスケジュールも大きく結果に影響を与えるものです。こういった違いを明確化し、どういったAI分析を行うのかを検討した上で初めてデータ分析を行います。

予測モデルを作成するために、Microsoft Fabricに対してデータを入れ込みます。入れ込んだデータに対してFabricに搭載されているモデルによって解析を実施し、その結果をPower BIで可視化する仕組みが一般的です。従来のデータ分析基盤では、複数の機能を持つ製品を組み合

図5-3　Microsoft Fabricを用いた需要予測の実現イメージ

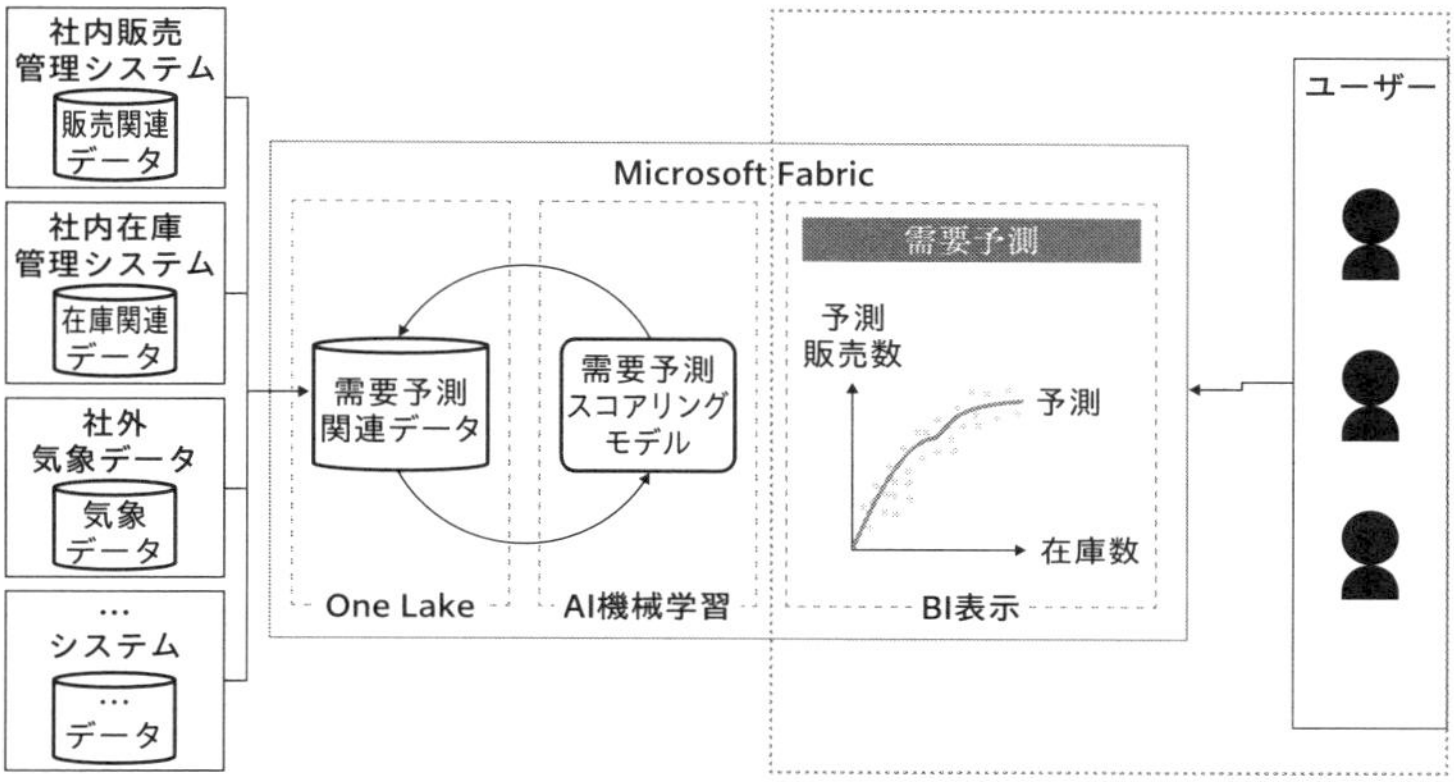

わせてアーキテクチャーを描いてきましたが、Microsoft Fabric では One Lake というデータレイクからデータマート、そしてＢＩツールまでが一元管理できるため、構築も従来のものと比べると容易になっています。

需要予測モデルは期間や販売店舗等の分類ごとに作成し、状況を可視化した上で、最終的な生産計画をはじめとした計画書へ結果を利用します。モデルは時がたつにつれて、精度が落ちるので、適宜、改良やチューニングを行って精度の高いモデルを維持します。Microsoft Fabric の機能である Data Science を用いることにより、需要予測モデルを活用した全体をとらえられます。

また、需要予測の結果について生成ＡＩを用いることで、普段人が気付くことのできなかった、示唆を手に入れることが可能です。Fabric を用いた結果は Power BI にて、可視化することができるため Power BI 上で作成した分析結果のグラフを生成ＡＩに取り込みます。その結果を生成ＡＩが学習していくことで、需要予測について人が得られる情報だけではなく、示唆を得ることができるでしょう。

注意点

Microsoft Fabric をはじめとした新しいデータ基盤を用いて、需要予測のようなＡＩモデルを作成する際の注意点として大きく二つあります。自社で実施する際にはある程度専門的な知識を持ったデータサイエンティストが必要となること、またアカウントの権限をどのように設定するのかといったデータガバナンスを作り込むことが挙げられます。

データ基盤を導入する際にはベンダーが構築し、初期のモデルもベンダーが作るプロジェクトは多いでしょう。しかし、構築したモデルは自社内のデータサイエンティストがチューニングし続ける必要があります。

データガバナンスについては、データを誰がどの領域のデータにアクセスできるのかを整理しなければなりません。社内にて、取得元データにアクセス許可がないユーザーが、データ基盤へのアクセス段階で、そのアクセス許可のないデータに触れることができてしまうことはリスクとなります。そのため、データ基盤を導入する際には、データモデルを作成した上で、データガバナンスに注力する必要があります。

Ⅵ．【分類③】高度化できる業務

業務の事例

在庫管理、出荷管理等の管理業務は、製造・物流における管理業務の中でも突発的な対応も多く発生するため、ロジック化が難しい業務となります。自社だけではなく物流業者や工事業者をはじめとした他社との連携も重要となってくることもあります。

この領域でのＡＩ活用の例としては、需要予測等の結果を受けた在庫管理や出荷管理等、管理業務の最適化が挙げられます。需要予測の結果を受けて、生成ＡＩによる最適化モデルを適用することで、サプライチェーン全体に対する最適化の予測を目指します。

サプライチェーン最適化ＡＩを使って、需要に応じた在庫数を最適化できます。これにより、製品の過剰生産による在庫数の増加や倉庫の圧迫といった倉庫管理業務における負荷を削減することが可能です。また、出荷スケジュールを最適化することで、特に複数製品を生産している拠点では、出荷時の製品の組み合わせや割り当てを適切に行えます。この結果、出荷にかかる工数を削減できます。

サプライチェーンの最適化を図ることによって、他社に依頼している業務工数を減らすこともでき、財務インパクトは大きいでしょう。

AI活用の方策　Microsoft Fabricを用いた在庫量と在庫配置の最適化

サプライチェーンの最適化の中で特に製造・物流業務では在庫管理の最適化がインパクトの大きい業務改善です。ここでもMicrosoft Fabricを用いることで、効率的に実現できます。データ基盤の構築については分類②での構築を参考にしていただき、ここではデータ基盤が構築されている前提で話を進めます。

一般的な製造業のクライアントでは、SAPをはじめとした基幹システムと周辺である在庫管理システムを構築します。そして、在庫の最適化をシステムに入っているデータを用いて人が実施することが多いです。しかし、生産拠点や販売拠点における在庫数を把握できたとしても、最適な量を出荷することは人の勘によるところが大きいです。そのため、販売拠点での在庫不足や、

図5-4　在庫管理の最適化イメージ

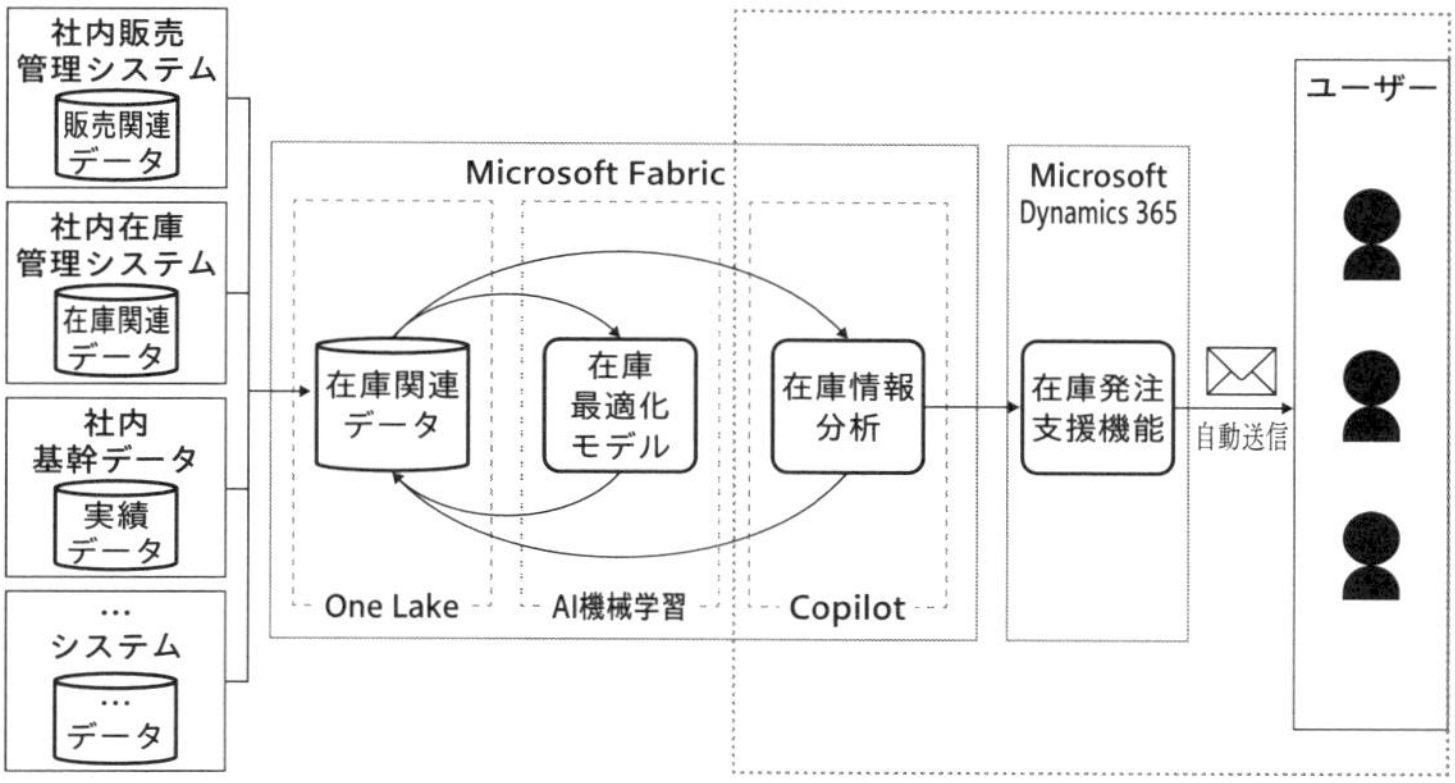

生産拠点における余剰在庫が頻発します。こういった、在庫に関する課題を解決するために在庫量、在庫配置の最適化を実現したいというニーズがあります。

最適な在庫管理を実現するためには、生産拠点に蓄積されているデータと販売拠点での在庫データや取引データ、また需要予測モデル等の結果を受けて新たに作成する在庫最適化モデルが必要です。このモデルは生成ＡＩによって作成可能です。Microsoft Fabric の One Lake 上にデータを投入し、そのデータを解析することで在庫最適化モデルを作成します。在庫最適化モデルの結果はＢＩツールにより生産拠点、物流部門、販売拠点のそれぞれが見ることができ、いつまでにどれだけの製品をサプライチェーン上で流動していく必要があるのかを可視化します。

ただ可視化するだけではなく、可視化された情報を受けて、販売拠点からの依頼や物流業者の出荷数を調整することで効率的な業務を実現できます。例えば物流管理システムの構築や、アプリケーション単位での依頼ができることで、よりリアルタイムに近い在庫管理ができるでしょう。さらに、Fabric の One Lake に入っているデータを基幹システムである Microsoft Dynamics 365（以下、Dynamics 365）の発注支援に連携して最適化もできます。連携されたデータに対して Copilot を利用することにより自動的に必要なユーザーへメールを送信して在庫の最適化を図れます。リアルタイムに近い在庫管理はできているものの、ユーザーが気付かないといった事象により、在庫の適正化ができない人的機会損失を防ぐ仕組みとして、生成ＡＩを活用することができます。

注意点

在庫管理の最適化をはじめとした管理業務での注意点としては、分類②で記載しているモデルのチューニングを実施するデータサイエンティストの必要性とデータガバナンスについての注意が同様に必要となり、特に分類③ではデータガバナンスが重要となります。企業によっては販売会社や物流会社は、子会社も含めた別会社に委託をしていることが多いです。その場合は、在庫の情報をどこまでオープンにするのか、またその会社にて保持しているデータをどれだけ取り入れることができるのかといった検討項目が出てきます。

企業間でのデータのやり取りにおいて、同じデータ基盤を使うことは考えられないケースが多いでしょう。例えばファイルサーバーやTeams（SharePoint）といった、ファイルのやり取りができるのみにとどまります。より精緻な在庫管理を実現するためには、情報がどれだけ集まるのかを企画フェーズにて検討する必要があるでしょう。その上で、最適化モデルが構築できるのかをＰｏＣ等で検証し、実際に導入するかどうかを決める進め方が良いのではないでしょうか。

Ⅶ．【分類④】効率化しにくい業務

業務の事例

生成ＡＩによる分析は瞬時性や客観性、容易性の観点で優れています。しかし正確性に関しては人による分析と同じく結果の正しさに対し課題を抱えています。

分析結果の正しさを担保できないケースでは①人の知らないデータや単語には生成ＡＩが対応できない、②利用するＣｈａｔＧＰＴのバージョンによっては分析のインプットとなるデータの鮮度が低くなるなどが要因です。

人命に影響のある環境安全管理や労働安全管理の業務では、人に危険を及ぼす可能性があるため、誤った分析結果やインサイトに基づいて間違った判断を下すことは絶対に許されません。また製品を生産する現場作業では、生産性の向上を目指し効率化していくことは大事です。しかし、環境安全管理や労働安全管理の業務と同じように、効率性追求の前に人に危険を及ぼさないことが大前提となります。

分析の正確性における課題から分類④に該当する業務群では生成ＡＩから得た分析結果やインサイトの利活用は極めて慎重に取り扱う必要があります。

そのため分類④に該当する業務群における生成ＡＩ利活用の用途は、過去の経験や知見のクイックな情報提供が中心となります。例えば工程トラブルにおける過去の対応事例や現場における改善事例の情報提供などです。

AI活用の方策

生成ＡＩを活用した「匠」のナレッジデータベース「現場作業」での生成ＡＩの使用例を一つ挙げてみましょう。工場や物流センターが長年にわたり稼働していると、構造／非構造を問わず大量の現場ナレッジが現場に蓄積されていきます。ただ、多くのケースでは仕組みを用いた整理がされておらず、①現場ナレッジの属人化、②紙媒体での保管・管理による情報のサイロ化が生じています。

現場ナレッジの属人化と情報のサイロ化を今まで防いできたのが「匠」と呼ばれる熟練労働者です。「匠」は現場のことを何でも熟知しており、情報にとどまらず解決策に至る示唆も提供してくれるまさに生き字引的な存在です。しかし熟練労働者の定年退職に伴い、「匠」が現場から去りつつあります。

そのため「匠」を代替する仕組みの導入が工場や物流センターでは喫緊の課題となっています。現場ナレッジデータベースの導入自体は各所に散在している情報やデータを一つの保管場所に集約し、それらのデータにインデックスをつけ体系化することで実現できるでしょう。

しかし、ナレッジデータベースから必要な情報を検索することは経験の浅い労働者にとって容易ではありません。現場での経験が長くなることで、検索対象となるコンテンツを把握できる、あるいは様々なコンテンツに含まれる適切なキーワードを見つけ出し、検索できるようになるからです。検索対象や検索方法の設定が適切にできないと利用者が必要とする情報やデータにたどり着くことはできません。仮にできたとしても多大な検索時間を要するかもしれません。さらには探し出したコンテンツを読んでもその内容をすぐには理解できない可能性もあります。

生成ＡＩは「匠」の役割を代替します。生成ＡＩを活用した「匠」の現場ナレッジデータベースは、生成ＡＩが検索者の検索意図をチャットに入力されたテキストから理解し、その意図に合わせた検索結果を提供します。また検索結果の提供のみにとどまらず、検索結果を要約し、概要として提供することもできます。その結果、検索結果に隠れている暗黙知を引き出すことができ、「匠」の示唆をも提供することができます。

注意点

生成ＡＩを利活用することで、必要とする情報にクイックにアクセスすること、さらにはそれら情報を要約することで有益な判断材料を得ることができるようになります。今まで「匠」と呼ばれる熟練労働者の力を借りなければできなかった情報検索や解釈が数分もしくは数秒でできるようになることは、経験の浅い労働者が増えつつある製造・物流の現場で正しい判断を下すために非常に大事なことです。

しかし、先述したように生成ＡＩは分析の正確性に課題を有しています。つまり、不利益を被るリスクがあることを理解しておかなければなりません。特に誤った判断を下すことが人に危険な影響を及ぼす環境安全管理、労働安全管理及び現場作業では被る不利益に対し、コンティンジェンシープランを定めておくとよいでしょう。また不利益を生じさせないために誰が責任を持ってその妥当性を検証し、利活用の採否を下すのかを明確に定めておく必要があります。

Ⅷ．費用対効果

ここまで製造・物流領域の業務とＡＩ活用について見てきました。ＡＩ活用のためには、集めたデータを解析し、活用していくことが重要だと一貫してお伝えしてきました。これを実現するためには多くの工数と費用が必要です。私たちが参画してきたプロジェクトでも、クライアントからどれだけの効果が出るのかを教えてほしいとご質問いただくことは多々あります。ただし、最初に投資した金額に対する効果が計りしれないことも事実です。ここでは費用対効果の算出方法や、実際にどういった効果があるのかについて見ていきます。

費用対効果では、人件費とそれ以外の費用によって分けることができます。人件費では普段実施している業務の工数低減と、低減された工数を活用することによる生産性向上効果の二段階にて表すことができます。また、人件費以外の項目では戦略策定や計画管理を実施する際に、生成ＡＩによるサプライチェーンの最適化やリコメンドを図ることによって、これまで余剰に生産していた製品の削減や、物流でのコストを抑えることができるでしょう。また、ＡＩベースでの品質管理を実施することで、品質異常が起きている生産ロットの特定を容易にできます。これが製品の納入前に異常に気付けることや、品質問題における根本原因を特定し不良品率を低減することにつながり、品質トラブルにおけるコストを抑えることができます。

まずは人件費について詳しく見ていきます。製造・物流領域での業務を実施している中で、各工程にてデータを管理する業務が必要となります。例えば業務分類におけるデータ化・効率化が容易な業務群では、管理者はデータの活用について考える前に、Excel 等でデータの転記、収集、集計、加工といった業務を行っています。ＡＩ活用でデータの可視化を自動的に実現することで、この業務にかかっている工数を削減することができます。また、生産拠点では複数部署にまたがって連絡を取りながら業務を遂行することがあります。例えば、製造された製品について品質管理を行う際には、製造部から品質管理部へ連絡を行い、作業を実施することもありますが、ＡＩを活用することで、両部署が同じ情報を手に入れることができ、シームレスな対応を実現します。そのため、この業務にかかっていた問い合わせ工数を削減することができます。

また低減された工数による生産性向上の面では、余剰工数による施策検討が挙げられます。一般的な企業では全社にまたがるプロジェクトや製造関連プロジェクトを発足するときに、現場管理職やメンバーが時間を捻出して実施することが多いです。管理職の方の予定を見ると、朝から

表5-3　費用対効果算出項目とユースケース整理

費用対効果算出項目		KPIs		潜在的なユースケース
人件費	業務の工数低減	タスク当たりの時間、複数部署での連携工数、問い合わせ工数	➡	シームレスなデータの収集・加工・可視化業務の実現、複数部署でのデータ共有
	労働生産性	労働者の安全違反、残業時間、計画外活動比率、タスク当たりの時間、トレーニング効率、従業員満足度、人件費	➡	インテリジェントなタスクと作業指示の管理、ARによる作業者ガイダンス、Mixed Realityトレーニング、視覚化によるリアルタイム意思決定支援
人件費以外	サプライチェーン最適化	サプライチェーンコスト、在庫コスト、予測精度、E2Eの可視性と予測可能性（PTA）、上市リードタイム	➡	E2E／工場内のサプライチェーンの可視化、サプライチェーンのトラッキングとトレース、需要主導の供給
	デジタル品質	スクラップ率、不良率、再加工率、不適合率	➡	AIベースの品質検査、インライン品質監視と分析、品質問題の根本原因分析

晩まで施策を検討するための会議で埋め尽くされていることがよくあります。余剰工数にかかっていた時間を他プロジェクトに費やすことができれば、新たな施策の成功確率を高めることにもつながります。例えば業務効率化プロジェクトを担う方が通常業務に時間を取られていることで、業務検討が滞ってしまうといった話があるとしましょう。その方の工数をＡＩ活用によって削減することができれば、業務効率化プロジェクトに従事する時間を捻出することができるため、製造費が削減できるといった副次的な効果も得られます。

このようにＡＩを活用することで、無駄に工数がかかっていた業務を行う人を減らすことができるでしょう。この際に頻繁に議題となるのが、工数を削減はできるが人員は減らないので費用対効果としては算出することが難しいのではないかという内容です。こういった議論になったときは、各製造部の必要な人員数は無駄に工数がかかっていた部分も含めて算出しましょう。組織として最適な人員数への採用戦略を考えると最適な人員数で業務カバーすることができるようになるため、将来的には費用対効果が出ると考えます。

次に人件費以外の費用対効果に触れます。ＡＩ活用によって大きな効果が期待できるサプライチェーンの最適化による効果としては在庫金額の適正化と、物流費の適正化による効果が挙げられます。在庫金額の適正化では、仕掛品や完成品の在庫を適切に把握し、余剰在庫を残さないための生産計画立案を実施することで削減効果が出るでしょう。一般的な生産計画策定では、ＥＲＰ（Enterprise Resource Planning）のデータや在庫管理システムのデータを基に、担当者が生産計画を策定しますが、ＡＩ活用によって予測ができることで、担当者の負担も減り、より精緻な生産計画ができます。また、物流費については出荷運搬費や移送運搬費といった費用がかかりますが、適切なタイミングで出荷や移送を実施することによって費用を削減できるでしょう。出荷や移送については物流担当者がＥＲＰのデータやサプライチェーンマネジメントシステムのデータから物流シミュレーションを行い作成しますが、ＡＩ活用による物流最適化ができることで、費用を低減できます。

品質に関する項目では、製造データと品質データをひもづけてＡＩ活用による品質検査を行います。製造データは日々の生産活動を実施する中で、その生産ロットや生産設備の機器情報といったデータを取得し、品質検査システムのデータと突き合わせて解析を行います。解析した結果をＢＩダッシュボードにてリアルタイムに見える化し、出荷前の製品について出荷を止めることで、納品後のトラブルを未然に防ぐことができます。これはリコールに伴う費用の削減につながります。また、ＡＩを活用することで品質異常が発生した機器やその際のデータから異常の原因を特定し、今後発生する可能性の高い品質異常を未然に防げるでしょう。その結果、不良品率やスクラップ率を減らせ、コスト削減を実現できます。

AIを活用した製造・物流業務での将来像

藤本は産業向けゴム製品メーカーG社で生産管理担当として勤務している。新卒で入社してから10年になる中堅社員で、製造部にて5年間経験を積んだ後、生産管理部門に異動した。

藤本の担当する自動車向けゴム製品は営業担当者が整理した販売計画をインプットに、生産管理部門が生産計画をアップデートし、製造部で生産を行っている。藤本は工場勤務のため、就業時間が朝早くから夕方までとなることが多い。

藤本は出社してすぐに、直近の需要予測を確認するため分析ツールを立ち上げる。分析ツール内に作成してあるダッシュボードから需要モデルの結果が表示される。現在の生産状況が予測販売数と乖離《かいり》があると、生産計画を即時修正する必要があるが、この日は乖離がなかったので、安心する。

ダッシュボードの確認を終えると、生成AIから在庫数レコメンドがあるかをメールでチェックする。適正在庫数に対して余剰や不足があることも生産計画には大きな影響があり、日々注意しなければならない。自分の担当する領域にアラートメールがないことを確認して、藤本は部門の朝会へ出席する。

朝会では工場全体の製造業務を統括する工場長に報告する。工場長は勤続35年のベテランで、会社や工場について何でも知っている人物だ。

工場長を含めて出席者全員がダッシュボードを開き、問題が発生していないかどうかを確認する。アラートメールは生産管理担当者に通知がされるので、アラートが発生していた場合はこの朝会で報告をする段取りになっている。

適正在庫数にアラートのあった産業ロボット向けゴム製品の生産管理担当から、適正在庫に満たない予測が出ていることと、そのための生産計画の修正を製造部門へ連絡しているという報告があった。設備情報と製品をひもづけているデータ可視化ツールで設備の稼働状況の確認ができるため、生産計画の変更と製造への影響が軽微なことが分かった。

朝会を30分で終えてからは、藤本は物流を委託している会社とゴム製品の納品に関する打ち合わせを行う。続いてプロジェクトマネージャーとして参画している次世代生産管理システム構築プロジェクトの打ち合わせに参加する。

藤本が8時間の勤務を終えて帰宅すると、家族が迎えてくれた。これまでは家に帰るのも遅い日が続き、家族で食事をとることもあまりなかった。時間にゆとりができることで、仕事もプライベートも充実した日々を過ごせるようになった。

藤本の仕事は生成AIの導入前後で大きく変わった。これまでの生産管理部門としての仕事は営業部が作成した販売計画を確認した後、作業用のExcelシートの更新をして、その情報を朝会までにまとめる必要があった。1時間の枠で設定している朝会では、適正な生産ができているかどうか工場長の判断を得る必要があるため、時間が延長することが当たり前だった。さらに、社内の他部署からは無理難題を押し付けられることも多く、次世代システム構築プロジェクト活動にあまり時間が割けず、毎日のように残業していたのだった。

第6章

顧客管理

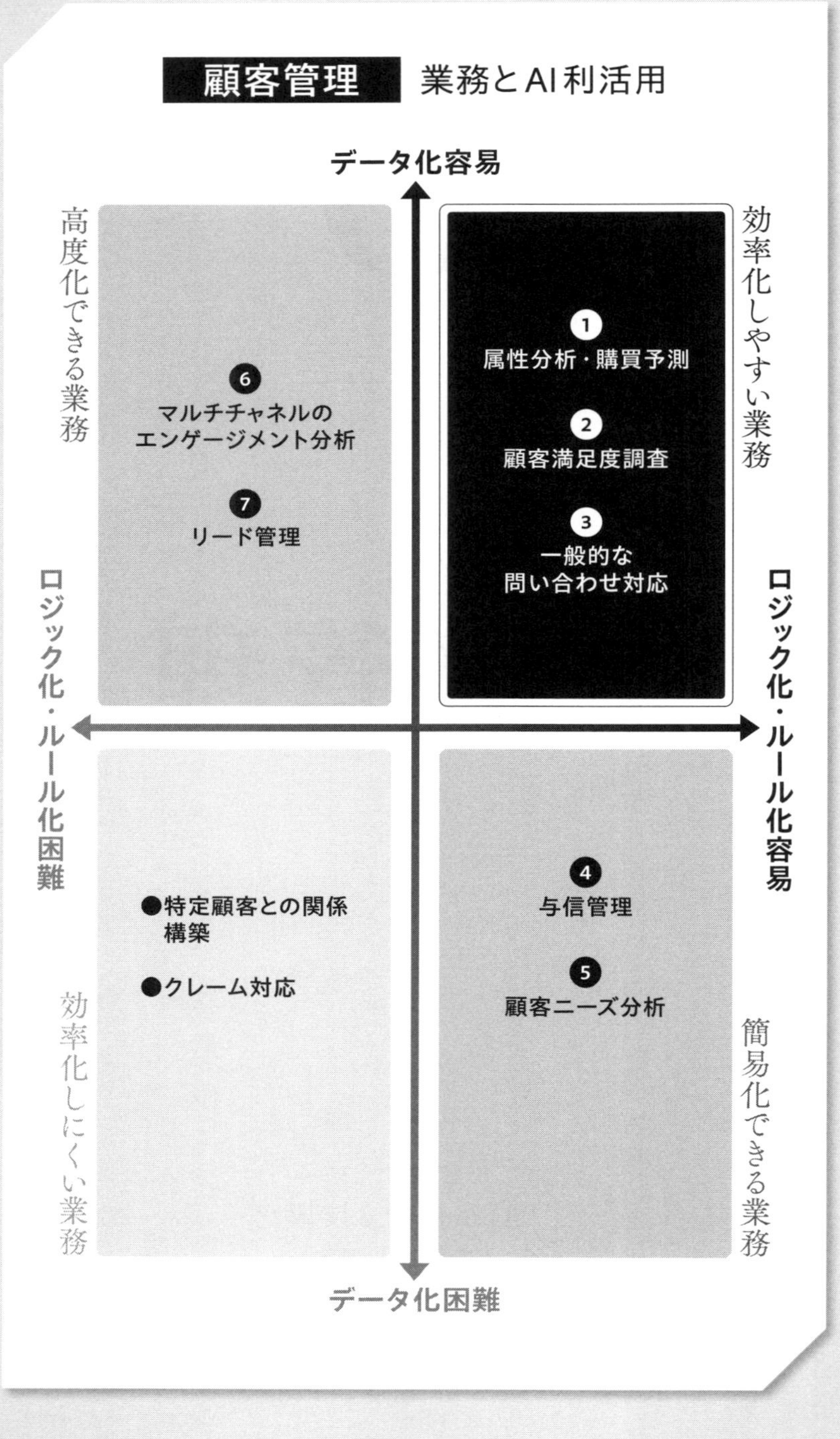
顧客管理 業務とAI利活用
データ化容易
データ化困難
ロジック化・ルール化困難
ロジック化・ルール化容易
高度化できる業務
効率化しやすい業務
効率化しにくい業務
簡易化できる業務
❶ 属性分析・購買予測
❷ 顧客満足度調査
❸ 一般的な問い合わせ対応
❹ 与信管理
❺ 顧客ニーズ分析
❻ マルチチャネルのエンゲージメント分析
❼ リード管理
●特定顧客との関係構築
●クレーム対応

Ⅰ．イントロダクション

AIで効率化できる業務とは

日々の仕事の中で「顧客管理」と聞くと、どのような業務をイメージされるでしょうか。自社の製品やサービスの購入者から寄せられる一般的な問い合わせ対応でしょうか。あるいは顧客情報を管理するCRMに蓄積された顧客のデータベースを最新の状態に保つことでしょうか。これらも「顧客管理」に含まれる業務だといえるでしょう。この章では、「顧客管理」を〝顧客とより良い関係性を長期間にわたって構築するために行う業務〟と定義し、昨今、急速に進化を遂げるテクノロジー、とりわけAIを活用して、「顧客管理」に求められる生産の向上をどのように実現することができるのかを考察します。

これだけモノにあふれる現代において、単純に良いモノを作れば売れるという時代は過去の話であると多くの方が実感されていると思います。これは比較的身近なBtoC領域における消費財などに限った話ではなく、投資として明確なリターンが求められるBtoB領域の購買においても同じです。インターネットでの情報収集が容易となり、国境を超えたグローバルでの競争が激化している中、自社の製品やサービスを選んでもらえるような企業努力がますます求められます。そこで重要になるのが、自社と接点がある潜在的な顧客、あるいは既に取引がある顕在化した顧客に対して、自社の存在価値を改めて認識してもらい、長期的な観点で価値を最大化するいわゆるLTV（Life Time Value）の考え方です。LTVの考え方を取り入れ、テクノロジーを活用して効果を最大化できる「顧客管理」業務とは何か、あるいはどのような業務については現状のテクノロジーでは代替が難しい（人の介在が必要になる）業務なのかを整理して、それぞれについての具体的な内容を考えてみましょう。

II．顧客管理部門の業務

求められる三つの業務

はじめに、顧客管理業務の定義である〝顧客とより良い関係性を長期間にわたって構築するた

図6-1　「顧客管理」に求められる業務

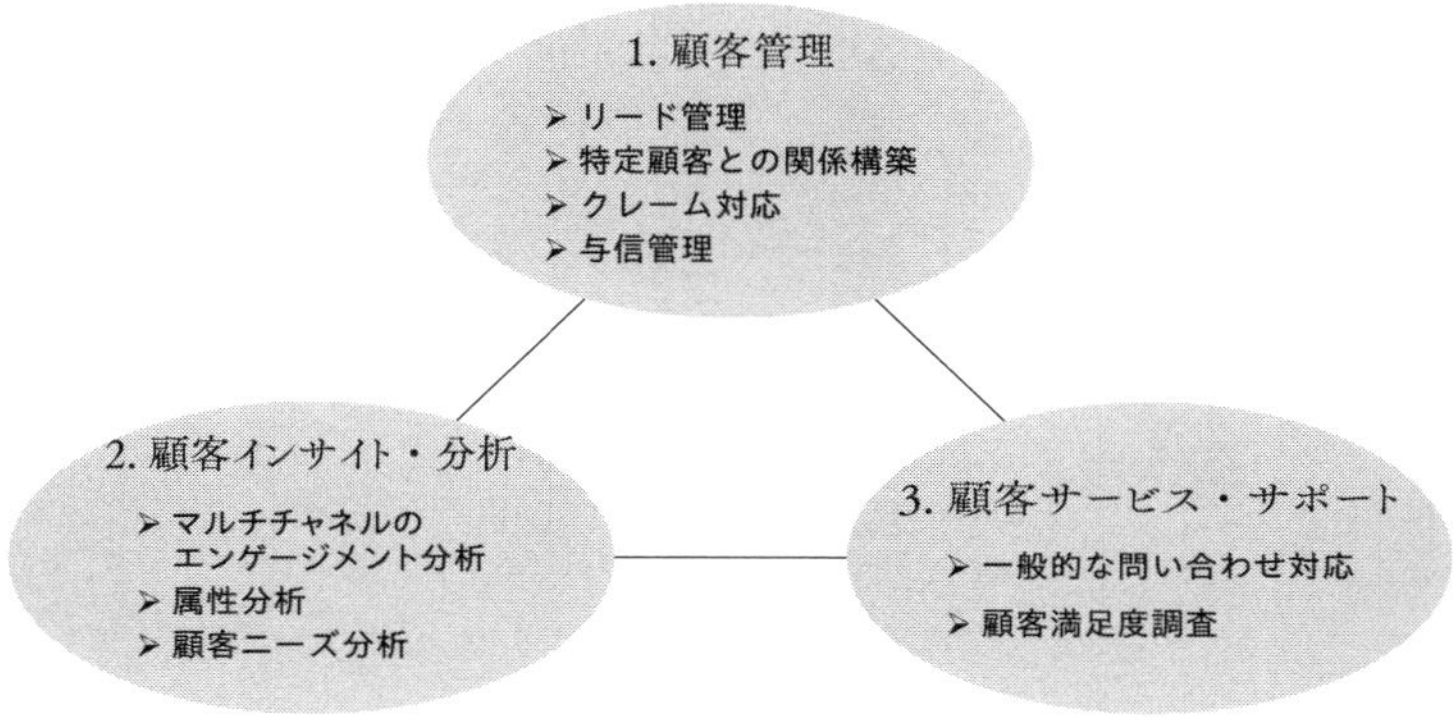

めに行う業務〟とはどのようなものなのか、本章では次の分類に分けて業務内容を考えます。

1. 顧客管理
2. 顧客インサイト・分析
3. 顧客サービス・サポート

「1. 顧客管理」は、これから自社の顧客になり得る潜在的な顧客と、既に顕在化した既存の顧客を対象とした商談状況や購買履歴の管理などがあります。具体的には潜在的な顧客については、適切な「リード管理」やロイヤリティーを高めたい「特定顧客との関係構築」を継続的に行うことで、商談の成約率を高めることができます。顕在化した顧客については、自社の製品やサービスの利用者からの「クレーム対応」や「与信管理」などの業務があるでしょう。

次に「2．顧客インサイト・分析」は、オフライン・オンラインを問わず自社と様々な接点を持つ顧客の「マルチチャネルのエンゲージメント分析」や顧客を特定のグループやセグメンテーションに分類する「属性分析」などが考えられます。属性分析で導出した特定の顧客グループに対して「顧客ニーズ分析」を行うことで、売り上げ向上に寄与できる施策立案なども顧客管理の業務の一環だといえるでしょう。

「3．顧客サービス・サポート」では、自社の製品やサービスの利用者から寄せられる「一般的な問い合わせ対応」や「顧客満足度調査」などがあります。顕在化した顧客のエンゲージメントをどれだけ高めるのかという観点でこの「顧客サービス・サポート」は重要性を増しています。自社の製品やサービスを購入した顧客に対して、能動的に関わりを持つ〝カスタマーサクセス〟が一般的になりつつあることから、この動向はうかがえるでしょう。

Ⅲ．業務分類

ではこれらの「顧客管理」業務について、テクノロジーやＡＩの活用を通じて、生産性を高め

図6-2　顧客管理業務とAI利活用

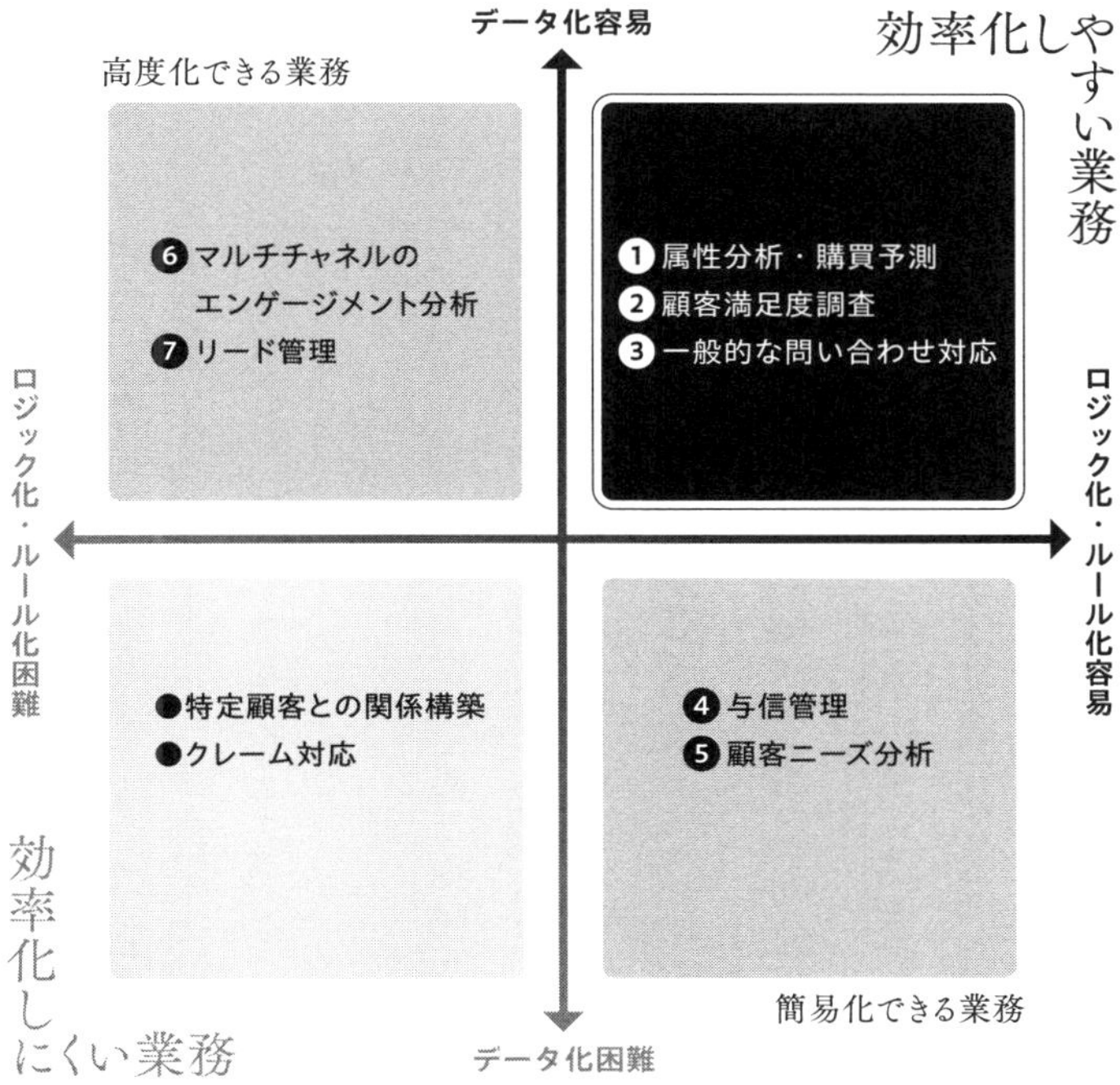

ることができる領域はどの部分でしょうか。本章でも各業務を「ロジック化・ルール化の容易性」と「データ化の容易性」という2軸で整理してみます。

　この4領域の中でAIの導入効果が見込める右上と右下の領域について、AIを活用した具体的な業務イメージを提示します。また左上の領域については、どのようなデータを確保することができればAIによって生産性の向上余地があるのかを考察していきます。

Ⅳ．【分類①】効率化しやすい業務

業務の事例

ここでは「ＡＩの導入効果が最も見込める業務」について紹介します。この分類の業務には、「①属性分析・購買予測」や「②顧客満足度調査」、「③一般的な問い合わせ対応」が含まれます。これらの業務は最もテクノロジーやＡＩと親和性が高く、導入効果も見込める業務となります。それぞれについて、具体的に見ていきましょう。

ＡＩ活用の方策　セグメント単位での傾向分析や施策実行

まずは「属性分析・購買予測」について、詳細を考えてみます。最新のＣＲＭには顧客情報や商談記録の管理機能に加えて、様々な機能が提供されています。そのＣＲＭの周辺システムとして、各社が提供しているＭＡ（Marketing Automation）やＣＤＰ（Customer Data Platform）などを組み合わせることで、自社で蓄積した顧客情報から、特定の傾向や特徴がある顧客グルー

属性分析から導出された顧客分析結果のイメージ

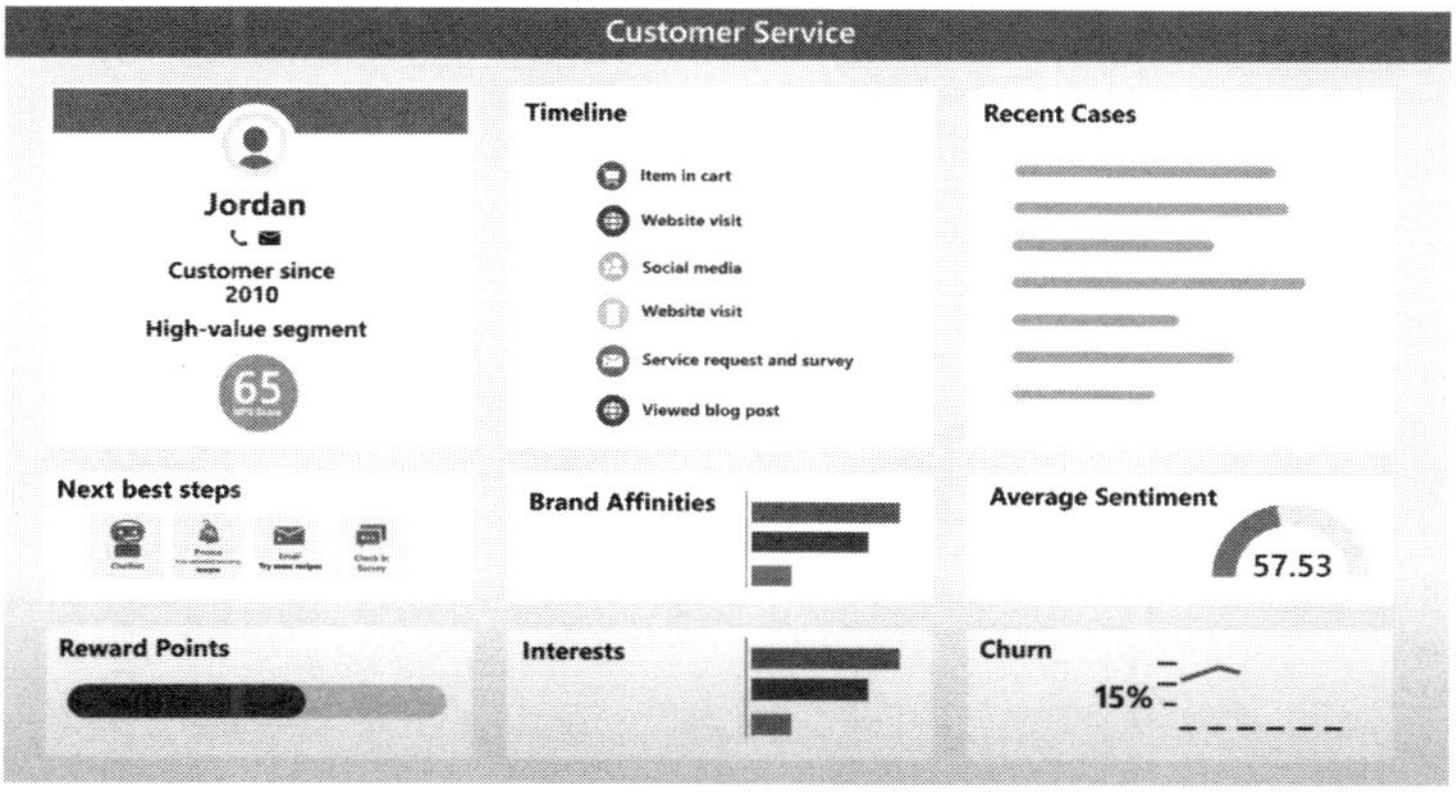

出所：YouTube「Deliver stellar service with Dynamics 365 Customer Insights」

プをセグメントとして定義して、そのセグメント単位での傾向分析や施策の実行などが可能となります。

各ツールで実現できることや必要となる準備内容などをステップに分けて具体的に述べます。

ステップ1：データの収集と統合

CRMツールを使用して、顧客の基本情報（名前、年齢、性別、住所など）、購買履歴、サポート履歴などのデータを収集します。MAツールを用いて、ウェブサイト訪問履歴、Eメール開封率、クリック率、ソーシャルメディアのインタラクションなどのデジタルマーケティング活動に関連するデータを収集します。CDPを活用して、これらのCRMとMAからのデータを統合し、顧客ごとに一元化されたデータプロファイルを作成します。

ステップ2：属性分析とセグメンテーション

統合されたデータを分析し、顧客を様々な属性や行動に基づいてセグメントに分けます。例えば、年齢層、興味・関心、過去の購買行動、ウェブサイトでの行動パターンなどです。特定のセグメントに対する購買確率を高めるための洞察を得ることを目指します。例えば、「20代後半でアウトドア活動に興味があり、過去に高価な登山用品を購入したことがある顧客」は、新しいアウトドア製品のリリースに興味を示す可能性が高いと予測できます。

ステップ3：購買予測とマーケティング戦略の策定

顧客セグメントごとにカスタマイズされたマーケティングキャンペーンを計画します。これには、ターゲットとするセグメントの特性と興味に基づいて内容を調整したEメールマーケティング、パーソナライズされたウェブコンテンツ、特別オファーなどが含まれます。また、購買予測モデルを使用して、特定のセグメントの顧客が特定の製品を購入する確率を計算し、その情報を基に在庫管理やプロモーションの計画を行います。

ステップ4：実施と評価

実際にマーケティングキャンペーンを実施し、メールの開封率や購買率、ROIなどの指標を測定します。データを再分析して、キャンペーンの効果を評価し、今後の戦略に生かすための改善点を見つけ出します。

このように、最新のCRMやMA、CDPなどのツールを活用することで、顧客の属性を分析し、購買行動を予測してマーケティング戦略を最適化することができます。これらは特定の担当者に属人化してしまいがちな業務でしたが、データ駆動型のアプローチにより、一人ひとりの顧客にパーソナライズされた分析や管理、施策の実行を実現し、顧客との長期的な関係構築に寄与することができるでしょう。

顧客満足度調査の作成・集計・分析

次に「顧客満足度調査」について触れます。自社の製品の購入者に対して、満足度の調査を行うこと自体は一般的です。そのため、本書の多くの読者も日々使う製品に関する満足度調査に回答した経験があるのではないでしょうか。今回、そのようなアンケート作成や回収したアンケート結果の集計・分析について、AIを活用してどのように生産性が高められるかを考えてみたいと思います。まずはアンケートの作成についてですが、この領域では昨今、話題となっているＣｈａｔＧＰＴをはじめとしたＬＬＭ（Large Language Model）を活用して、効率化を図ることができます。次にプロンプト例と、回答例を記載します。

◆プロンプト例：

あなたは製造業企業に従事する従業員で、自社の顧客満足度を高めることをミッションとしています。自社製品の顧客満足度を正確に把握するため、アンケートの項目を提案してください。

◆回答例：

1. デモグラフィック情報
   a. 年齢
   b. 性別
   c. 職業

d. 地域

2. 製品に関する項目

a. 製品の品質に対する満足度

b. 製品の機能性と使いやすさ

c. 製品のデザインと外観

d. 製品の耐久性と信頼性

e. 製品の価格に対する価値

3. サービスに関する項目

a. 購入前の情報提供やサポートの質

b. 購入プロセスの簡便さ

c. 配送・納品の早さと正確さ

d. アフターサービスとカスタマーサポートの質

e. 保証や返品・交換ポリシーへの満足度

4. 顧客体験に関する項目

a. 全体的な購入経験の満足度

b. 製品やサービスを再び利用する意向

c. 製品やサービスの推薦意向（ＮＰＳスコア）

d. 製品やサービスに対する改善提案やフィードバック

以上は、ＣｈａｔＧＰＴ（※２０２４年４月時点のＧＰＴ４）を使用したプロンプトと回答の一例となりますが、いかがでしょうか。この回答例を基にアンケート項目を作成することでゼロから検討するよりも、大幅な効率化ができます。より精緻な回答を得るには、プロンプト例で下線を引いた箇所の業種を自社に即したものに変更したり、自社製品の内容や特性などを具体的に追記したりすることで、自社の顧客向けのアンケート項目を出力させることも可能です。さらに「属性分析・購買予測」業務で導出した特定顧客のグループなどをアンケート対象者として明示することで、そのグループに適したアンケートの項目案を引き出せるかもしれません。

今ご紹介したのはアンケートを作成する工程の業務となりますが、それに加えて、生成ＡＩを活用することで、回収したアンケート結果の集計や分析をすることも可能となります。ＣｈａｔＧＰＴなどの最新のＬＬＭではマルチモーダルＡＩに対応しており、生成ＡＩに指示を出す際のプロンプトは、テキストでの入力に加えて、音声や画像、文書ファイルなど様々な形式に対応しています。アンケートの集計や分析を行うにあたっては、これまで手動で行っていた作業も生産性の向上が見込まれます。なぜなら、回収した結果をExcelやＣＳＶファイルでエクスポートして、ＣｈａｔＧＰＴなどにアップロードし、集計や分析を指示するプロンプトを入力することで効率化が可能だからです。

※Claude 3（※2024年4月時点のClaude 3 Opusを使用）を使用

マルチモーダルAIの一例

◆プロンプト例：

この写真を解説して。

◆回答例：

この写真は、富士山と河口湖の美しい風景をとらえたものです。

画面の中央には、日本の象徴である雄大な富士山が聳《そび》え立っています。山頂は白く輝く雪に覆われ、青空とのコントラストが印象的です。

手前には、静かな湖面が広がる河口湖が見えます。湖面には水鳥の姿も見られ、のどかな雰囲気を醸し出しています。

湖畔には、まだ葉の落ちた木々や枯れ草が残る early spring の景色が広がっています。遊歩道や桟橋もあり、散策やレジャーを楽しめる場所であることが分かります。

全体的に、雄大な富士山と美しい河口湖のコントラストが印象的な、日本を代表する絶景スポットの一つをとらえた写真といえるでしょう。シーズンは冬から春へと移り変わる時期で、自然の移ろいを感じさせる風景となっています。

最新の生成ＡＩではインプットデータが画像ファイルであった場合でも、このように高いレベルで対象を認識していることが分かります。一部、「early spring」となぜか英語が混じっているところにまだかわいげがあるものの、描かれている山が富士山であることを正確に認識しています。さらに驚くべきは手前に映し出されている湖が河口湖であることをしっかりと認識している点です。富士五湖の風景はどれも似ているので筆者もこれには正直、驚きました。また、冬から春に移り変わる季節だと正確にとらえているなど、この認識能力はもはや人間を超えているかもしれません。

一般的な問い合わせ対応

最後に「一般的な問い合わせ対応」について述べます。この分野も生成ＡＩをはじめとしたテクノロジーの進化の恩恵を最も受けている領域の一つといえるでしょう。企業による製品のＦＡＱ（Frequently Asked Questions、よくある質問）ページにて、テキスト形式の静的コンテンツや動画などの動的コンテンツも併せて掲載することは広く一般的になってきています。それらに加えて、２０１０年代以降には、一部の企業では利用者からの問い合わせを無人のチャット形式で回答する、いわゆるチャットボットの導入も進んでいます。

しかし、従来のシナリオ型チャットボットは想定される質問を事前にシステムにインプットしておき、それと類似する質問やあらかじめよくある質問項目を提示して、決められた想定問答を出力するというある種プログラムした範囲内での受け答えが前提となるものでした。この種のチャットボットを実際にご利用になったことがある方だと経験があるかもしれませんが、自分が解決したい課題（問い合わせ内容）に何か一つでも個別事情が含まれていると、求めているような解決策を提示することは難しくなります。そして、結局は有人のコールセンターやメールで問い合わせをすることになりがちです。

では、生成ＡＩを活用したＡＩチャットボットは何が違うのでしょうか。ＡＩチャットボットでは、自社が有する過去の問い合わせ履歴のデータ（※顧客情報などのマスキングは必要）とそれに対する回答データを学習させることで、そこから導き出される質問内容の傾向や省略したワードの意味などを解釈して、ＡＩが自ら最適な回答を出力します。つまり、過去に蓄積した学習データさえあれば大きな労力やコストをかけてシナリオを作り込む必要がなく、かつ熟練したオペレーターのような受け答えが可能になるということを意味します。

また、この領域では、エンドユーザーが直接触れるインターフェース以外にも、コールセンターのオペレーターの生産性を向上させる目的で導入されているソリューションも多数出現しています。例えば、電話による問い合わせ内容をリアルタイムでテキストデータに変換するＳＴＴ（Speech To Text）を活用して文字起こしをします。その内容を生成ＡＩに要約させて問い合わせ履歴として保存する作業を半自動化することで、オペレーターの終話後の作業については大幅な時間短縮が見込めるでしょう。また、ＳＴＴを活用すると問い合わせ内容をリアルタイムで解釈して、オペレーターに通話中に関連するＦＡＱを提示して、正しい回答により早くたどり着くように促すことも可能となります。

このように自社のＦＡＱページやコールセンターなどにおける一般的な問い合わせ対応業務においては、ＡＩを活用した生産性の向上余地が大いにある領域となります。

注意点

一般的な問い合わせ対応はＡＩの活用によって高い効果が見込めますが、ユーザー体験の質を損なわないような設計や配慮が必要になります。例えば、自動応答のチャットボットではユーザーからのインプットに対する受け答えが機械的になりすぎていないかや、ニュアンスも含め表現などは適切か等は事前にテストが必要になります。また、ハルシネーション（ＡＩが誤った回答をすること）の可能性も１００％排除できないため、ユーザーが問題を解決できなかった場合の導線を別途、設けておくなどの対応が現時点のＡＩの精度では不可欠でしょう。

V.【分類②】簡易化できる業務

業務の事例

次にデータが確保できればＡＩの導入効果が期待できる業務について紹介します。ここには、「④与信管理」と「⑤顧客ニーズ分析」が該当します。まずは「与信管理」についてです。

ＡＩ活用の方策　リスクを評価し、信用限度を設定

「与信管理」は、企業が取引を行う際に非常に重要となる業務の一つで、特にＢ to Ｂにおいては、企業の財務健全性にも直結する業務です。与信管理業務の主な目的は、企業が顧客と取引を行う際の信用リスクを評価し、管理することにあります。この業務を通じて、企業は財務的損失を最小限に抑えつつ、健全な顧客関係を築き上げられます。しかし、この業務においてＡＩの活用を検討する場合、その成否はデータの質と量に依存します。ＡＩや機械学習アルゴリズムを用いてリスクを評価し、信用限度を設定するためには、正確かつ広範囲にわたるデータが必要とな

表6-1　与信管理業務に必要となるデータ例

データ種別	内容	取得方法
顧客基本データ	企業名、業種、設立年数、資本金、連絡先情報など	顧客からの自己申告、公的な企業登記情報、企業データベースサービス
財務データ	財務諸表（損益計算書、貸借対照表）、キャッシュフロー情報、財務比率（流動比率、自己資本比率など）	顧客提供の財務報告書、公開されている企業情報、金融情報サービス
支払い履歴データ	過去の取引における支払い遅延の有無、支払期間、未払い金額など	自社の取引履歴、信用情報機関からの信用報告書、業界内の共有データベース
市場・業界データ	業界の成長性、市場のトレンド、競合情報	業界報告書、市場調査データ、ニュースサイト、業界団体からの情報
法的データ	訴訟履歴、倒産情報、信用不良情報など	公的記録、裁判所の発表、信用情報機関

ります。表6－1に、AIを活用した効率的な与信管理のために準備や取得が必要となるデータの種類と取得方法を例示します。

与信管理業務におけるAIの活用には、このような多岐にわたるデータの準備と取得が鍵となります。これらのデータを効果的に統合して分析することで、企業は信用リスクをより精緻に管理し、財務健全性を維持しつつビジネスの成長を加速させることができます。

顧客ニーズ分析に必要な情報を収集

続いて、「顧客ニーズ分析」業務について見ていきましょう。顧客ニーズ分析業務は、企業が提供する製品やサービスが顧客の要望にどれだけ応えているかを理解するために不可欠です。とりわけBtoBの場合は、受注までのプロセスや取引も長期にわたるケースが多いため、より専門的で顧客ごとにカスタマイズされたアプローチが求められます。そういった点を考慮した顧客ニーズ分析で重要となるデータとは何か、その取得方法や課題について触れます。

BtoBの顧客ニーズ分析では、顧客となる企業のビジネスモデル、業界動向、競合状況などの理解が欠かせません。これには、顧客の経営方針や戦略、過去の取引履歴、及びその企業が直面している市場の課題やトレンドに関するデータや知識が必要です。このようなデータは、直接的な顧客との対話に加えて業界報告書や市場調査リポート、公的な経済データ、専門家の分析、またはフォーカスグループインタビューなどから収集することができます。

このように顧客のニーズを分析する上で必要となる定量的及び定性的な情報は多岐にわたり、取得すること自体にもハードルが高いものも含まれます。また、BtoBにおいては、顧客企業の意思決定プロセスが複雑であり、決裁金額が高くなるにつれて多くのステークホルダーが関与することが一般的です。そのため、顧客企業内のキーパーソンに関する情報も重要になることもあるなど、単純なデータ分析からは分からない内部事情などを考慮する場面もあり得ます。

注意点

顧客ニーズ分析の成否は、前述した情報をどれだけ網羅的かつ質の高い内容で収集できるかに依存します。収集した情報を先に言及したCDPなどに統合して生成AIなどと組み合わせて分析することで、自社が位置する市場の新しいニーズ、あるいは潜在的な顧客ニーズを顕在化できるでしょう。

Ⅵ.【分類③】高度化できる業務

業務の事例

「高度化できる業務」の領域には、「⑥マルチチャネルのエンゲージメント分析」と「⑦リード管理」が含まれます。各業務内容について、詳しく見ていきます。

AI活用の方策　チャネルごとのエンゲージメントの追跡や分析

まずは「マルチチャネルのエンゲージメント分析」について考えてみます。この業務に含まれる〝マルチチャネル〟とは、どのような意味でしょうか。マルチチャネルとは、自社のウェブサイトやECサイト、スマートフォンのアプリケーションなどのオンラインのチャネル、雑誌や書籍といった紙媒体のチャネル、あるいは直営店や販売店（※代理店を含む）などのリアル店舗のチャネルなど顧客が接点を持ち得る複数のチャネルを総称した言葉です。

これらの異なるチャネル間において、顧客が自社の製品やサービスについて、どのような体験をしているのか、あるいはその結果、エンゲージメントにどうつながっているのかを分析することがマルチチャネルのエンゲージメント分析業務です。この領域の業務では、昨今、生成AIを搭載したMAツールの進化により、顧客のチャネルごとに定量的にエンゲージメントの追跡や分析ができる機能などが提供されています。

従来、自社と顧客のエンゲージメント分析は特定の事業部や担当者に依存していました。しかし、最新ツールの導入により、定量的かつより多くの顧客を対象に実施することができるようになってきています。

見込み客の管理

次に「リード管理」について、言及します。〃リード〃とは、まだ自社の製品やサービスの購入には至っていないいわゆる〃見込み客〃のことです。例えば、自社HPの問い合わせフォームからお問い合わせいただいた人や展示会などで名刺交換をした人などが該当します。多くの企業で導入されているCRMには、既存の顧客に加えてこれらリードとなる見込み客についても、管理する機能が提供されています。

CRMに登録したリード情報については、一定の条件に合致すればメール配信などの後続のフォローアップアクションを自動化できる機能も提供されています。例えば、Dynamics 365 AIは、様々なマーケティングプラットフォームとのシームレスな統合や、高度なAI機能による顧客データの分析や解釈、リアルタイムのインサイトと予測分析、繰り返しのタスクの自動化など多岐にわたる機能を提供しています。生成AIを駆使して顧客行動や好みを分析し、商談の成約率が高いリードを特定することで、効率的なリード管理を強化し、ビジネスの成長を加速させることができます。

注意点

これらの業務については、管理や分析を行うための変数が多い傾向にあります。そのため、こうしたツールの導入に際しては、どういう効果を求めているのか、あるいは将来的にどのような意思決定につなげたいのかを事前に設計しておくことが重要になります。例えばリード管理業務では、一連のリード管理業務の中でどの部分がボトルネックになっているかの仮説設定や、リード管理ステージのどの部分のコンバージョンレートをどれだけ上げたいのかといった目標設定などを事前に取り決めた上で、着手するとよいでしょう。

ＡＩを活用した顧客管理業務の将来像

Ｘ社はクラウドソリューションを提供する企業で、従業員は約２５０人、業務委託やリセーラーなどのパートナー企業を含めると、約６００人が同社の製品とサービスを支えている。

顧客管理部門でリーダーとして働く佐藤の一日は、生成ＡＩが提供する顧客データ分析リポートの確認から始まる。今日は、主要顧客が新しい製品ラインに興味を示しているというインサイトに対応することにした。

朝の会議では、生成ＡＩが生成した顧客セグメンテーションリポートに基づいて、各チームメンバーが担当する顧客に対するフォローアップ戦略を確認する。佐藤のチームは顧客のライフサイクル全体を通じて価値を提供することを目指している。生成ＡＩの力を借りて、顧客のニーズを先読みし、最適なタイミングで適切な提案を行えている。

午前中、佐藤は新しい「リード管理システム」の導入に関する打ち合わせを行った。このシステムは、生成ＡＩによるリードスコアリング機能を持ち、見込み客の購買意欲をリアルタイムで評価できる。過去のデータと機械学習アルゴリズムを駆使して最も成約率が高いリードを優先的に対応し、営業効率を大幅に向上させることを目指している。

昼食後、佐藤は顧客満足度調査の結果を基にした改善策を検討する。生成ＡＩは、顧客からのフィードバックを分析し、顧客が求めている改善点や新たなサービスの検討を行っている。

今回は、特にサポートのレスポンス時間に関するフィードバックが多かったため、AＩを用いて問い合わせ対応プロセスの自動化を進める計画を立てた。これにより、顧客の満足度を向上させるとともに、サポートチームの負荷軽減も図れる見込みだ。

午後には、重要顧客とのオンライン会議が予定されていた。佐藤は、生成AＩが事前にリストアップした顧客企業の最新のニュースやプレスリリース、その他の関心事項を参考にし、効果的なプレゼンテーションになるよう準備を行った。

生成AＩのリアルタイムアシスト機能により、顧客の反応に応じた適切なフォローアップが可能となり、オンライン会議は成功裏に終わった。

一日の終わりに、佐藤は生成AＩが生成する翌日の予定とタスクリストを確認する。生成AＩは、全体の業務効率を最適化するために、各タスクの優先順位を調整し、必要なリソースを割り当てている。佐藤は、これによって重要な業務に集中でき、チーム全体のパフォーマンスを最大化することができると感じている。

生成AＩを活用することで、X社の顧客管理部門は、より精緻で予測的なアプローチを実現し、顧客との長期的な関係を強化することができるようになった。顧客満足度と業務効率の両方を大きく向上させる役割を果たしているのだ。

第7章

人事

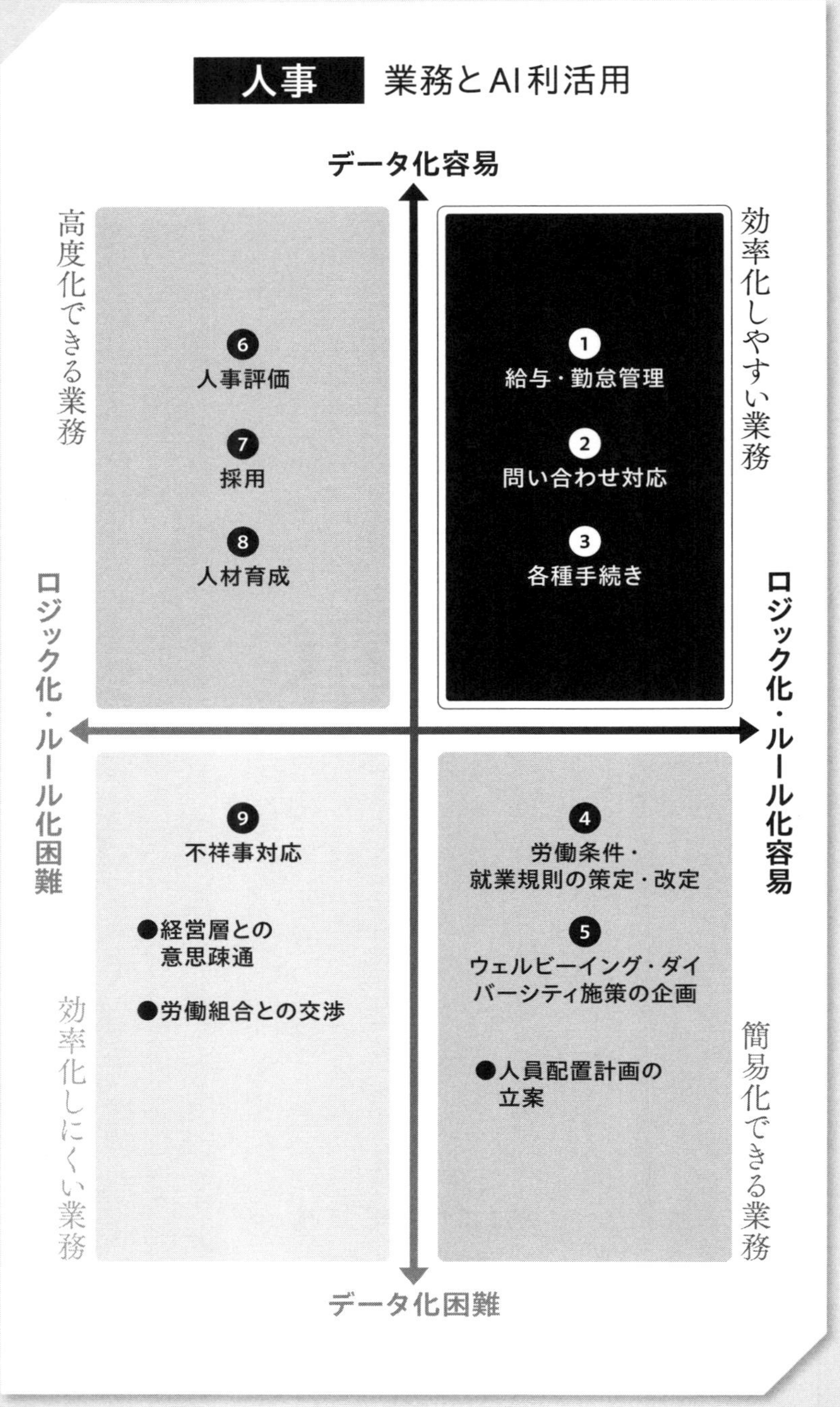
人事 業務とAI利活用
データ化容易
データ化困難
ロジック化・ルール化困難
ロジック化・ルール化容易
高度化できる業務
効率化しやすい業務
効率化しにくい業務
簡易化できる業務
❶給与・勤怠管理
❷問い合わせ対応
❸各種手続き
❹労働条件・就業規則の策定・改定
❺ウェルビーイング・ダイバーシティ施策の企画
●人員配置計画の立案
❻人事評価
❼採用
❽人材育成
❾不祥事対応
●経営層との意思疎通
●労働組合との交渉

Ⅰ. イントロダクション

AIをどう使うか

採用や研修、人事戦略の立案、人員配置の計画、給与計算、労務管理、税金や社会保険の手続きまで――。人事部の業務は多岐にわたります。規模の小さな企業であれば、総務部と並んで「社内の何でも屋」になりがちな部署といえるのではないでしょうか。

さらに、近年は働き方改革やハラスメント規制の強化に伴って、社内で実施すべき施策も増えています。「限られた人手で膨大な業務量をこなさなければならない」というのが現場の実感だと思います。そんな人事部において、AIをどのように活用すべきでしょうか。

「採用時の書類選考に、AIを使えないかな?」
「賞与額は実績に応じてAIに計算してほしい」
「社会保険手続きの不備チェックを自動化できれば……」

ＡＩを使えば、こうしたアイデアはいずれも実現可能です。特に、難しい判断を必要とせず、単純作業を繰り返すようなタスクはＡＩに任せることが合理的です。

ただし、人事部の仕事はすべて生身の人間、それも同じ組織の仲間を相手にする業務だということを忘れてはいけません。あらゆる業務において「仲間を思いやる気持ち」や「各部署に対する共感」といった、血の通ったコミュニケーションが求められます。

人事部の業務でＡＩを活用する際は、まず、人の手で進めるべき業務と、ＡＩに任せられる業務をはっきりと区別することが重要です。この二つを切り分ける決め手は何でしょうか。ＡＩを活用する時はどんなことに気を付ければよいのでしょうか。

Ⅱ．人事部門の業務

人事の仕事は「何でも屋」

人事部の仕事は、主に人事領域と労務領域に分けられます。人事領域は社員の採用、配置、育成、評価などを含み、組織の経営目標を達成するために最適な人材を確保することが目標です。

労務領域は人員の管理・運用業務が多く、労働条件の整備や、給与計算、福利厚生、健康・安全管理などが含まれます。

大企業であれば、「人事部」と「労務部」に分かれていることもありますが、中小企業では人事も労務もまとめて「人事部」が担っているケースが大半ではないでしょうか。本章では人事、労務両方の業務を人事部の仕事と考え、ＡＩの活用方法を考えていきます。

また人事部には業務の範囲やプロセスがあいまいな仕事も多くあります。他部署の社員から「それって人事の仕事なのかな?」と思うような懸案が持ち込まれることも日常茶飯事でしょう。人事部はさながら社員の困りごとに対する「何でも屋」「よろず相談所」でしょう。

そんな多岐にわたる様々な業務の中でも、「採用」や「人事制度の企画・立案」といった業務が最も大切といえます。

では、なぜ採用や人事制度が重要なのでしょうか。それは、企業にとって最も重要な資産は人材、つまり社員であり、人材の活用度合いによって、事業活動の生産性も売り上げも大きく左右されるためです。従って、人事部の業務においては、活躍できる人材を一人でも多く採用し、一人ひとりが持つ力を十分に発揮できる仕組みを整えることが最優先されるのです。

求められる仕組みは、業界や企業の規模などによって多少異なる部分があります。成果報酬型の給与体系を取り入れた方が生産性向上につながる企業もあれば、定期昇給を維持して長期間安定した就業環境を整える方が社風に合うというケースもあるでしょう。

リモートワークを積極的に取り入れ、時間や場所を問わず働ける会社が増えていますが、事業内容によっては、多くの社員が出勤しないと業務が回らない企業もあります。

まずは自社の事業内容を精査し、社員の声にしっかりと耳を傾けて、自社に求められているのはどんな仕組みなのか見極めることが重要です。

AIの仕事と人間の仕事

自社に求められる仕組みがある程度明確になったら、人事領域の業務の中で「AIに任せられる範囲」と「人が担うべき範囲」を整理しましょう。AIと人間の役割分担を考える際は、二つの観点で整理することが大事です。一つは「AIには何ができるのか」という能力や機能の視点。もう一つは「人事の業務はどうあるべきか」という規範や理想像から考える視点です。

能力や機能の視点から考えると、AIは一定の規範に従って定型的な処理を繰り返す作業や、膨大なデータを処理したり、そこから一定の法則性を導いたりする作業が得意です。

一方で、言語化しにくい「思い」を読み取ったり、定量化しにくい個人の特性を評価や報酬に反映させたりするのは、今のところ人間にしかできない業務です。

後者の「どうあるべきか」という視点でも検討が必要です。特に社員の評価や待遇、配置に関する業務においてＡＩを活用する場合は慎重な検討が不可欠です。人間は他人に認められたいという「承認欲求」によって動いています。実績を評価する、努力や功績の見返りとして一定の待遇を保障する、昇格させるといった判断をすべてＡＩが担うことになったら、社員はモチベーションを保てるでしょうか。将来的には「ＡＩの評価こそ公正かつ客観的だ」と考える人が増える可能性もありますが、現時点ではこうした考え方が広く支持されているとはいえません。ＡＩと人間の役割分担を考える際も、その感情に配慮して「あるべき姿」を検討することが重要です。

ＡＩとＨＲテック、人的資本管理は何が違うのか

ＡＩの活用方法を本格的に考える前に、数多くの企業で導入が進むＨＲテックや人的資本管理（ＨＣＭ）といった概念を整理しておきましょう。

ＨＲテック（Human Resource Technology）とは、人材を会社の資源と見なし、効率的に活用するためのＩＴ化施策またはそのツールのことを指します。ＨＣＭというのは、それぞれの人材を会社の資本ととらえ、その価値を最大化していくための管理手法です。

人材を資源ととらえるか資本ととらえるかという点において違いがありますが、求められる機

能や対応には似通った部分が多くあります。

ＨＲテックの様々なシステムの中には、既に部分的なＡＩ機能を実装しているものもありますが、生成ＡＩに代表されるような業務の高度化、人間では処理できない膨大な情報の分析、活用はまだ実現していません。人事部の業務を進化させていくためには、既存のＨＲテックやＨＣＭの考え方を踏まえつつ、プラスアルファでＡＩの利活用を進めていくことが重要です。

Ⅲ．業務分類

では、実際に人事部の業務にＡＩを活用する方法を考えてみましょう（図７－１）。

まずは右上の第１領域です。ここには給与・勤怠管理や、従業員からの問い合わせ対応、社会保険等の各種手続きといった効率化しやすい業務が含まれます。全従業員に対して定常的に発生するため、多くのデータが集まります。また、既に確立されたルールや規範だけでアウトプットを出すことができるため、基本的には機械的に判断することが可能です。

右下の第２領域には労働条件・就業規則の策定・改定や、ウェルビーイング・ダイバーシティ

図7-1　人事業務とAI利活用

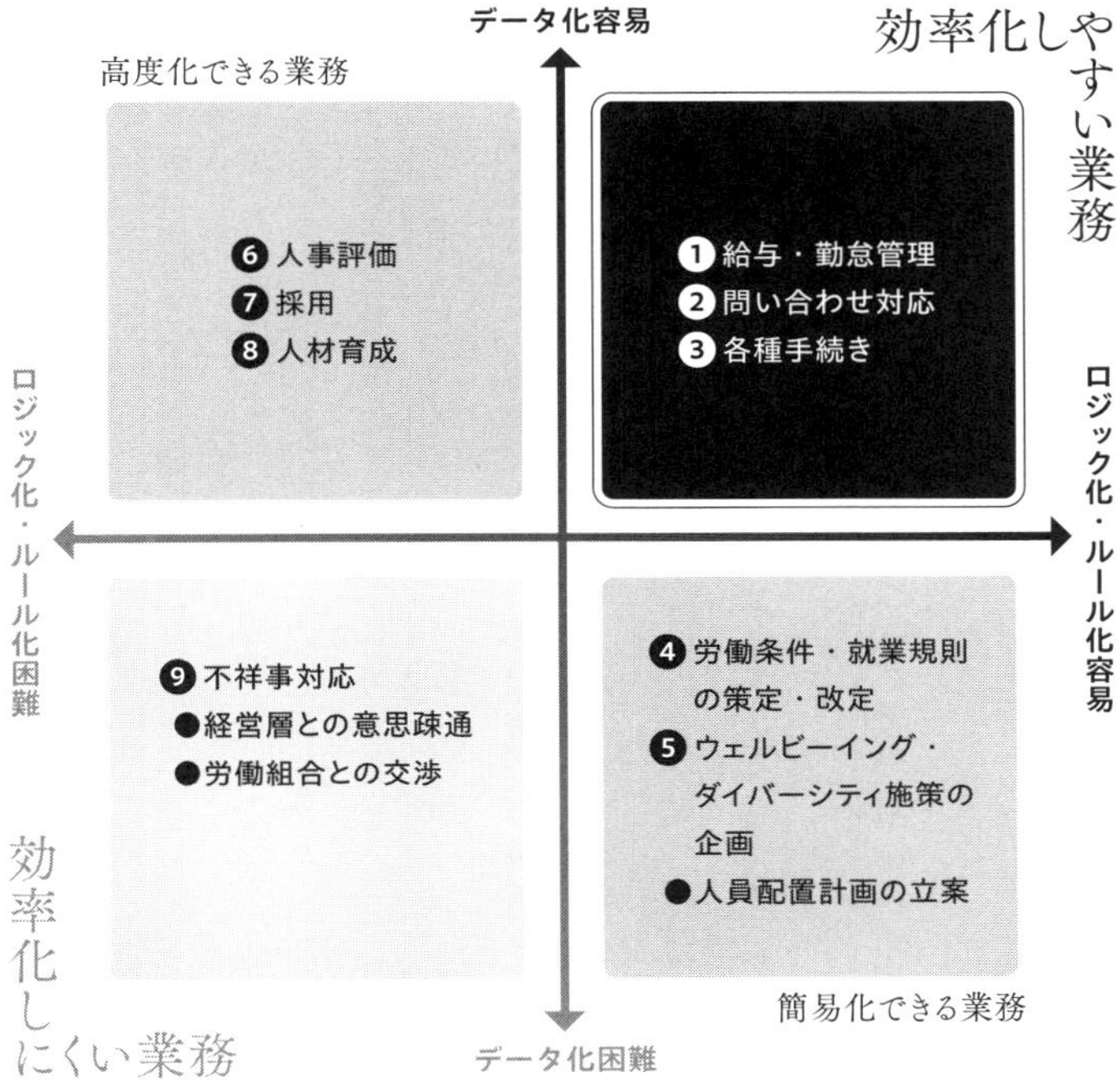

施策の企画、人員配置計画の立案といった仕組みをつくる業務が含まれ、これらは簡易化できる業務といえます。年間を通じて何度も作業が発生することは少なく、数年に一度か、多くても年数回実施するような業務です。発生頻度が少ない上、社会の変化を踏まえて随時対応をバージョンアップさせていかなければならないため、過去のデータを基に判断することは難しいでしょう。一方で、実施すべき内容や方向性は、関係法令や中期経営計画などによってある程度、明確化されていることが多

いため、判断に迷うことは少ないと想定されます。

左上の第3領域には人事評価や採用、人材育成といった評価に関係する業務が含まれます。人事部の本丸というべき重要な業務であり、全従業員を対象としているため、規模の大きな会社であれば膨大なデータが蓄積されています。一方で、コミュニケーション能力やリーダーシップなど定量化しづらい特性を評価することが求められるため、一律の判断で業務を処理することは困難です。これらは高度化できる業務です。

左下の第4領域は効率化しにくい業務です。不祥事や事件・事故といった突発的なインシデント対応、経営層との意思疎通、労働組合との調整といった組織の意思を明らかにする業務が含まれます。業務内容にもよりますが、発生頻度は多くても年に数回程度でしょう。組織全体の様々な事情と、株主・取引先・顧客といったステークホルダーの意向を勘案する必要があるため、判断も難しくなります。常に組織としての主体性と説明責任が求められるため、ＡＩによる代替が極めて難しい領域です。

これらを踏まえて、各領域でどのようにＡＩを活用できるのかを詳しく見ていきましょう。

Ⅳ.【分類①】効率化しやすい業務

業務の事例

人事部の業務の中で最も煩雑な業務は、勤怠管理や社員からの問い合わせ対応、申請書類の処理といった事務作業でしょう。メールや電話に対応しているうちに、あっという間に時間がたってしまい、進めたかった仕事が全く手につかなかった――。人事部の担当者なら、多くの人がそんな経験をしているのではないでしょうか。

第1領域に含まれるのは、こうした事務作業です。この領域に含まれるタスクを一言で表現すると、言語で入力された質問（問題）に対し「機械的に答えを出す作業」といえます。担当者個人の判断が入り込む余地はなく、ほぼ誰がやっても同じ回答になります。むしろ、同じにならなければ困るという性質の業務です。

こうした業務はＡＩが最も得意とする領域であり、自然言語処理の技術を使えば、すぐにでもＡＩに任せることが可能です。どのような使い方ができるのか具体例を見てみましょう。

AI活用の方策　勤怠入力の自動催促メール

給与計算や勤怠管理の業務では、従業員一人ひとりが決められた期日までに勤務記録を提出してくれるかどうかが重要です。月末の締日のたびに、入力しない人にメールで催促したり、電話をかけて状況をうかがったり、時には「今、営業でそれどころじゃないんですよ！」と理不尽に逆ギレされたり……というのは「人事部あるある」かもしれません。

こうした業務もＡＩを使えば自動化できます。マイクロソフトが提供するPower Automateのようなローコード開発ツールを使えば、過去数カ月の記録を基に、入力が滞りがちな人、これ以上遅延を繰り返すとペナルティーを受けそうな人を抽出し、注意喚起するメールを自動送信することが可能です。さらに、生成ＡＩによる自然言語処理技術を組み合わせれば、対象社員との過去のメールのやり取りなどから、それぞれの職位や文章のトーンを分析し、立場や部署に合わせたメッセージ文を作成する仕組みもつくることができます。

相手の繁忙状況をおもんぱかって、ご機嫌をうかがうようなメールを書く必要はありません。返信が届いているか、きちんと入力されたかどうかを確認し、随時通知させることもできます。

手続き方法を回答するチャットボット

続いて、問い合わせ対応の業務を例に考えます。ある社員（Aさん）から、年末調整の手続き方法について質問が寄せられたという想定です。

マイクロソフトのAzure OpenAI Serviceを使えば、AIが社内の様々な資料を探し出し、適切に回答してくれるチャットボットを作成することができます。手続き方法を回答するだけでなく、Aさんが探している資料や参考になりそうなQ&Aなども添付してくれます。人事部の業務効率化になるだけでなく、問い合わせたAさんにとってもかゆいところに手の届く対応が期待できるでしょう。

申請文書の記載内容確認の自動化

病気に伴う休業や看護休暇に関する手続きはどうでしょうか。家庭の事情や、職場の状況に応じた対応が求められるデリケートな業務ですが、こうした作業もAIを使って個別最適化されたガイダンスを提供することが可能になります。

例えば、ある社員（Bさん）が子どもの急な病気で、看護休暇を取得する時の手続きを考えてみましょう。Bさんはまず、手続き方法をまとめた書類がどこにあるか探そうとするでしょう。こうした書類の検索には、先ほどの問い合わせ対応と同じチャットボットが活用できます。書類が見つかり、申請様式にのっとって記入する際も、Microsoft Copilot for Microsoft 365（以下、Copilot）のようなAIのガイダンスに従って入力すれば自動的に書面が作成できます。

書類作成に取り掛かったBさんが、子どもの入院先や病気の名前など、プライバシーに関わる情報の取り扱いに戸惑うことがあるかもしれません。こうした場合も、Bさんが「これは必須項目ですか?」と尋ねれば、AIが「任意です」あるいは「中長期の入院が必要な慢性疾患の場合は記入してください」といった答えを返すことが可能です。人事部の社員がサポートして書類を作るのとほとんど遜色のない対応になるでしょう。

ご紹介した事例は「AI活用」と言うにはあまりに単純で、「なんだ、そんなことか」と思われる人もいるかもしれません。しかし、こうした単純作業に人事部の社員が費やしている時間を積算すると、膨大な時間に上るのではないでしょうか。組織の規模にもよりますが、大きな会社の場合、月数十時間に上ることもめずらしくないと思います。こうした時間をすべて他の業務に振り分けることができるとしたら、AIによる業務効率化の事例として、極めて効果の高いケースになるでしょう。

注意点

「機械的に答えを出す作業」にＡＩを活用する際は、どういったことに注意すればよいでしょうか。まず、チャットボットが業務上利用できる最低限の質を確保するためには、十分なトレーニングとデータセットが必要です。どのような質問が来たときに、どのように回答すればよいか、ＡＩに判断させるための材料をデータセットとして渡す必要があります。

また各企業には、一般的な解釈とは異なる特殊な「社内用語」や「運用ルール」などがあります。これらについて質問した場合も、適切な回答が得られるよう、繰り返しトレーニングを実施する必要があります。

さらに、社員をサポートする重要な手続きについて、人事部の社員ではなくＡＩが対応することに対し、社内から感情的な反発が寄せられることも予想されます。前述したチャットボットや、勤怠入力の催促メールなどは、使い方も含めて、事前に十分な根回しをしておくことが必要になるでしょう。同時に、ＡＩが対応しきれない問題が生じた場合には、人事部の適切な担当者に業務を引き継ぐルートも確立しておく必要があります。担当者に引き継がれた際には円滑な対応ができるよう、過去のやり取りをログとして記録し、可視化しておくことも大事です。どこまでをＡＩに任せ、どこから担当者が処理するのか、業務フローの中で整理しておきましょう。

V.【分類②】簡易化できる業務

業務の事例

人事部の業務の中には、様々なルールや制度を整備する仕事も多くあります。労働条件・就業規則の策定・改定、ウェルビーイング・ダイバーシティ施策の企画、人員配置計画の立案など、いずれも社員全員の働き方を決める重要な仕事です。

第2領域に含まれるのは、こうした「仕組みをつくる業務」です。一般的に、社員の働き方に関するルールや制度がころころと変わることは望ましくないため、一つひとつの仕組みを検討するのは多くても数年に一回程度ではないでしょうか。判断材料になるサンプルデータは決して多くないと考えられます。

一方で、どのような仕組みを「つくるべきか」という視点で考えると、大抵は依拠すべき法令やガイドラインが存在しており、基本的な方針はそれらを踏まえて策定するべきだと考えられます。また、ルールや制度によっては、対象となる職員に要件があるため、需要や影響度の分析も可能です。定型的な判断が可能な領域であり、ＡＩ活用の余地があると考えられます。具体的にどのような活用法があるのか、就業規則の改定や、ウェルビーイング施策の一つとして両立支援施策の検討を事例に考えてみましょう。

ＡＩ活用の方策　就業規則の策定・改定

就業規則には、労働基準法によって必ず記載しなければいけないことが定められています。始業時刻及び終業時刻、休憩時間や休日・休暇などの項目がそれに当たります。その他にも退職金や職業訓練、懲戒処分など、その制度を設ける場合には明文化しなければならない項目もあります。

こうした基本的な規則については、記載方法や記載すべき内容を生成ＡＩに検討させることができるでしょう。その他、必須項目ではない情報についても、厚生労働省が公表しているモデル就業規則などに準拠した形で、生成ＡＩに作成させることで作業コストを下げることができます。

社員のライフイベント発生予測と支援施策検討

両立支援制度の検討はどうでしょうか。社員が家族との時間を十分確保し、充実した私生活を送ることは、企業にとっても重要です。特に子育てや介護を抱える社員のサポートは、人事部の担当者にとって非常に重要な検討テーマになっています。

両立支援施策を検討する上で、ＡＩの活用が見込まれるのは、データ分析の領域でしょう。個々人のライフプランというミクロの視点で考えると、結婚・出産はするもしないも、時期についても会社が何らかの影響を与えることはありません。家族の介護などもいつ何時、誰が担うことになるのかは予想できません。

ただ、会社を人の集合体としてマクロな視点で考えると、社員の人数が増えれば増えるほど大数の法則が働き、結婚や出産、介護などのライフイベントを迎える従業員の割合は一定程度予測が可能になります。むしろ、これまではそうした合理的な予測がまったく行われなかったために、制度の整備が追い付かず、仕事とプライベートの両立を諦めて離職してしまった社員も多くいたのではないでしょうか。

ＡＩを使えばこうしたライフイベントの発生確率やその際に必要とされる休業期間、必要なサポート、復職時に求められるリスキリングのメニューや期間なども予測することが可能です。

例えば、子育て世代の中心である20代～30代の社員が１００名在籍している場合、今後3年間で見込まれる産休・育休取得者の割合、平均取得期間、その間に生じる人員の不足が何人程度になるのかを予測することが可能です。中高年の社員が多い場合には、親世代の介護のために介護

図7-2　社員全体のライフイベント予測のイメージ

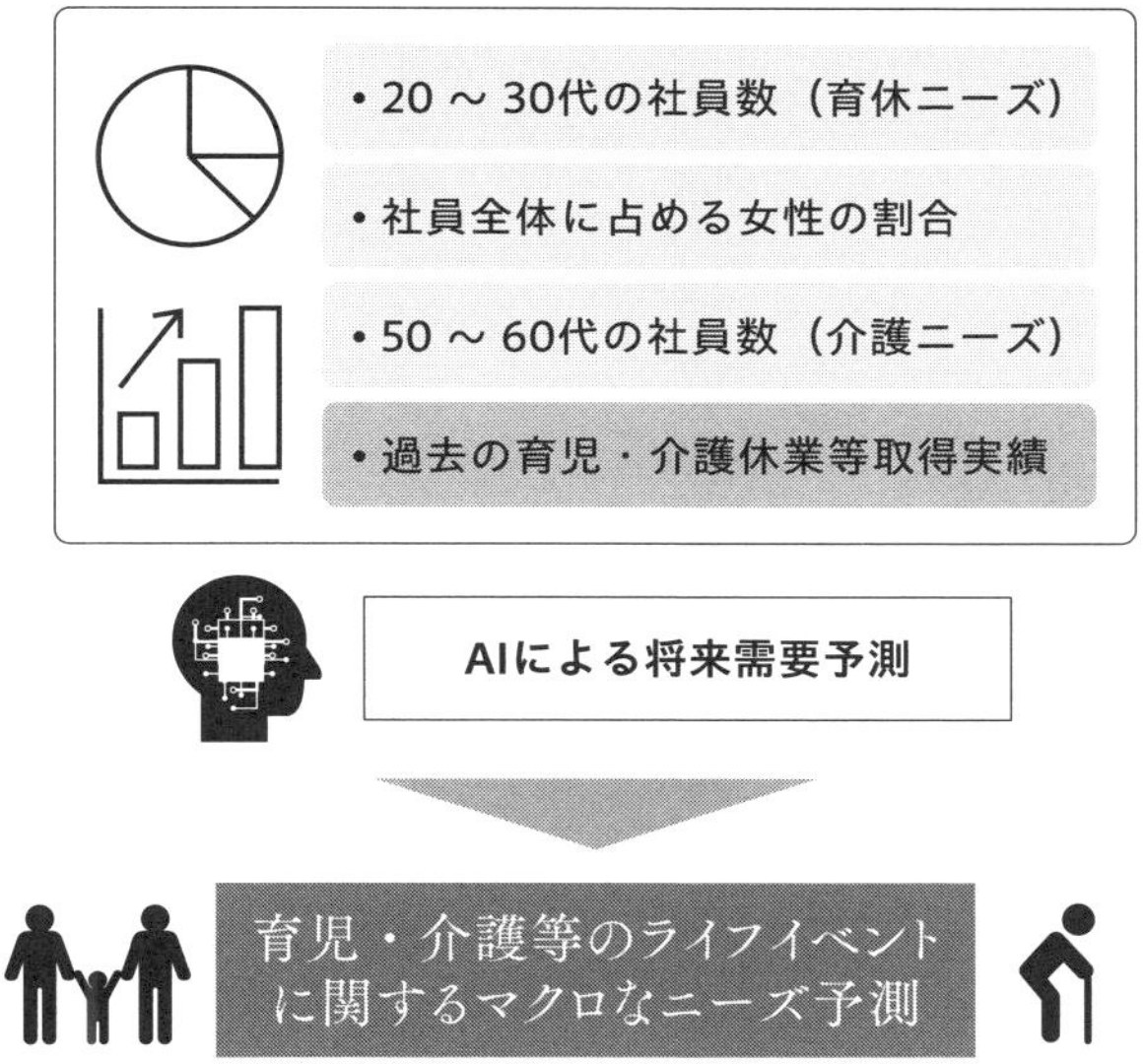

休業を取得する見込み人数などを算出することもできるでしょう。

　こうした数値を人員計画に反映したり、社員が休業した場合の契約社員の雇用、一部アウトソーシングの活用といった代替策を検討したりすることで、余裕を持った人事が可能になります。

　また、予測した数値と実績値が大きく乖離し、思ったほど制度が活用されていない場合には、活用を妨げる要因がないか調査することも重要です。「実は制度を利用したかったが、上長に言い出しにくい雰囲気があった」「今休業してしまうと、将来のキャリアプランにマイナスの影響が出ると思っていた」など、本音を言い出しにくい状況も考えられます。

データを基にこうした課題がないか調査し、必要な改善策をとることで「制度はあれども活用されず」という状況を防ぐことができるのではないでしょうか。

注意点

「仕組みづくり」の業務は比較的、ＡＩの得意分野と親和性の高い領域ですが、実際に活用するにあたってはいくつかの注意点もあります。

一つ目はプライバシーの保護です。両立支援施策の検討に用いるライフイベントの発生予測などは、あくまでも通常の企業活動で把握できる情報を基にすべきです。ＡＩにデータセットを渡すために、個人の家族構成やライフプランに関して改めて調査、情報収集する必要はありません。いくら予測の確度を高めるためであっても、こうしたプライバシーへの干渉は避けなければなりません。

二つ目は、仕組みづくりの重要性が軽視されてしまうリスクです。この章の冒頭でも述べた通り、社員一人ひとりが実力を十分発揮できる仕組みをつくることは、人事部にとって非常に重要なミッションです。就業規則や両立支援制度にしても、人員配置計画にしても、ＡＩに任せるのは形式的な対応が求められる部分にとどめるべきです。各社の特徴や強みを生かすユニークな制度などは人事部の担当者が時間を作って企画・検討することが重要です。

ＡＩに何をさせるのか。人間はどんな業務を担うのか。この第2領域こそ、ＡＩと人間の役割分担が重要になります。

Ⅵ. 【分類③】高度化できる業務

業務の事例

人事部の仕事の中で最も重要であり、組織や社員全体に大きな影響を与えるのが「評価」に関する業務です。

評価対象となるのは個々人のノルマ達成率や、売上額といった実績評価だけではありません。採用はもちろん、異動や昇格の判断、ボーナスの査定、研修の達成度評価まで、ありとあらゆる場面で「評価」する作業が存在します。適切な評価は従業員のモチベーションを高め、組織を活性化させる重要な要素になりますが、評価を誤れば、社内の不信を招き、優秀な人材が離職してしまうこともあるでしょう。会社全体の浮沈を左右する非常に重要な業務です。

では、この重要な評価業務にＡＩをどう活用すればよいのでしょうか。また活用する際はどんなことに気を付ければよいのでしょうか。

ＡＩ活用の方策

「評価」に関係する業務の最も難しい点は、評価者の主観が排除できないということです。「Ｃ課長は、Ｄ部長と仲が良いから」「Ｅさんは役員から目をかけられているから」といった言説は、どこの会社でも飛び交っています。どんなに実力主義をうたっている会社でも、本当に能力や実績本位で評価されているのだろうか、人間関係が評価を左右しているのではないか、という疑心がくすぶっているものです。

「ＡＩを使えば、より客観的で公正な評価が出せるのではないか」と考える人もいるでしょう。むしろ人事領域におけるＡＩの活用策としては、「評価」への適用を期待する人が最も多いかもしれません。

しかし、こうした考えに安易に飛びつくのはおすすめできません。むしろ、大きなリスクがあると考えるべきでしょう。なぜなら、評価業務におけるＡＩの活用には、「人が働いた成果に対する評価をＡＩに委ねてよいのか」という倫理的な問題がついて回るからです。

もし、あなたが半年間、熱意を持ってやり遂げたプロジェクトに対して、ＡＩが「１００点満

図7-3　最終的な評価はAIに任せられない

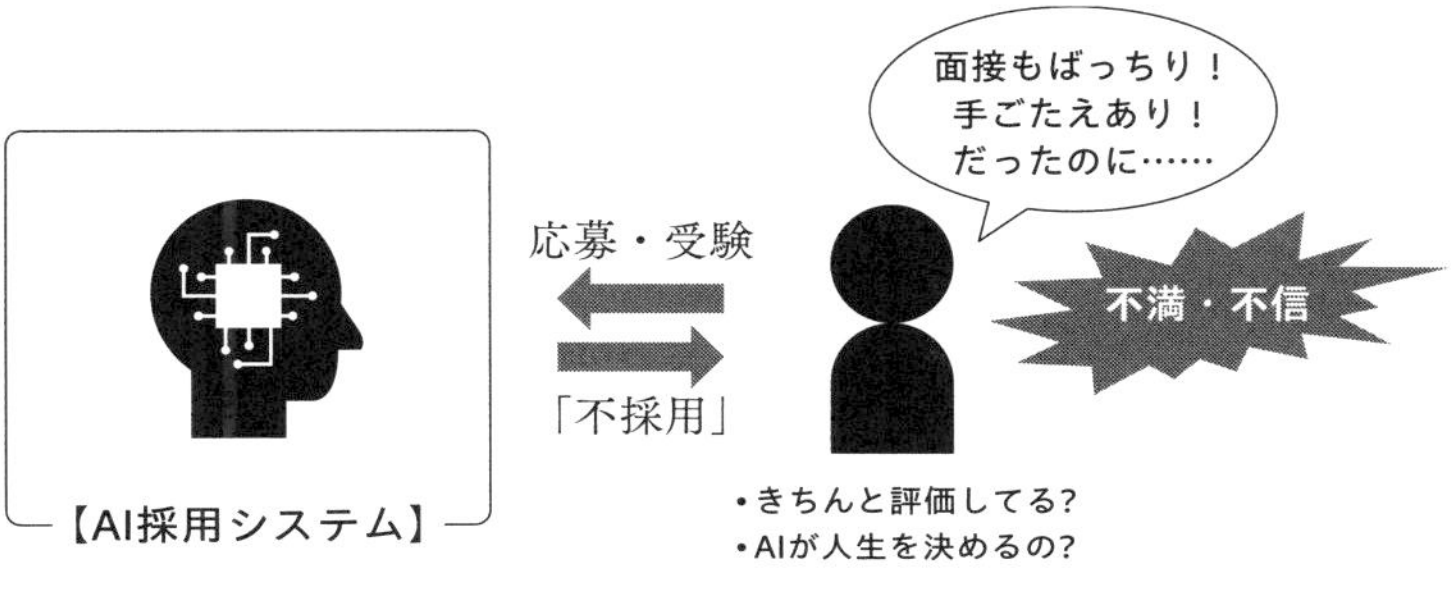

点中40点だ」と評価したら、あなたは納得できるでしょうか。あるいは企業の採用試験でしっかりとした手ごたえがあったのに、不採用になった場合はどうでしょう。「ＡＩが判断した結果です」と言われたら、多くの人は不満を募らせるのではないでしょうか。

少なくとも現時点においては、人間に対する最終的な評価は人間が責任を持って担うべきだと考えられます。ＡＩの活用をすべて否定するわけではありませんが、補完的な役割にとどめるべきです。次の項目では、その「補完的な役割」での活用事例を考えてみましょう。

「評価の仕組みづくり」と「評価者のバイアス排除」

評価業務におけるＡＩの「補完的役割」としては、二通りの活用方法が考えられます。一つは「評価の基準づくり」をＡＩに委ねるという手法です。

例えば、採用したい人材のスキルや能力については人事部の担当者が定義した上で、実際にどのような試験を実施し、どういった基準で評価すべきかという仕組みづくりの一部をＡＩに任せることが考えられるでしょう。

もう一つの活用方法は、ＡＩを「評価者のバイアス排除」に使うという考え方です。

採用面接を例に考えてみましょう。ある企業で二次面接の面接官を務めるＦさんは入社15年目の課長職です。過去3年間で、男女50人ずつ計１００人の面接を担当し、60人を通過させてきました。

通過者60人のうち、男性が50人以上を占めていたとしたら、Ｆさんの選考には性別によるバイアスがかかっていると考えてよいのではないでしょうか。

あるいは、通過者にＦさんが卒業した大学の後輩にあたる人が際立って多いといったこともあるかもしれません。ＡＩを使えば、こうした評価者の主観や好みによる偏りを検知し、Ｆさん自身にフィードバックしたり、人事部の採用担当者にアラートしたりすることが可能です。

離職防止対策に有効な施策とは

採用活動における評価の問題と併せて考えたいのが、従業員の離職防止対策です。

業界を問わず人手不足が深刻化している今の時代、社員一人ひとりの採用には大きなコストが

図7-4　職場に求めるものは人それぞれ

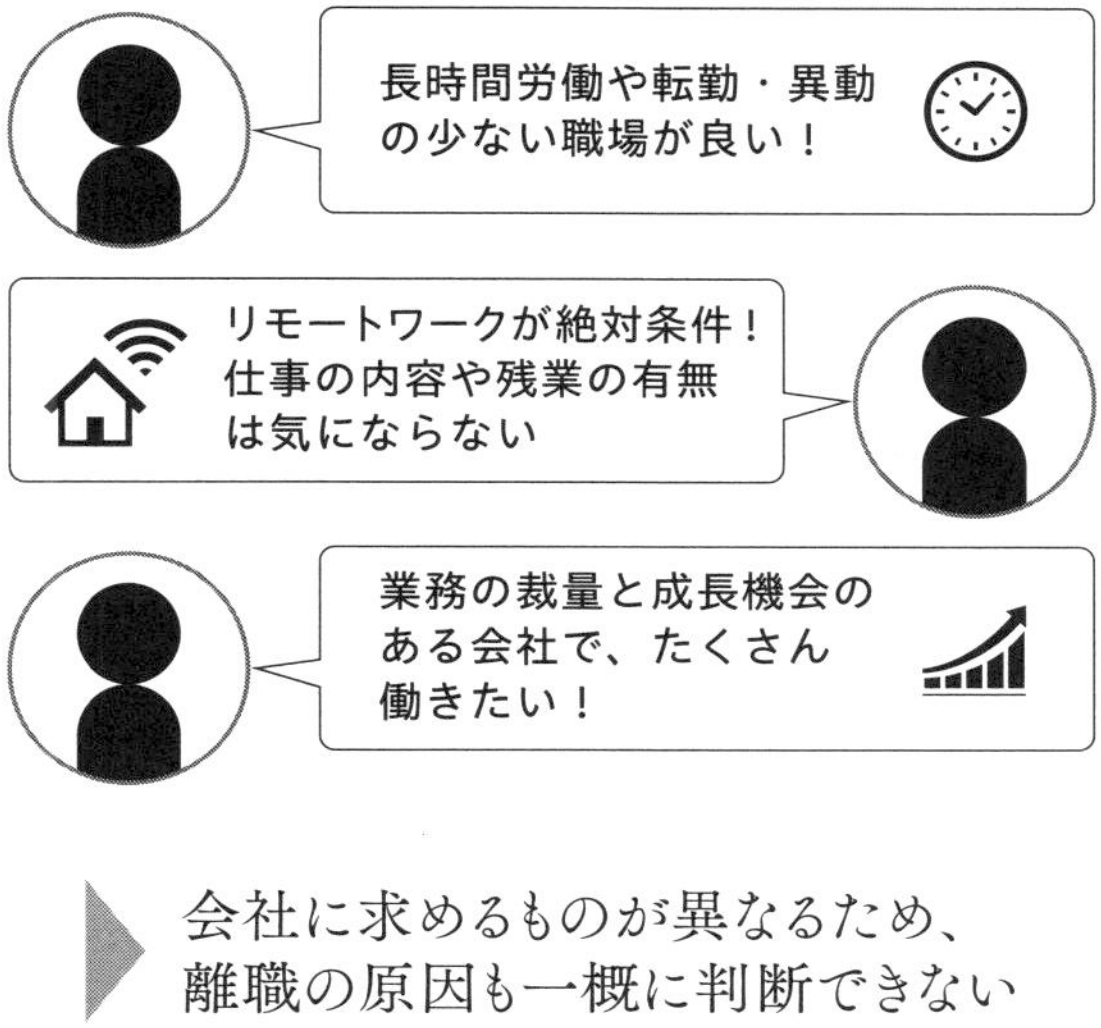
長時間労働や転勤・異動の少ない職場が良い！
リモートワークが絶対条件！仕事の内容や残業の有無は気にならない
業務の裁量と成長機会のある会社で、たくさん働きたい！
会社に求めるものが異なるため、離職の原因も一概に判断できない

かかっています。即戦力となる人材を中途採用で入社させる場合には、数百万円のコストがかかることもめずらしくありません。新卒入社の社員の場合も、第一線で活躍できる人材として育て上げるまでに、給与などの人件費として合計数千万円を支払っているケースが多いのではないでしょうか。

こうした貴重な人材にある日、突然辞められてしまうのは人事部にとって最も手痛いダメージになります。離職防止の取り組みは、採用活動とともに人事部の最も重要な仕事の一つです。

しかしながら、いざ離職防止の取り組みを進めることになったら、いったいどのような施策から着手すればよいのでしょうか。給与やボーナスを含めた待遇改善か、

長時間労働を抑制するための残業の事前申請か。はたまた、キャリアプランを考えるためのコーチング制度の導入でしょうか。

細かい施策から大きな仕組みづくりまで、様々な取り組みがありますが、離職防止対策として、何が最も有効な手段なのかいま一つはっきりしないというのが、多くの方の実感だと思います。どんな手段が有効かは各企業や業界、社員が置かれている環境によって大きく異なります。特に昨今は、働き方が大きく変化していることも判断が難しくなる一つの要因になっています。

一昔前はブラック企業というキーワードが社会全体を席巻し、長時間労働の抑制をはじめとするホワイト化に向けた動きが最も有効な施策だと評価されていました。しかし最近は、成長欲求の高い新入社員がゆるすぎる（ホワイトすぎる）職場を好まず、より成長を実感しやすい環境を求めて転職していくという事例も増えています。

コロナ禍を契機に広まったリモートワークに対する考え方も賛否が分かれています。コミュニケーションが希薄化するデメリットが大きいという人もいれば、ワークライフバランスが改善し、より働きやすくなったという人もいます。とどのつまり「何を職場に求めるのか」は時代背景やそれぞれの価値観によって左右されるものであり、職場を去るかとどまるかの決定要因は一律に定まるものではありません。どこかに最適解があると信じて、施策検討ばかりを繰り返していても答えは見つからないのです。

異常検出機能を使った離職リスクの早期検知

離職防止対策を考える際は、施策一つひとつの良し悪しを考えるよりも、まず離職を検討している社員や、離職者が増えている職場を早期に特定し、先手先手で介入していくことが重要です。こうした「離職リスク」の特定において役立つのが、ＡＩが得意とする異常検出機能です。

異常検出機能とは、データセット内で通常とは異なるパターンを特定するために使用される技術を指します。データの正常なパターンを学習し、その知識を基に、新たに入力されたデータが正常な範囲に収まるか、あるいはその範囲を逸脱する「異常パターン」であるかを判断する仕組みです。これを会社に対する社員の満足度調査（エンゲージメントスコア）の評価に応用すれば、「離職の可能性がある人」として特定することができます。もう少し詳しく解説します。

正常なパターンを学習させるためには、一定量のデータを必要としますが、過去十年以上にわたって従業員の満足度調査を実施している企業であれば、全体のデータから既に離職した人のデータを排除することで、自社にとどまった人たち（離職しなかった人たち）だけのデータセットを作ることができます。この人たちの回答結果を「正」とすることで、そこから逸脱した意見や声を異常なパターンとしてピックアップすることが可能になるのです。

離職届を出す半年前、あるいは数カ月前にでも、こうした情報を検知できれば、その社員に個別にヒアリングをしたり、勤務状況を調査したりすることで、それぞれの事情や要望に見合った対応策を検討する時間的余裕が確保できるようになります。

ＡＩの活用本らしくない、やや観念的な話になりますが、社員の離職検討は「業務の改善を提案しても話を聞いてもらえない」「問題を訴えても耳を貸してもらえない」といった組織に対する不信感から始まるケースが少なくありません。離職防止対策を考える上では、ＡＩを使って少しでも早くリスクを検知し、真摯に対応する姿勢を示すことが最も重要だと考えられます。

注意点

先述した通り、評価に関係する業務では、最終的な判断をＡＩに任せることは大きな危険性をはらんでおり、そのリスクは既に様々な場面で指摘されています。ＥＵでは、個人情報保護について定められた法律の中で採用活動におけるＡＩの活用について、企業側に説明責任を果たすよう求めるルールが定められています。

ＡＩを使って候補者を絞り込むことは不可能ではありませんが、現時点では相応のリスクが伴うことを十分認識しておく必要があります。

もう一つ、採用や評価に関わる業務において意識すべきことがあります。それは「AＩは人の鏡である」ということです。ＡＩは無から有を生み出すことはありません。人が与えたデータを基にパターンを学習し、それに倣って結果を出力するのがＡＩの基本原理です。従って、ＡＩが出力した結果が極端に偏っていたり、大きな誤りがあったりする場合には、もともと人間側が与えたデータに原因がある可能性もあります。

現在在籍している社員のデータを基にして、生成ＡＩによる役職・候補者マッチングシステムを作ったケースを想定してみましょう。生成ＡＩがレコメンドする候補者が特定の属性に偏っているとすれば、それは生成ＡＩの回答精度ではなく、今の会社の組織構成に問題があるのかもしれません。まずは自社の状況を正視し、問題点を探るきっかけとするのがスマートなＡＩ活用方法でしょう。

Ⅶ・【分類④】効率化しにくい業務

業務の事例

人事部の業務の中で最も特殊な仕事は、不祥事を起こした部署や社員に対する対応、あるいは労働組合との団体交渉などではないでしょうか。時には仲間である社員に対して厳しい態度で臨んだり、一部の社員に不利益を伴うような制度変更についても粘り強く理解を求めたりすることになります。

また、社員が大きな事件や事故、災害などに見舞われた場合、当事者やその家族をどうサポートするのかを判断しなければならないこともあります。迅速に経営陣の判断を仰いだり、あるいは経営陣の代理として矢面に立ったりすることが求められます。こうした「意思を示す業務」が第４領域の特徴です。

いずれの業務も、さほど頻繁に発生することはありません（不祥事が頻繁に発生するようなら、むしろガバナンスに深刻な問題があると考えて対応を急ぐべきです）。組織の内部のみならず、取引先や顧客、さらに上場会社であれば株主、内容によっては社会全体への影響とそうしたステークホルダーからの反応を勘案しなければなりません。様々な変数を考慮に入れる必要があるため、判断は難しくなります。

ＡＩ活用の観点からは、非常に困難な領域と言わざるを得ないでしょう。その中で、あえてＡＩを活用するとすればどのようなタスクが実行可能なのでしょうか。

ＡＩ活用の方策　不祥事対応の課題・対応策検討

第４領域に含まれる業務でＡＩを使うのであれば、論点や問題点を「発散」させる方向で活用する方法が考えられるでしょう。

第３領域では、数多くの候補者から採用する人を選ぶ「絞り込み」の作業にＡＩを活用しましたが、第４領域では人間が思いつかないような観点から課題や対応策を検討するのにＡＩを使います。

具体的な例で見てみましょう。自社のある拠点で、長年にわたる不適合処理があり、大規模なリコールを実施しなければならなくなったケースを考えてみます。

人事部の領域ではどういった課題に対し、どのような対処が必要になるでしょうか。まずは内部調査を実施する組織の立ち上げにあたり、事務局機能を担うことが想定されます。関係者にヒアリングを実施し、過去の監査や研修の記録を調査することが必要になります。関係者を特定した上で、その関与の度合いや責任の所在を明らかにし、対外的に客観的な説明ができるだけのファクトを集めなければなりません。

また、調査の結果、ガバナンスやコンプライアンスに不備があったことが判明すれば、人事部において改善策を検討することになります。場合によっては、内部通報制度の整備、コンプライアンス担当の社外取締役選任といった大きな構造改革が必要になる可能性もあります。

問題発覚当初にとるべき対応、その後調査が進んだ段階で判断すべき項目、最終的に責任の所在が明らかになった段階で実施すべき施策など、検討すべきことは山積しています。臨機応変、柔軟な対応が重要ですが、傷口を広げないためには、想定される課題と対応策を幅広に検討し、選択肢を増やすことが重要です。

社員が事件・事故や災害に巻き込まれた場合の対応も同様です。重要なファクトを特定し、ケース・バイ・ケースで対応できるように準備する必要があります。

ＡＩを使えば、様々な展開を想定して、一般的に考えられる課題とその対応策を数多く検討することができます。問題が重大であればあるほど、人間の判断は近視眼的になり、重大な問題への対処がおろそかになってしまうことも少なくありません。ＡＩはこうした問題の見落としを防いでくれます。経営層が適切な判断を下す際の参考情報として役立つ部分があるでしょう。

注意点

先述した「不祥事対応などの論点・問題点の発散」は、ＡＩ活用の可能性を示したものです。ＡＩが導き出す回答は、いずれも一般的なものであり、各企業の内情や、事案の個別事情を反映したものではありません。あくまでも参考情報であり、意思決定の根拠となるものではないことを強調しておきたいと思います。

経営層との意思疎通や労働組合との交渉といった内向きの業務においても同様です。「ＡＩによると、プランＡよりもプランＢを実施した方が、社員の帰属意識や満足度が高まるようです」といった説明に説得力がないことは明らかでしょう。組織全体、社員全員に関わることを判断するのは人間であるべきです。

株主や取引先、顧客といった外部のステークホルダーに対する説明であればなおさらです。誰がどう考え、何を根拠にどのような決断を下したのか。人間が主体的に説明責任を果たすことが重視されます。ＡＩの活用は参考情報の検討にとどめ、対外的には人間が責任を持って遂行すべき領域だと考えるべきでしょう。

Ⅷ・費用対効果

これまで人事部の業務について、四つの領域に分けてＡＩ活用の方向性を検討してみました。こうした活用策に社内の了解を取りつけ、実際の業務に反映するには、ＡＩの活用によってどんなメリットがあるのかを「費用対効果」という形で示すことも重要です。

人事部は顧客に提供するモノやサービスを直接生み出す職場ではありません。売り上げや利益といった「お金」で換算できる価値が見出しにくい分、独自のＫＰＩを作って改善効果をアピールする必要があります。ＡＩの活用において相性のよいＫＰＩは、各業務に割いた人月工数や、社員の離職割合・エンゲージメントスコアなどでしょう。

業務の人月工数削減をＫＰＩとする場合は、ＡＩ導入の前後でどの程度、作業時間が短縮されるのかを示します。最も計測しやすいのは、「機械的に答えを出す作業」の分野です。従来、社内の問い合わせ対応や、給与勤怠管理などに費やしていた時間は、ＡＩの活用によって大幅な削減が見込まれます。本格的にチャットボットを活用することができれば、専属の担当社員を置く必要はなくなるでしょう。少なくとも月間数十時間の圧縮が見込まれます。

社員の離職割合やエンゲージメントスコアも可視化することができます。ＡＩの異常検出機能で、離職を検討している職員に早期介入し、適切なサポートを提供することができれば、離職割合を下げることができるのではないでしょうか。

社員へのヒアリングを踏まえた支援施策の検討にＡＩを活用すれば、提案した社員は「会社も現場の声を反映してくれるんだ」という実感を持つことができます。定期的な満足度調査でも好意的な評価が期待できるでしょう。

また、エンゲージメントスコアが高まれば、さらなる制度改善の要望が積極的に寄せられ、より充実した仕組みにバージョンアップしていくことができるかもしれません。

現場の声を踏まえて、絶えず改善を重ねていく。この好循環を生み出すことができれば、人事部が担う仕組みづくりの理想像に近づいていくのではないでしょうか。

AIを活用した人事業務の将来像

スマホ向けアプリ開発などを手掛けるITベンチャー、A社に勤務する山村は、中途入社7年目の人事課長だ。A社の正社員は約150人、契約社員や協力会社のスタッフも含めると、約400人が同社の事業に従事している。

山村の出社は朝10時。人事部を含むバックオフィスの勤務時間は2年前に完全フレックス化されたため、予定に合わせて始業時刻や終業時刻を調整している。

自席に着くとすぐに、社内チャットボットが前日に処理した問い合わせ事案の対応状況をダッシュボードで確認する。昨日は20件の問い合わせがあり、うち18件はAIによるガイダンスで解決済みだった。残り2件は詳細な内容確認が必要だとして、AIから人事部担当者向けにエスカレーションされていた。

AIからこの業務を引き継ぐ鈴木は、基本的にリモートワークで働いている。鈴木は新卒入社5年目の係長で伸び盛りだ。一昨年、第一子が誕生したため、1年半の産休・育休を経て3カ月前に復職したばかりだった。リモートワークを中心とする働き方改革によって「徐々に公私のバランスがとれるようになってきた」という。

山村が利用しているフレックス制も、鈴木のリモートワークも、社員からの要望を受けて制度化したものだ。他社事例を踏まえた制度の立案と課題の棚卸しには、汎用型の対話型AIサービスを利用した。

就業規則への反映にも、自然言語処理に長けた生成ＡＩシステムを自社で開発、活用したため、社員の要望からわずか1カ月で実現することができた。フレックス制もリモートワークも、利用者数は年々増えてきていて、「働き方の選択肢が増えた」と社員からは好評だ。

　山村は、前日までの対応状況の確認を済ませると、11時から予定されている役員とのミーティングの準備を始めた。テーマは今週開催予定の労働組合との協議に向けた論点整理だ。

　組合の方は、待遇改善、特に若手社員に不満の声がある給与水準の引き上げを求めている。一方、人事部が数年前から実施している社員エンゲージメント調査の結果を分析したところ、給与引き上げよりもキャリアパスの多様化や、自己研鑽《さん》・トレーニングへの費用補助などを求める声の方が多かった。

　過去の結果分析には生成ＡＩシステムを活用し、前日に1時間程度作業しただけで論点を絞り込むことができた。

　あくまで選択肢の一つだが、組合との協議が難航した場合には、交渉カードとしてこうした施策の検討も可能だ。この案を担当役員に伝えることにした。

　午後の業務は中途採用の選考に時間を費やした。以前は他の業務に追われて採用選考に十分な時間を割くことができなかったが、ＡＩを使った業務効率化により、最近は人事課長の山村自らがしっかりと関わることができるようになった。

　採用チームとのミーティングでは、山村が一旦「不採用」とする方向で検討していた候補者二人について、再度検討するよう求められた。一人は異業種出身の若手だが、A社が弱いマーケティング領域の経験がある。もう一人は海外在住のエンジニアだった。いずれも生成AIからのレコメンドで「復活」した候補者だ。

生成AIのレコメンドには「今後の事業拡大に向け、自社の弱点分野を強化するため多様な人材を採用する必要がある」との提言が付記されていた。

確かにこれまでのA社の中途採用は、同業出身のエンジニアを多く採用していた。だが今後は、マーケティングなど他領域のスタッフも育成していかねばならない。その上、リモートワークが可能になったことを踏まえ、海外在住者を積極的に活用することも検討すべきだろう。

様々な調整が必要になるだろうが、AIを使えば活路が見出せるかもしれない。

「なかなか面白い視点だな。彼らの力を生かすためには、どんな組織をつくるべきか、就業規則や雇用形態の面からも検討しておいてほしい」。山村はそう言って、二人とも本選考に残すよう採用チームに指示した。

第8章

情報システム

Ⅰ．イントロダクション

本章では情報システム部門（情シス）の業務定義及び業務ごとに生成ＡＩの活用シーンを述べていきます。

各社の状況によって、業務の内容や生成ＡＩの活用シーンは異なることもありますが、そういった読者の皆様にとっては生成ＡＩの活用の仕方のヒントとなれば幸いです。

また、他の章では業務内容を四つの領域に分類し、それぞれの領域に基づいた事例を紹介していますが、一般的に情報システム部では、技術的な専門性があり、全社的に影響力を持つなどの特殊性を考慮し、本章ではそのような領域分けを行っておりません。

情報システム部は、企業全体のＩＴインフラを支える重要な役割を担っており、その業務範囲は多岐にわたります。情報システム部が持つと想定される業務・機能を中心に、13の業務分類を定義し、それぞれについて個別の事例、活用シーン・方法、注意点を示していきます。

そのため、情報システム部がどのように生成ＡＩと向き合うべきかを、より具体的かつ実践的に理解していただける内容となっています。また、これまでの内容を総括し、組織全体での生成ＡＩ活用の理解を深める一助となることを目指しています。読者の皆様には、これまでの章で紹介した他の部署における生成ＡＩの活用事例と比較しながら、情報システム部の特性を踏まえたＡＩとの向き合い方を考察していただければ幸いです。

Ⅱ. 情報システム部門の業務

ＩＴにまつわることはすべてがカバー範囲

情報システム部の業務はシステム導入に関する業務に限らず、管理業務を含め多岐にわたります。さらに生成ＡＩの登場により、さらなる負荷が想定されます。

業務の範囲については、自社だけにとどまらず、ＩＴ子会社やベンダーとも切っても切れない関係の中で日々の業務を行っているでしょう。そこで、改めて情報システム部の業務はどういった全体像となっているのかを整理していきます。

関知していないＩＴサービスの導入も情シスの責任になるのか

各社、統制が利いているのであれば問題はないですが、クラウドサービス（ＳａａＳ）やデジタルトランスフォーメーション（ＤＸ）等を中心にビジネスとＩＴの境界線があいまいになっている昨今、責任・役割分担があいまいになっているのではないでしょうか。

生成ＡＩにおいても同様の懸念があります。生成ＡＩの実現方法はいくつかパターンがあるため、これまでは業務部門との境界性がうやむやになっていたところがあるでしょう。

こちらについても、生成ＡＩの導入を機会に、役割分担・費用配賦を並行して検討・整理をしていく必要があります。そうしないと、すべてが情報システム部の責任となってしまいます。単純な生成ＡＩの導入だけでなく、業務の見直しも行っていくのがよいと考えます。

業務部門及び全社的な協業・協力が必須

業務・ビジネス部門で生成ＡＩの活用が今後、活発になっていくと思いますが、導入はビジネス部門が主体になって取り組んでいる企業が多いのではないでしょうか。

導入後の保守・運用やセキュリティー対策の観点を踏まえると、継続的な管理を担う情報システム部が主導権を握って導入も推進していくべきでしょう。

本書では情報システム部を前提として執筆しています。ですが、情報サービスを提供する立場として考えた際、ＨＤや子会社、アウトソーシング等により、様々な情報システム部及びそれに準ずる機能を保持しているかと思われます。

そういった一企業の情報システム部といった組織上の形式にとらわれず、想定される業務・機能を主眼に置いて業務分類を定義しました。

Ⅲ．業務別の活用方法［戦略企画業務］

業務定義

本業務は情報システム部の中長期や年間計画を作成・実行及びトレースする業務を行う業務として定義します。

いま金額規模の大小様々な案件・取り組みが並行して実施されています。そんな中で、今後の見通しや実行結果のトレース、さらには他部門の戦略・事業計画まで扱うこととなり、かなり複雑な業務といえます。この領域に関しては既に、自社のみならず、他社の支援（コンサルティング会社や他社ベンダー）と共に策定し、役員会議でも報告するような内容になっているでしょう。

さらに、昨今ＤＸや本書でも取り扱っているＡＩの領域においても、他部門からの問い合わせが非常に多く発生しています。前年度とは大幅に内容が変わっている一方、情報システム部として、もともと実施予定であった計画との調整が難しいといった状況が想定されます。本業務は事業戦略や事業ポートフォリオを企画する際に、過去事例やこれまでの対応、及び世の中のトレンドを取り込みつつ、年間及び中長期の計画を策定することを指します。

業務の事例

戦略企画系業務は他の業務と異なり一番難しい業務といえるでしょう。なぜならば、各種業務・技術領域に知見を持っており、企業として、情報システム部としてビジネスを継続的に成立させるための計画・企画を行っていく必要があるからです。さらに、技術トレンドなどをつかめるような能力が必要ともされます。

また、難度に拍車をかけているのが、本業務をコンサルやベンダーに委託している現状です。この状況により、自社の社員を育てようにも時間がかかってしまいます。コンサルやベンダーに委託をし、議論をしながら進めるアプローチは問題ありません。しかし、想定したスケジュールで進まない、欲しいタイミングですぐに議論ができないといった場合もあるのではないでしょうか。加えて、各部門からの事業内容の収集や整合性を合わせながら企画をするのが、何より難しいとされている理由ではないでしょうか。

これらに対処・解決するために、生成ＡＩを活用した効率的な方策の検討が必要となります。

ＡＩ活用の方策

戦略企画におけるＡＩの活用については企業の外部／内部に問わず、情報収集をすること、収集した情報を分析・要約し、資料化することにメリットがあるでしょう。コンサルによる協業ももちろん、考え方やロジックが詳細に整理されているので活用することは否定はしません。ですが、コストとスケジュールの兼ね合いで検討するのがよいでしょう。もちろん、単純に企画するということは生成ＡＩで置き換えることができます。後進やメンバー育成などの観点を踏まえて導入すべきかを検討する必要があると考えます。

注意点

ご紹介した生成ＡＩの活用例はあくまでも戦略・企画案を作ってくれるに過ぎません。どの方向性・企画を選択するのか、責任を持って実行するのかの意思決定をするのは、企業に勤める従業員であり、読者である皆様となります。

意思決定のために、事業企画の過程・プロセス、生成ＡＩが集めた情報源は何か、その集めた情報は妥当なのかに注意する必要があります。戦略・企画系は判断が難しい一方で、これまで社員に任せていた各種業務を生成ＡＩに置き換えると大幅な業務負荷の軽減につながります。

従って、一時の決断・判断を見誤ったとしても、戦略・企画を推進する中で、再考・再判断することは以前よりも容易になるでしょう。このように機敏に戦略・意思決定ができることを考慮すると、生成ＡＩは早急に導入すべきです。

Ⅳ．業務別の活用方法［財務・予算管理業務］

業務定義

本業務は情報システム部の予算に限定した業務とします。

しかし、システムを導入する上では各業務部門との費用配賦が必ず発生します。概算費用から実際にかかった費用を集計し、予算審議をかけるなど、金額集計・修正を多く扱うような仕事になることを想定しています。

業務の事例

多くのシステムはシステム導入を中心に各種予算を検討し、予算稟議《りんぎ》にかけていると思います。タイムリーに予算情報の収集、及び消化状況を確認することは多くの企業においてできていないのではないでしょうか。加えて、次年度や中長期の予算を立てるにあたり、各種部門から情報を何度も集め、費用配分を検討することに多大な労力を使っていると考えられます。そういった業務に対して生成ＡＩを使用して効率的かつタイムリーに活用できないかを、本章の内容を参考に検討していただければ幸いです。

ＡＩ活用の方策

各種計算・見積もりに足る根拠を集めることが必要です。加えて結果の集計試算をすることも重要です。こういった作業に生成ＡＩを使うことができます。また、会計期に収集した情報はおそらく概算金額となっていることが多いのではないでしょうか。金額の精緻化をするタイミングや金額の予測をするために、生成ＡＩを使って過去推移から分析をしてみるのもよいでしょう。

また、実施中のプログラム／プロジェクトや取り組みの予算消化状況を仕組み化することができれば、消化状況をリアルタイムに把握できます。これは企業全体での取り組みとも密接に関連・連携があるため、基幹システムや財務管理系のシステムとの連携も視野に入れることは一案として考えられます。

注意点

予算、財務は関係各所から集める必要があるため、各種リードタイムがかかるはずです。算出そのものは生成ＡＩを活用することで少ない時間で実施できますが、確認・承認を得るのは人であり、各責任者が行う必要があります。そのため、算出に使用した情報・分析方法などをしっかり認識・理解しておき、説明が求められたときは迅速に対応する必要があります。

V. 業務別の活用方法［業務システム（アプリ）業務］

業務定義

本業務は企業での業務システムを構築するにあたり、アプリケーションレイヤーでの各種業務を指します。

要件定義から設計、構築、各種テスト、移行を実施する業務が対象となり、加えてプロジェクト型での対応といった業務を想定しています（本章でのプロジェクト型とは、ヒト・モノ・カネを有期に活用し、企業の課題を成し遂げる活動を指しています）。

また、要件定義や基本設計の際にビジネス／ユーザー部門との調整をするようなことも業務として想定しています。

業務の事例

本業務ではユーザー部門との調整にかなりの工数がかかることが想定されます。

ユーザー部門の担当者と調整をしても、ユーザー部門の上長に承認をもらう際に判断が変わったり、最初から検討しなおしたりすることも往々にして発生していると思います。

加えて、本来はユーザー部門で管理するような内容も、情報システム部あるいはベンダーが時間・工数を割くことがあるでしょう。その内容とは、予算との兼ね合いがつかない場合にどうするかや、どの機能を要件として取捨選択するか、今後どう実現するのかなどを検討することを意味します。

話を進める中で、他社の実現事例を基に判断したいというユーザーが出てくることや、実際に構築を始めてから仕様・要件を変えてくるユーザーも少なからず存在しているのではないでしょうか。そういった場面をより少なく、確実に進めていく際に生成ＡＩを活用することが本業務において生成ＡＩを導入する一番のメリットです。

ＡＩ活用の方策

業務部門との調整が多く、かつタイミングによって多くの業務部門が使用する場合において、意見を集約する際に生成ＡＩを使用するとよいでしょう。さらに、どこを修正すべきかをマネジメント層は分かっていても、現場の社員にまで正確に意図を伝え切れていない場合もあるのではないでしょうか。

こうした場合に備えて生成ＡＩで各種会議の議事や内容、要約を活用しておくことは重要です。また、ユーザーの討議内容とドキュメントのひもづけがされていれば、途中で内容が変更された場合でも依存関係が整理しやすくなります。

注意点

内容をまとめること自体は問題ありませんが、その内容でユーザー側と合意形成されたのかは証跡を残しておく必要があります。そのため、プロセス上に証跡を残す・保管する仕組みも合わせて定義した方がよいでしょう。加えて、日本の商習慣特有である、用語や略語などをあらかじめ生成ＡＩに認識させておくことで、より効率的に内容をまとめることができます。

Ⅵ．業務別の活用方法［業務システム（基盤・インフラ）業務］

業務定義

本業務はインフラレイヤーに対する要件定義から設計、構築、各種テストなどを実施する業務を対象としています。

要件定義は自社で実施しますが、設計以降は外部ベンダーによる実施となります。そのため、外部ベンダーの設計のレビューなどが中心になることも想定されますが、本業務はインフラレイヤーにおける業務全般と認識いただきたいと考えています。本業務でも業務システム（アプリ）と同様にプロジェクト型での業務実施を想定しています。

業務の事例

本業務については、新たにシステムを導入する際の基盤・インフラレイヤーの内容を決めることにフォーカスを当てて生成ＡＩの導入是非を検討します。

基盤・インフラレイヤーについては、性能面やセキュリティー対策面で焦点を当てられることが多いです。昨今、ＤＸによりクラウドサービスを前提としたシステム構築がメインになりつつあります。そんな中で、これまでの性能・パフォーマンスを担保できるのか、セキュリティー対策は十分なのかが問われることが多いです。

パフォーマンスについては、運用されているシステムから、ＣＰＵ、メモリ、ストレージの使用率を取得し、一定の傾向を見ながら、非機能要件を決めることがあります。いざ取得するとなると日常的に情報・データを取得する仕組み・プロセスを作り、それをいずれかのデータとして取得しないといけません。また、そういったデータは保守・運用担当、ベンダーから取得することが多く、手間がかかります。加えて、取得したデータの分析、性能指標を作ったとしてもベンダーの製品・クラウドサービスとの適合や見直しを何度も行うことに時間を割いているのではないでしょうか。

AI活用の方策

基盤となると、各ハードウェアベンダー（HWベンダー）の製品やクラウドサービスの選定の際に活用するのがよいのではないでしょうか。

例えば、各製品情報に対してライセンス情報を管理することが煩雑になっている場合が考えられます。これを解消するためにシステム情報から取得するだけでなく、契約情報や納品情報から取得し、Ｆｉｔ＆Ｇａｐ分析（パッケージの機能と自社がパッケージに求める機能の適合具合を分析すること）を行うことで、契約違反を回避することも可能です。

また、クラウドサービスが積極的に活用される企業も増えている中で、各種作業にも対応できるようになります。各種作業とは、バージョン情報やリリース情報を素早くキャッチし、影響調査や方針検討を踏まえ対応を見直す、特定の処理へのリグレッションテストをアプリ側へ促すなどが当てはまります。

基盤領域については企業によっては同様のテストや共通基盤としてホスティングサービスを使用しているシステム・プロジェクトもあるでしょう。

注意点

取得した性能情報とＨＷベンダーが推奨する情報に差異がある場合、どこまで補正すべきかなどは他の業務と同様に人の判断が必要となります。そのため、注意して試算をした方がよいでしょう。

Ⅶ・業務別の活用方法［保守・運用業務］

業務定義

本業務は前述の業務システム（アプリ、基盤・インフラ）系業務とは異なり、プロジェクト型というよりも定常的に行う業務を対象としています（ベンダー側の視点では、一定期間での契約ということでプロジェクト型と認識されることもしばしばあります）。

業務としては、企業が保有しているシステムの保守・メンテナンスや運用業務を想定しています。アプリやインフラといった区分けは企業によって存在するかもしれませんが、そういった区分けは本書では行っておりません。

業務の事例

本業務については、システムを保守・運用している際における生成ＡＩの導入是非について検討します。

保守・運用といえば、安定的にシステムを稼働させるために各種対応をすることだととらえられ、軽視されがちです。しかし実態は違います。各システムに対して、保守・運用業務を膨大にこなさなければいけません。これに加え、利益を生み出す業務ではないがゆえに、コスト・工数削減を常日頃から強いられている立場にあります。

既にチャットボットや問い合わせフォームを整備し、効率的に受け付け・対処はしているものの、結局は定型フォームではさばき切れない対応はあるでしょう。さらに、保守・運用メンバーは自社のみならず、他社ベンダーへの委託や派遣契約での人の囲い込み、シェアードサービスの活用など管理スコープが多岐にわたるのではないでしょうか。システムの運用・保守期間が長いとその分、人への属人化・経験値の蓄積がされてしまっている状態で何が正しいのか、特定人物へ依存してしまっている状況も想定されます。

AI活用の方策

運用監視業務において、監視のための各種ソフトウェアを多くの企業は導入しているのではないでしょうか。しかし、多くの企業では導入後の対応は人的対応が多くを占めており、特に障害対応に関しては、有識者とコンタクトし、解決策を図っているのが現状でしょう。

生成AIでは、以上の人に依存したプロセスに対し、あらかじめルールを決めて自動対応させることが可能です。これ以外にも、報告書の作成を含め、内容の転記などに大幅なコスト・工数削減、並びに障害対応におけるストレス軽減がされるのではないかと考えます。

保守・運用業務については、各システム導入プロジェクトなどから引き継がれてから行うことが多いでしょう。この際、手順書に不備がある場合も想定されます。そういった場合のドキュメントの精緻化・構成管理をあらかじめルール決めしておき、生成AIによる管理をしておくとよいでしょう。これにより、各保守・運用業務の詳細な手順書を管理・メンテナンス可能な状態にすることができます。また、追加エンハンス開発によって変更された手順を生成AIにインプットすることで、内容の精査・修正を容易にすることができるでしょう。

また、システムが導入されてからかなりの月日が流れ、アップデートを頻繁に繰り返す中で設計書や各種ドキュメントにデグレード（システムの更新により、以前より品質が下がった状態になること）が発生していることや、複数の格納場所に保管されてしまっていることが多く発生している可能性も考えられます。そういったケースを解消するために、生成ＡＩにて管理をするとよいでしょう。これにより、デグレード防止のために事前に通知をするなど保守・運用業務の負荷を軽減することができると考えます。

注意点

生成ＡＩをかなり広範囲で使用することになり、それ相応の金額・コストをコントロールできるかが問題になります。ＲＰＡ（人間がパソコン上で行っている作業を自動化する技術のこと）やチャットボットを導入している企業は既に経験されているかもしれませんが、生成ＡＩを導入して終わりではありません。日々データを補正したり、プロンプトエンジニアリングを行ったりして、生成ＡＩの精度を高めるための負荷がどれくらいか、あらかじめ一定の工数試算が必要になります。

Ⅷ．業務別の活用方法［調達業務］

業務定義

本業務は情報システム部を運営するにあたり、機器・ライセンスや人材（ベンダー含む）を中心に各リソースを外部／内部から調達する業務を対象としています。

企業によって異なりますが、中途採用についても本業務のスコープといえます。

業務の事例

本業務は外部ベンダー及びサプライヤーから各種機器及び人員を調達することを想定して、生成ＡＩの導入是非について検討します。場合によっては総務部が調達するＯＡ機器が該当する場合や、各種支援を行う人員を調達する場合があるのではないでしょうか。そういった際にこちらの情報及び価格交渉をすることに焦点を当てて、生成ＡＩの検討を進めなければなりません。

最新の情報及び、委託元を一元管理することがメインとなります。しかし、一部のシステム導入プロジェクトでは、独自にベンダーからの調達をしている可能性が考えられます。そのため、独自管理しているプロジェクトに対しての管理方法の指針を情報システム部及び、会社全体として整理しておく必要があります。

AI活用の方策

過去の契約や複数社との相見積もりを取って金額比較をすることが一番の活用方法ではないでしょうか。特にベンダーに関しては、市場に一般的な目安の価格はあるものの、企業によってかなり幅のある金額・見積もりを提示されることが多いかと思います。

金額に見合わないベンダー・サプライヤーはコスト削減の観点から適正化を行う必要があり、そういった場合において、生成ＡＩによる情報収集・蓄積及び予測をするとよいでしょう。

注意点

調達の対象によっては、情報システム部ではなく、他部門・プロジェクトによる調達が考えられます。よって、対象を整理した上で、役割・責任・プロセスを整備しておくことが前提になります。あくまでも過去の契約による試算になるので、実際の金額調整には、ベンダー・調達先と価格交渉が必要になるので、その点は忘れずに認識しておくとよいでしょう。

Ⅸ．業務別の活用方法［ＩＴマネジメント業務（プログラム、プロジェクト管理）］

業務定義

本業務はプロジェクト型の業務における管理業務を対象としています。なお、プログラムは依存関係のあるプロジェクトが複数集まった集合体を指しています。

プログラムとプロジェクトで本質的な業務に大きな違いはありませんが、プログラムの方が依存関係が制約事項となり、管理業務が多く占める傾向があるとしています。

業務の事例

情報システム部員やそれに相当するＳＩｅｒ（システムを開発する企業）はシステム構築において、多くの社員を管理する必要が出てきます。加えて、メンバーは領域が多岐にわたるでしょう。アプリからミドルウェア（オペレーティングシステムとアプリケーションソフトの中間に位置するソフトウェアの一種）、インフラ、調達など領域の管理及び依存関係があります。

大規模になればなるほど、実態をつかみづらい状況に陥る傾向にあるのではないでしょうか。なぜなら、管理工数が増加する上、中間に管理層がいると、指示が正確に伝わらないことや現場からの意見に解釈が加えられていることが往々にしてあるためです。そういった管理を避けるべく、生成ＡＩを活用する場面が多いと考えます。

ＡＩ活用の方策

先述した問題を解消するために、管理するための工数削減や、意見の集約、各種リマインドに生成ＡＩを活用するのがよい活路ではないでしょうか。

既にＲＰＡや簡単なマクロを組んで、簡略化しているかもしれませんが、それを組む労力がかかり、また他のプロジェクトにも転用できないパターンがあります。そうすると、人に依存した企業になり、知見が蓄積されないことも考えられます。そういった状況において、特定のプロジェクトに導入して、他のプロジェクトに展開していくことで、企業としてプロジェクトマネジメントを強くしていくことができるでしょう。

注意点

生成ＡＩを活用することで管理を簡素かつ簡略的にできるのは事実です。その一方でマネジメントとしての意思がないと管理が難しい状態になってしまうことがあるのも事実です。マネジメントする立場として、どういった意思決定をしたいのか、するのかを明確にした上で活用することが望ましいです。

Ⅹ．業務別の活用方法［ＩＴ標準管理業務］

業務定義

本業務は情報システム部における規約やルール、手順書をまとめ、適用情報を継続的に管理する業務と定義します。

標準化する内容の企画から検討・実行することを想定しており、企業の中で継続的に改善をするべき業務と認識しています。

業務の事例

昨今、人員の流動性が高いことに起因して、ドキュメントや管理の方法が異なるケースがありますが、情報システム部も例外ではないでしょう。他の部門と違い、プロフェッショナル性が高い情報システム部の人員は転職市場でも需要が多いがゆえに、転職・離任などのケースも多く発生すると想定されます。

このことから、人に依存した状態から脱却することに生成ＡＩを活用することは大いに価値があります。規模が大きくなるたびにパラメーターやドキュメントを作っていると時間がかかってしまい、時間の割に品質が安定しないことが多分にあるでしょう。

また、近年ではクラウドサービスの導入が進んでおり、設定パラメーターの均一化による品質の統一など、ＩＴに関わる各種業務のテンプレート化を推進している業務が増えてきているのではないでしょうか。

ＡＩ活用の方策

生成ＡＩの活用によって、テンプレートの最新化を行うことで、テンプレートや品質のデグレードを発生させないことに寄与できます。特定の社員が辞めないことで、人に蓄積させる手段もありますが、いずれかのタイミングでその社員も異動や離任する可能性があります。そのたびにドキュメントを作成し直しても、昨今の技術の進歩や多種多様なソフトウェア、ＳａａＳの出現により管理をし切れなくなる機会が出てくることが考えられます。そういった場合に、生成ＡＩを使用し、ドキュメントの使用箇所・版などをトレースできるように生成ＡＩに記憶させるとよいでしょう。加えて外部の情報を取り込むことで、クラウドのテンプレートなどに活用できます。

注意点

どこまで厳密にやるか次第ですが、標準化をし過ぎるとカスタマイズができず、使用する側にとってはかえって手間がかかることがあります。そして、標準管理が陳腐化してしまうでしょう。標準化のレベルをどこに設定し、生成ＡＩを活用するかが判断のポイントになります。

XI. 業務別の活用方法［情報セキュリティー管理業務］

業務定義

本業務は情報セキュリティーに関して、規約の作成から、方針、具体的なルールの作成、適用、定期的なルールの見直しを行うことを対象としています。また、CSIRT（セキュリティー事故対応チーム）や外部機関との連携、セキュリティー事故発生時には各種対応を行うなど、情報セキュリティー領域に特化した業務を行うことを想定しています。

業務の事例

情報セキュリティー以外の物理セキュリティーについては、他部署との連携を検討することとして、本章からは除外します。

日々、情報セキュリティー対策についてPDCAサイクルを回し、対策の強化を実施している中で、セキュリティーインシデントや新たな脆弱性の発覚により、翻弄されているのではないでしょうか。情報セキュリティーやそれに関連する技術領域のスペシャリストであれば問題はありませんが、昨今の人員不足により情報セキュリティーのスペシャリストを雇用・確保できておらず、兼業での実施や外部ベンダーに任せっきりという企業は多いと思います。

さらに、情報セキュリティーは重要視されているものの、コスト・リスクを比較した際、十分なセキュリティー対策を実施できていない企業も多いでしょう。そういった場合に、生成ＡＩを導入することで、情報セキュリティーの重要性を企業の上層部に再認識してもらうことができるでしょう。

ＡＩ活用の方策

生成ＡＩの導入に関して、コスト面で一番メリットがあるのは脆弱性の発見・対策の検討時でしょう。昨今、脆弱性が見つかるタイミングや、どういった対策にどれくらいの工数がかかるのかが分からないことが多いと思われます。

脆弱性を検知し、それに対してセキュリティーパッチの適用及び、稼働中のシステムへの導入をEnd-to-Endで生成ＡＩを適用すれば、部員の工数負荷を軽減しつつ、適切なコストで対策が実施できるのではないでしょうか。

注意点

前述した通り、企業によっては情報セキュリティーの重要性を理解しきれていない上層部もいるでしょう。一方、過度に情報セキュリティー対策を実施している企業も可能性としては考えられます。いずれの場合も生成ＡＩの導入の際、どこまで情報セキュリティー対策が実施されているのか、短期／中長期の視点で、どのセキュリティー水準まで目指すべきなのかを改めて整理するべきです。そうした上で、情報セキュリティー業務の分野で生成ＡＩの導入を検討してみてはいかがでしょうか。

XII．業務別の活用方法［品質管理業務］

業務定義

本業務はシステムの品質を管理及び改善するための各種取り組みを対象としています。例えば、品質基準の策定や適用、継続的な見直しを指します。

最近は、多くの事業会社はシステム開発を外注し、ベンダーからのシステム品質基準などを取りまとめていると思います。そして、企業のシステム品質基準として各種システムの品質管理・監査などを行っているのではないでしょうか。

業務の事例

ここではシステム及び情報システム部の品質管理としての位置づけで生成ＡＩの導入是非を検討することとします。

情報システム部における品質管理はシステムの品質はもちろんのこと、各種ベンダーとの契約プロセスを含めた対応が存在するのではないでしょうか。システムの品質について、ベンダーが納品する場合、ベンダーによって指標値が異なることが多く頭を悩ませることも多いでしょう。そういった際に、ＡＩを活用すれば過去の資料を集められるところが特に注目すべきだと考えます。

設計書などは一定、ローカルファイルに存在する場合もありますが、指標値については納品物としか扱われないケースも多く、格納場所がそもそも他部門領域にしかない可能性もあります。そういう場合に全社的に生成ＡＩを導入することで探索の工数を削減し、品質担保することを目指すべきでしょう。

AI活用の方策

例えばシステム導入時の各種テスト（単体テスト、結合テスト、総合テスト等）における生成AIの活用法を検討してみましょう。

多くの企業がシステム導入を既に行っていますが、その際にシステムごとにテストケースの作成や、品質評価の基準を検討するケースが多いと思います。生成AIに設計書をインプットすることで、テストケースの作成ならびに品質基準を作成・評価することが今後は容易にできるでしょう。また、企業における過去のシステム導入の情報をインプットすることで企業独自の品質基準を達成できたり、外部の品質基準を同様に生成AIにインプットすることで、時代に遅れを取らない品質基準を達成できたりします。

このように生成AIに内部／外部の情報をインプットすることで、企業のシステム品質を適切に管理・適用することができます。

注意点

品質については対象とレベルをあらかじめ設定する必要があります。品質は一定レベルを超えるとかえって、必要以上の品質になり、コストが余計にかかってしまいます。上長判断によりますが、品質はどの程度まで実現できるのかを明確に内部で討議した上で生成ＡＩの活用を行うべきです。

XIII・業務別の活用方法［ＩＴ人材管理］

業務定義

本業務は情報システム部に所属する部員の管理を行う業務を対象としています。具体的には、評価・パフォーマンスやスキル、キャリアの管理や相談をすることを指します。

ＩＴ・システム人材は他の職種と異なり、専門性のある業務であるため、企業によっては情報システム部単独で中途採用などを行う企業もあるでしょう。そういった企業においては、ＩＴ人材管理業務についても生成ＡＩの導入の可能性を検討してみてはいかがでしょうか。

また、本業務は部員の評価において、人事部との連携を念頭に置いて、生成ＡＩの導入を検討した方がよいとされる業務としています。調達系業務における人材確保や人事部の業務と一部重複している部分もあるかもしれませんが、どちらで担当するかは各企業にて判断を委ねます。

業務の事例

情報システム部のメンバーに関する人材管理（キャリア・スキル及びパフォーマンス）について管理する中での生成ＡＩの導入について検討します。

この領域における情報システム部の悩みは人員確保や部員のモチベーション管理ではないでしょうか。特にＩＴやシステムに関わる人は離職率も高いので一つの企業にとどまらせることは難しいです。その要因として、全社基準に照らし合わせた際に、情報システム部の各部員の成果に対して正当に評価されていない、人事基準と合っていないなど、モチベーションの管理が適切でないことが考えられます。

その他にも、保守・運用などの役務を外部ベンダーへ業務委託などの契約をしていると思いますが、外部ベンダーに対しても近年は配慮していることもあるのではないでしょうか。自社の社員とは評価の仕方は異なるものの、一定レベルで人依存の業務があると、ベンダー側でもメンバーが変わることにより、コストの増加や品質の低下のリスクが考えられます。そのため、ベンダー管理も一部考慮してもよいでしょう。他の業務ではコスト・工数削減、業務効率化といった観点が中心です。人材管理においては効率化の側面もありますが、生成ＡＩによる人材管理の高度化といった方が適切でしょう。

AI活用の方策

ITやシステムに関わる人は、離職率も高く、年収や働きがいを求めて短い期間で転職することも少なくありません。まずは人材流出を避けるのを第一目的として、生成AIを活用して、各社員のスキル管理や市場での評価を内部的に行い、情報システム部で独自の評価を作ってみてはどうでしょうか。情報システム部門の人員や企業におけるIT人材は他部署とは異なり、特殊なスキル・特性を持っていることが多く、IT人材として評価されづらい環境にあることも考えられます。

生成AIを活用することで、IT人材は市場としてどういった評価をされるのかや企業に属することで得られるメリットを明確にし、各人員に合わせたキャリアプランの検討をしていくことが人材流出を食い止める第一歩となるでしょう。

注意点

生成AIで分析しても、各部員のモチベーションをコントロールするには様々な要因があります。仕事内容、報酬、人間関係……など要素は多岐にわたります。

すべてが生成AIによって解決できることは考えにくい領域であるため、他の業務領域と比べると継続的な改善が必要となります。一方で、どこまで生成ＡＩを活用するか、コスト見合いで継続の仕方を考えるべきでしょう。

XIV. 業務別の活用方法［ＩＴファシリティー（ＯＡ）業務］

業務定義

本業務は、企業によっては総務部が実施している可能性も大いに考えられます。具体的には企業の各人に配布されるＰＣや社用携帯、オフィスに配置されるプリンターや入退館システム、ディスプレー・配線設備など、多岐にわたる業務を想定しています。

少なくとも、システムやＩＴの名の付くものには情報システム部が関係しており、前述の業務システムとは少し毛色は異なるものの、本業務の範囲ととらえて差し支えないでしょう。

業務の事例

調達系業務と一部重複している部分はありますが、各種ＯＡ機器（オフィス業務の自動化に必要不可欠な機器）の調達やメンテナンス、ユーザーからの問い合わせがメインとなる業務をここでは想定します。ユーザーの問い合わせを受けつつ、最新の機器搬入及び入れ替えを行う上で生成ＡＩをいかに活用するかがポイントになります。

ＡＩ活用の方策

備品管理やキッティング（パソコン導入時におけるセットアップ作業）をすることが多いＩＴファシリティーでは、備品・ライセンス、サポート・保証期間を管理する場合に生成ＡＩを活用することができるでしょう。

また、最近は各ファシリティーの機種も増えてきており、人を使って対応することや、外部業者を使用したことも多いのではないでしょうか。そういったコストを生まないためにも、手順書の最新化も含めて置き換えていくのが本領域での生成ＡＩの活用方法です。

注意点

新しい技術の出現や昨今の物価高により、コストについて、生成ＡＩの結果をうのみにするのは参考にならないかもしれません。しかし、一定の傾向については参考になるでしょう。

XV. 業務別の活用方法［Ｒ＆Ｄ・技術開発］

業務定義

本業務は、ＩＴ・システムに関する研究や独自の技術の活用を推進する業務を想定しています。情報システム部が単独で実施することは少ないかもしれませんが、他企業・ベンダーと協働で行うことが中心となる業務でしょう。

また、情報システム部はＣＩＯ（最高情報責任者）が上長となり得ますが、本業務はＣＴＯ（最高技術責任者）も上長となり得るため、戦略企画業務と整合を取りながら進めることが本業務の難しさといえます。

業務の事例

本業務は、企業におけるＩＴシステムの技術方針を検討あるいは研究し、どういった技術を使うのか、メインとして開発していくのかを検討することとします。

情報システム部を否定するわけではないのですが、現状では情報システム部が自ら技術研究・開発を行うことは多くありません。外部ベンダー・コンサルからの提案・営業を基に考える、あるいは市場の動き・トレンドを見て懇意にしているベンダーから提案をもらうことが中心となっているのではないでしょうか。また、現状では他の業務で手いっぱいになってしまっており、本業務を行うことまで手が回っていないのではないでしょうか。

さらに企業によっては、そういった業務は存在しないことも十分に考えられます。外部ベンダーの提案やコンサルへの調査依頼などを使うと高コスト及び対応のリードタイムがかかってしまいます。その結果、思ったような将来像やＩＴ技術に投資するまでが絵空事になってしまい、納得感のあるロードマップが描けていないのではないでしょうか。こうした事態を防ぐためにも、生成ＡＩの活用方法を検討していきたいと思います。

ＡＩ活用の方策

戦略企画業務と似たような活用になりますが、研究・開発部門としては、対象の選定と研究・開発の中のデータやエビデンス取得・結果のまとめにおいて生成ＡＩが活用できるでしょう。対象の選定では、これまでの対象をインプットすることで企業として独自に研究・開発すべきかをブラッシュアップすることができます。また、研究・開発が進んでくると結果をまとめることにも時間を割くことになるため、まとめの行程は生成ＡＩにある程度任せ、研究・開発に注力することが一番効率的な生成ＡＩの活用方法ではないでしょうか。

注意点

研究・開発の部門では特に生成ＡＩの活用の仕方は多様なことが予想されます。例えば、研究・開発の種を探す、研究した結果についての分析に活用する、研究の進捗状況を確認するなど、の使い方が考えられます。

また、Ｒ＆Ｄ・技術開発部門は他の情報システム部の各業務領域の上長とは異なり、ＣＴＯになっていることもあるのではないでしょうか。そのため、ＣＴＯやＣＩＯとの連携・関係性によっても技術開発の対象が左右されることも考えられ、技術導入のみならず企業としてのガバナンスについても考慮した方がよいでしょう。企業として、部門としての意思決定をした上で生成ＡＩの導入を検討した方が適切であると考えられます。

XVI・費用対効果

工数・コスト削減が主目的

これまでの各業務において生成ＡＩの活用について述べてきましたが、情報システム部としては業務の効率化による負荷軽減・コスト低減が主目的として考えられます。従来の企業努力による業務効率化などによって、多くの企業がコスト削減を実現してきているかと思います。しかし、単なる効率化・コスト削減と、生成ＡＩを人員代替として活用・補填することは根本的に異なります。

例えば、保守・運用はこれまで自動化やＲＰＡ、チャットボットを活用し、業務効率化を実現してきたかもしれません。ですが、ＲＰＡを使用してもまだ一定の人員介入があったり、チャットボットで思ったように効果が出ず、依然として問い合わせを受けるなどが実情といえるでしょう。生成ＡＩはそういった点を解消できるといえます。

生成ＡＩのコストの費用配賦について

本書でも情報システム部以外の部門に対して、生成ＡＩの活用を薦めていますが、問題になるのはコスト・工数の負担でしょう。

各企業によって異なるかもしれませんが、これまでのシステム導入については各業務部門と企業の規約・ガバナンスによって費用配賦が決められていたと思います。ですが、生成ＡＩも同様でいいのか、導入が終わり保守・運用フェーズに入った際の費用配賦をどうするのか、詳細に検討をすべきです。その際、コストだけでいいのか、工数も一定割合で分担するのかなど、継続的にエンジニアリングが発生する生成ＡＩには考えなくてはならない問題・課題があります。

生成ＡＩの導入・活用が進み、ＤＸの推進によってデジタル部門が立ち上がっている企業も多数あります。そのような中で、全社的な施策とするのか、これまでのシステム導入と変わらない位置づけで導入を進めるのかの検討が必要です。

恐らく、クラウド技術が世の中に出てきた時と同様に、規約・ガバナンスの整備が追いついていない現状が想定されます。そのため、生成ＡＩの導入と並行して検討を進めるべきでしょう。

生成ＡＩが標準化された将来像

ここまでは、各業務での問題及び生成ＡＩの活用のイメージをお伝えしてまいりました。これからは生成ＡＩにて情報が集約され、その情報あるいは生成ＡＩによって分析された内容を、企業ならびに情報システム部が判断するということが中心になってくるのではないでしょうか。

また、情報システム部としては各業務部門からの要望として、システムを継続的に導入・保守及び改善をしていくことになると思います。そのシステムに対して、徐々にＡＩ前提のシステムあるいは、生成ＡＩとの連携が増えてくることが予想されます。そういった場合に備えて、現行システムの継続的な棚卸しはもちろんのこと、生成ＡＩについての知識・経験を深めておく必要があります。そうしないと、業務部門での導入が先行し、情報システム部に大きな負荷がかかってしまうことになるでしょう。

生成ＡＩを活用できるベンダーも一定数にとどまる可能性が大いにあります。その場合、ベンダーの奪い合いに後れを取り、極論として企業としてのビジネスが成り立たなくなるかもしれません。そういった最悪の事態に備えて、少しでも生成ＡＩに関する取り組みを徐々に増やしていくべきです。

SHORT STORY

AIを活用した情報システム業務の将来像

製造業A社の情報システム部で働く田中は、中途入社5年目の正社員である。情報システム部は慢性的に人材不足であり、正社員20名程度となっている。システムごとにシステムベンダーを雇っており、保守・運用をしている。

田中自身は保守・運用及びベンダーの管理をしながら、社内の基幹システム刷新プロジェクトにも参画している。ITコンサル会社やベンダーとの会議にて仕様検討、進捗確認をしており、業務が多岐にわたっている状況だ。

このプロジェクトは経営陣も関心を示しており、月次で報告を行っている。社運を賭けたプロジェクトとなり、経営陣からのプレッシャーを受けつつも人が十分にアサインされていなかった。そんな状況だったため、去年は残業が続き、心身共に疲れが出ていた。

A社の情報システム部は基本的にリモートワークで、10時が始業時間である。この日も、日次定例会にて、夜間のシステム運用状況の報告をベンダーから受けるところから業務が始まった。

ベンダーはAIから出力されたリポートを基に見解を示していた。ベンダーの報告によれば、障害は特に発生はしていないが、特定のセキュリティーソフトについて脆弱性が発見されているとのことだった。話を進める前に、やることが二つあると田中は考えていた。一つは対応工数と金額について認識の擦り合わせをベンダーと行い、1週間後に見積もりを受領することだ。もう一つは、上長への報告だ。セキュリティー面でも運用が今後担保されそうで、大きな問題にはならなそうだったが、確認は必要だ。
そこで、今年から導入されたＡＩを用いてこの件について、ベンダーから受領するより前に概算見積もりを出し、上長への報告を進めていた。いつでも発注ができる状態で、来年度の予算策定時に対応漏れを回避することができたため、去年の予算策定の時期のように残業する必要がなくなった。

午後からは基幹システム刷新プロジェクトの個別仕様検討や進捗確認が中心のタスクだった。

仕様検討のために、サーバーのスペックを提示するようベンダーから求められていた。これについて、ＡＩを利用して過去の業務推移を基に業務予測をリポート化していたため、それを基にベンダーへ提示する予定となっていた。

業務仕様については、ベンダーからの提示資料を基にユーザーヒアリングの日程調整が必要だった。よって、関係者をＡＩに選定・調整してもらい、近日中にヒアリングの開始をすることになっている。こういった調整業務もＡＩに依頼することで、タスクを円滑に進めることができるようになった。

これらの業務が終わったら、同プロジェクトの進捗確認をする会議に参加した。Ａ社でも最大規模のＩＴプロジェクトで、一般的にも類を見ない規模となっており、進捗確認も困難を極めていた。そこで、一般的にどういった指標を基に進捗を確認し、課題・リスクの管理などをしたらよいかなど、ＡＩを含めた外部情報も参考にして進めることにした。これにより、プロジェクトを正確に進捗管理できるようになり、精神的な負担も軽減された。

進捗状況を把握後は、来週予定されている執行役員への月次報告を徐々に進める必要があった。過去の報告資料から、予想されるコメントや、進捗報告資料のまとめ、想定問答をＡＩに準備させた。そのため、直前になって慌てて資料を作成したり、読み込んだりすることがなくなり、残業する必要がなくなった。

進捗会議の後は、ユーザーからの問い合わせに対応しなければならなかった。社内イントラに載せているＦＡＱには載っていない内容だった。過去に同様の問い合わせがないか、Teams のチャットやメールをＡＩに探索してもらうことで、今までのように回答を後回しにしてしまったり、数日たってしまったりすることがなくなった。

今後も、効率化はもちろんのこと、心身共に負担を軽減しながら、仕事を進めることができそうだ。

第9章

経営企画・経理財務

経営企画・経理財務 業務とAI利活用

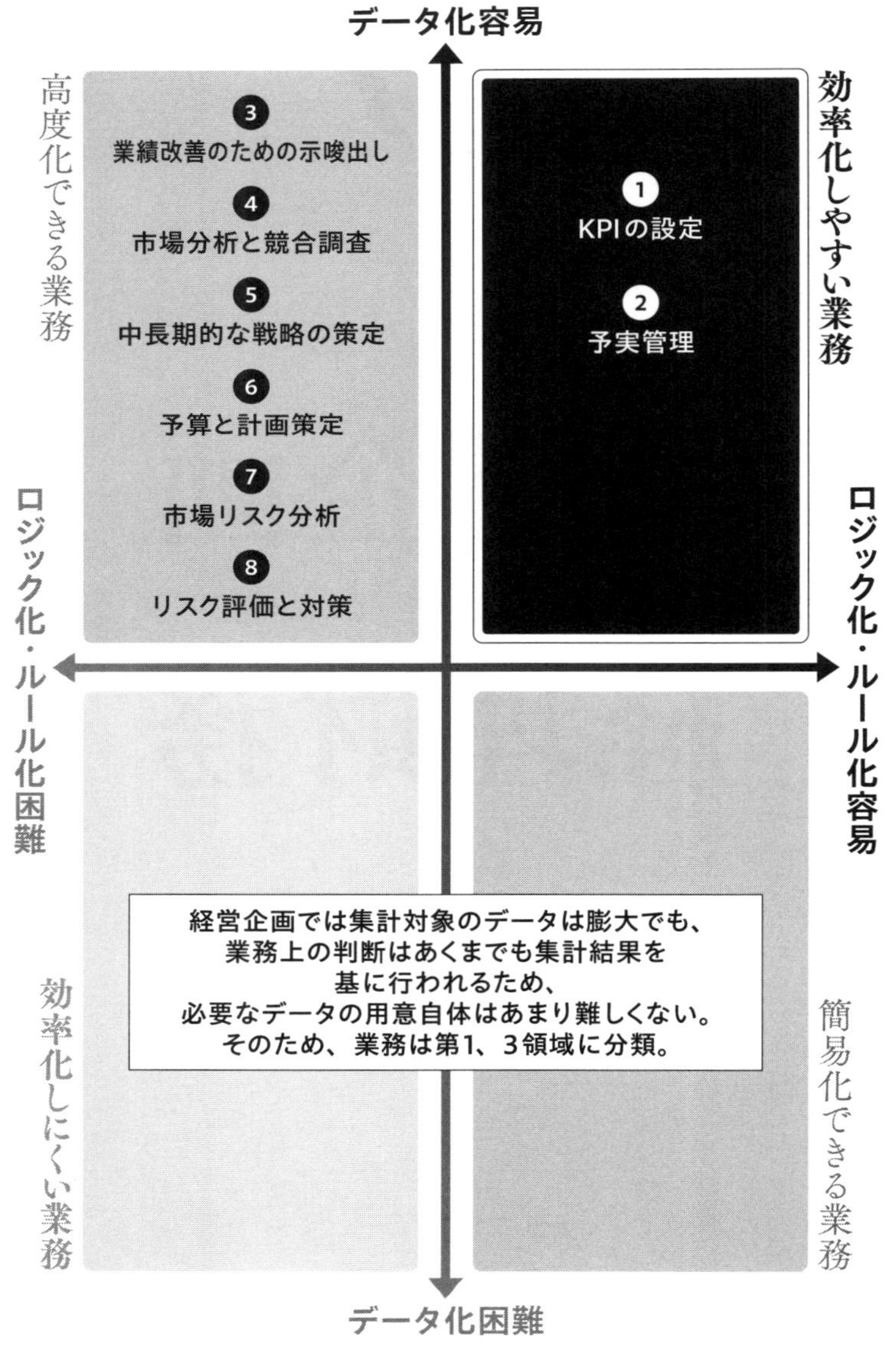

I．イントロダクション

経営者の補佐役

業界や企業の規模などによって異なりますが、経営企画も経理財務も、その役割を一言で表すならば「経営者の補佐役」です。

企業を取り巻く環境は劇的に変化しているため、経営者が立ち向かうべき課題も複雑さを増しています。また、企業が成長して事業が拡大するにつれて全体を把握するのは難しくなります。

そこで、経営企画・経理財務が企業全体を俯瞰し、課題解決を担うことで、経営者は自身にしかできない仕事に集中できるようになるとともに、組織全体として目指すべき方向に向かっていくことができます。

ちなみに、日本では経営企画と経理財務は分けられていますが、欧米ではファイナンス部門がその機能を包括的に担います。

経営企画も経理財務も本質的には「経営者の補佐役」といえるので、業務においても通じるところがあります（なぜ日本と欧米で異なるのかについての歴史的経緯は、石川潔『わが国経営企画部門の機能の解明』２０１４年文芸社刊などをご参照ください）。

ここでは、主に経営企画の業務とＡＩ活用について述べていきますが、経理財務に所属する方にもぜひ読んでいただきたいと思います。また、後半で経理財務にフォーカスした内容もコラム的に取り上げています。

経営企画の業務を分類する

ではまず、経営企画の業務とはどのようなものなのでしょうか。業務は多様ながらも、一般的には次のように分類できます。

経営企画の代表的な業務として挙げられるのは「A．中期経営計画の策定と実行管理」ではないでしょうか。企業の今後3～5年後のビジョンとそこに至るまでの戦略について、経営者の想いをくみ取りながら作り上げていきます。さらに、各事業部門と連携しながら実現可能性のある事業戦略と数値計画に落とし込みます。

実行フェーズにおいては、各事業部門の目標達成に向けて進捗管理を行います。その中で、中期計画に影響を及ぼすリスクについても適切に管理していきます。

図9-1　経営企画業務の全体像

本章のスコープ

A.　中期経営計画の策定と実行管理

B.　特務プロジェクト対応（新規事業、M&A、組織改革など）

C.　取締役会や経営会議などの運営に関わる事務局業務

プロジェクトに対応する

続いて、経営企画では企業全体に関わる「Ｂ．特務プロジェクト対応（新規事業、Ｍ＆Ａ、組織改革など）」を担います。新規事業やＭ＆Ａ、組織改革などの全社的なテーマを個々の事業部門単位で進めるのは難しいため、経営企画で計画策定や実行管理を担うことが多くなります。

また、「Ｃ．取締役会や経営会議などの運営に関わる事務局業務」も担います。具体的には、経営層向けの各種会議の参加者・日時・場所の調整や議事録作成などいわゆるロジ周り、会議の議題設定、それに伴う資料作成などを行います。

本章では、経営企画の代表的な業務領域である「Ａ．中期経営計画の策定と実行管理」において、どのようにＡＩを活用していくべきなのかを深掘りしていきます。

Ｂの業務領域では新規事業など様々なテーマに取り組みますが、本質的にはＡと同様に計画策定と進捗管理が中心です。ＡＩ活用における考え方もおおむねAと同様になるので、本章では割愛しています。

Cの業務領域は会議運営に関する事務局業務が中心です。しかし、ロジ周りの支援ツールやAIによる議事録の要約など事務局が行う業務の効率化手法は既に世の中にあふれています。よって、同様に割愛します。

Ⅱ．経営企画部門の業務

中期経営計画の細分化

主要領域である「A．中期経営計画の策定と実行管理」は次のように三つの業務カテゴリに分けることができます。

1．業績分析と評価
2．戦略策定と計画立案
3．リスク管理

各業務の概要は表9－1をご覧ください。

表9-1 「A. 中期経営計画の策定と実行管理」業務の全体像

業務カテゴリ	#	業務項目	業務概要
1. 業績分析と評価	01	KPIの設定	企業の状況や進捗を評価するための、重要なKPIが何かを判断。
	02	予実管理	設定された目標と実績を比較し、業績の進捗をモニタリングし、課題を特定。
	03	業績改善のための示唆出し	経営層に対して業績の評価や解説など、意思決定の基礎となる情報を提供。
2. 戦略策定と計画立案	04	市場分析と競合調査	市場概況や競合の動きを分析して業界動向を調査。
	05	中長期的な戦略の策定	外部環境の分析結果と、自社の現状やビジョンに基づき、中長期的な事業戦略を構築。
	06	予算と計画策定	事業戦略や収益目標などを踏まえた、予算や計画数字の策定。
3. リスク管理	07	市場リスク分析	法規制変更や市場の変動など、外部環境の変化による自社にとってのリスクの芽を発見。
	08	リスク評価と対策	特定したリスクに対して、その自社への影響を最小限に抑えるための対策を検討。

Ⅲ．経営企画の業務分類

これらの経営企画業務について「データ化の容易さ」と「ロジック化・ルール化の容易さ」という軸で整理していきます。

まず縦軸で見てみると、すべて図の上半分の第1、3領域に分類しています。各種分析や戦略策定などを進める上で、意思決定においては膨大なデータを扱うわけではないからです。市場分析などを進める中で多くのデータを集計する場合もありますが、あくまでも集計対象のデータが多いだけです。

業務上で判断が必要になるのは、「そもそもどのようなデータを利用するべきか」といった場面であり、このような判断を行うためのデータの量自体は少ないのです。

一方で、横軸で見ると、#01と#02以外のほとんどの業務を図の左側の第3領域に分類しています。つまり、経営企画の業務のほとんどで、多くの変数を考慮した複雑な意思決定が必要になることを意味します。

図9-2　経営企画・経理財務業務とAI利活用

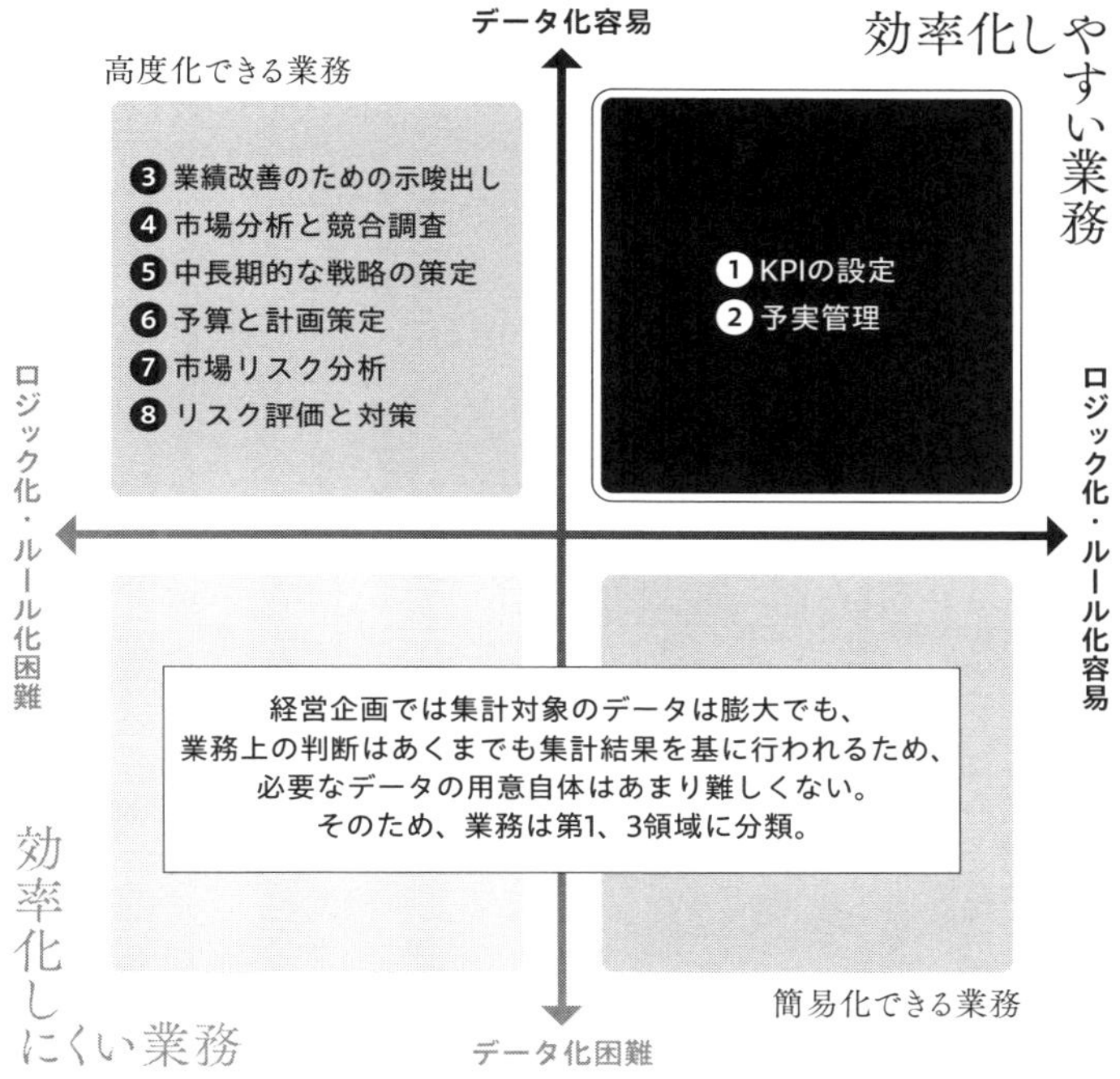

例えば、「＃05 中長期的な戦略の策定」であれば市場分析などの調査結果や、戦略論にあるような一般的な戦略の定石などが必要です。しかし、これらだけでなく、事業責任者の意思といった人間の複雑な感覚や価値観を含めて考慮することで、ようやく形になるものです。

このように、経営企画の業務においては事業責任者をはじめとした多くの利害関係者の想い、事業の実情を踏まえた複雑な意思決定が必要になる属人的な業務が多いため、結果的にはほとんどの業務を第3領域に分類しています。

とはいえ、「#01 KPIの設定」や「#02 予実管理」については第1領域に分類しています。この二つの業務は他の業務と比べると人間の感覚や価値観というよりも、予算や業務実績のデータに基づいて判断していく面が大きいためです。

ここからは、各領域に分類した経営企画の業務について、どのような方向性でAIの活用を検討すればよいのかを考えてみます。

Ⅳ.【分類①】効率化しやすい業務

業務の事例

第1領域に分類した業務は、判断に必要なデータも変数も少ないため、技術的には各業務の中心的なプロセスをAIに任せやすいでしょう。そのため、AIに任せてよい業務を選定し、移行していくことが重要です。

図9-3　KPI策定におけるAI活用についての調査結果

60%	34% →	90%
意思決定の質を高めるには自社のKPIの改善が必要	新たなKPIの策定にAIを活用	新たなKPIの策定にAIを活用している企業のうち、KPIの改善が見られた

出所：MITスローン・マネジメント・レビュー誌とボストン コンサルティング グループの共同リポート「The Future of Strategic Measurement: Enhancing KPIs With AI」（2024年2月）を基にアバナード作成

ＡＩ活用の方策　ＫＰＩ設定を任せる

「ＫＰＩの設定」は、中期計画についての進捗状況を評価するための、適切なＫＰＩが何かを判断する業務です。

２０２４年２月に発表された、ＭＩＴスローン・マネジメント・レビュー誌とボストン コンサルティング グループの共同リポート「The Future of Strategic Measurement: Enhancing KPIs With AI」によると、回答者の60％が意思決定の質を高めるために自社のＫＰＩを改善する必要があると考えています。一方で、新たなＫＰＩの策定にＡＩを活用している企業は34％にとどまります。しかし、新たなＫＰＩの策定にＡＩを活用している企業のうち、90％の企業がＫＰＩの改善を報告しています。

では、ＫＰＩの策定にＡＩを活用するとはいったいどのようなことを行うのでしょうか。

例えば、とあるソフトウェアベンダー企業（Ａ社）が、ＣＲＭ支援ソフトウェアを販売するBtoB事業の売り上げ向上を目指す中期計画を策定したとします。そこで、計画の進捗状況をモニタリングするため、営業活動のKPIを設定することになりました。

仮に新規受注件数を増やすのであれば、「新規受注数＝見込み客数×案件化率×受注率」と整理できます。ここでいう見込み客数とは、製品の問い合わせや名刺交換などを行った企業の数などです。案件化率とは、見込み客のうち初回商談を経て具体的な見積もりなどに話が進んで案件化した割合です。受注率とは、案件化したもののうち受注にまで進んだ割合です。

過去の実績を見れば、「商談が進んだ案件の受注率が低くボトルネックになっていそうだ」といったことは簡単に分かります。

ではもう一歩踏み込んで、受注率の低さに寄与している変数は何でしょうか。様々な事情が考えられますが、もしA社の営業活動に原因があれば、日々の営業活動の業務データから特定できるかもしれません。そもそも、見込み顧客企業の属性によって受注率が異なる可能性もあります。データが取れるのであれば、その変数を特に重要なKPIとしてモニタリングし、中期計画の達成状況を確認することができます。

一方で、何の変数がどの程度結果に寄与しているのかを人の手作業で網羅的に探索して特定するのは容易ではありません。そこで、ＡＩの出番です。

受注率に関連するあらゆる社内データをＡＩで解析することで、何の活動や企業属性が受注率に寄与しているのか、思いもよらなかった変数（例えば、平均商談時間が一定範囲内の場合に受注率が高くなるなど）を特定できる可能性があります。

このようなケースで有用なツールとしては「Microsoft Azure Machine Learning」に含まれる「The Responsible AI Dashboard」が挙げられます。このツールでは、ＡＩモデルのどの変数がどの程度結果に寄与しているのかを視覚的にとらえることができます。

課題を特定する

「予実管理」は、設定された目標と実績を比較し、課題を特定する業務です。

経営企画部には各事業部門の実績データが集約され、中期計画の達成に向けた進捗状況をモニタリングする仕組みがあることが一般的です。そして、予算計画に対して実績が好調か、もしくは危ぶまれるのかにかかわらず経営層にその旨を報告します。

特に重要なのは、実績が不調である場合の対応です。早急に数字を分析した上で各事業部門と協議して原因を特定し、対策案を検討した結果を経営層に報告しなければなりません。

この業務では、いかに素早く悪化兆候を発見できるのかが重要ですが、まさにＡＩが力を発揮する領域です。膨大な実績データから予算計画に対する影響をＡＩで予測することで、悪化の兆候を素早く発見することができます。

実績データから将来予測を行うモデルは Microsoft Fabric で作成することができます。さらに実績と予測結果、計画値は Microsoft Power BI などダッシュボードに情報を集約しておいて、ＡＩによる悪化兆候のアラートが視覚的にとらえられるような仕組みにしておけば一目瞭然です。

V.【分類③】高度化できる業務

業務の事例

第3領域に分類した業務は、判断に必要なデータは少ないですが、判断に必要な変数は多いため属人化しやすい業務です。各業務における意思決定においては、事業責任者の意思や事業の実情などを踏まえた判断が必要になりますが、そのようなデータをＡＩに学習させることは現時点の技術では困難です。そのため、ＡＩを活用して一部の業務の高度化をお薦めします。このような場合に力を発揮できるＡＩは、ＣｈａｔＧＰＴに代表される、いわゆる生成ＡＩです。

ＣｈａｔＧＰＴなどのインプット情報はウェブ上にあるような一般的な情報になるため、出力される結果も一般的なものです。とはいえ、人間が業務を進める上で何もない状態からアイデアを出すよりかは、一般的な情報であっても足がかりがあった方がスムーズになるでしょう。また、技術革新のスピードは私たちの予想を超えるものです。将来的にＡＩが意思決定に寄与する可能性は十分にあります。

そこで第3領域の業務については、今時点だけでなく、将来的に期待されるＡＩ活用の方策についても考えていきます。ＡＩが発達し、必要に応じてＡＩを組み込んだシステムの独自開発も視野に入れて方策を探ります。

ＡＩ活用の方策　経営層に伝える

将来的なＡＩの発達も視野に入れると、どのようなＡＩ活用の方策が期待できるでしょうか。将来的に期待されることは二つ考えられます。一つは、必要なデータを読み込ませると、そのデータの傾向分析や示唆出しまで行ってくれることです。

二つ目は、公開データを自動で取得・分析した結果を表示するとともに、必要に応じて有料リポートなどを提示することでしょう。まずは一つ目についてです。

「業績改善のための示唆出し」は、予実管理の中で特定した課題を踏まえて、業績の評価や解説などを通じて経営層に示唆となる情報をまとめて提供する業務です。経営層はその情報を基に事業の実情を把握して、今後の方針を決めることになります。

この業務については、現時点でChatGPTを用いた一般的な施策の案出しができます。例えば、新たに自社のラインアップに追加した高価格帯のヘッドホンの売れ行きをモニタリングしたところ、ECにおいては好調なものの、家電量販店において売り上げが伸び悩んでおり、このままでは予算達成が危ぶまれる兆候が見られたとします。

そして、その原因について現場からのヒアリング結果や数字の分析結果などから特定したこと、今後の課題や対応施策などを事業責任者と共にまとめて経営層に報告するとします。

このような時に、対応施策をすぐに幅広く洗い出せると議論がスムーズです。ChatGPTに施策出しを依頼すれば、4P（製品、価格、流通、プロモーション）などの観点で、ある程度網羅的に施策の方針を洗い出すことができます。議論の発散を防ぐたたき台を準備する際に重宝するでしょう。

先ほどの例であれば、家電量販店向けに価格設定を見直す、家電量販店の限定の特典やカラーリングを用意する、他の専門店などでの販売にシフトする、家電量販店での店頭デモンストレーションを共同企画するなどの案が生まれてくるでしょう。

将来的には、事業の実情を反映した施策の案出しができることが期待できます。自社は主にどのような家電量販店とどの程度取引してきたのか、他に過去取引してきた家電量販店との企画のうち活用できそうな施策はないか、自社の高価格帯のヘッドホンを扱えそうな小売店を具体的に洗い出せないか、など自社の実情を踏まえて一歩踏み込んだ具体的な施策案を提示してくれるでしょう。

属人化しやすい市場調査に投入

「市場分析と競合調査」は、中長期的な戦略の策定に向けて外部環境を分析する業務です。自社の事業の市場や今後参入したい市場、競合の動きなどの業界動向をまとめ、今後の戦略に生かせる示唆を出します。

この業務については、現時点でChatGPTによる一般的な分析項目や調査手法の案出しが考えられます。例えば、「自社のeスポーツ事業に今後注力していくべきか」といった問いに答えるために、今後のeスポーツ市場の動向を調査したいとします。ここで既にeスポーツ市場の全体像をつかめていれば問題ありません。しかし、そうでなければ、何が調査のポイントになるのか、そもそもeスポーツとは何で、どのようなビジネスで構成されるのか、などの業界に関する知識がなければ調査のイメージが湧かないことでしょう。

あるいは、市場調査自体が初めてであればどこから手をつけたらよいかも分からないでしょう。こんな時にChatGPTに質問してみると、一般的なeスポーツ業界の概要や市場調査の手法などを回答してくれます。これにより、作業設計を行う上での観点の抜け漏れなどを確認することができます。

中長期的な戦略策定

「中長期的な戦略の策定」は、外部環境の分析結果や自社の現状を踏まえて、今後3〜5年後を見据えた中長期的な戦略を策定する業務です。

戦略はそのスコープに応じて全社戦略と事業戦略の二つに大別されます。全社戦略は複数の事業を抱える企業において、どの事業にリソースを投入し注力していくべきか、あるいは撤退・買収をするのかなど、いわゆる事業の「選択と集中」を決めるものです。企業のCEOやCOO直轄のプロジェクトとなることが多いです。一方で事業戦略は、企業の全体方針と一貫性を取れるように、各事業単位での戦略を策定するものです。こちらは、各事業責任者と連携して実現性のある戦略を策定していきます。

この業務については、今の時点でChatGPTを用いた一般的な戦略オプションの案出しができます。例えば、消費者向けのヘッドホンを製造・販売する事業の戦略を検討したい場合を考えます。一般的に事業戦略は、競争優位の実現方針として競合他社よりも低コストで価値提供するコストリーダーシップ戦略と、競合他社よりもユニークな価値を提供する差別化戦略に大別されます。さらに、特定のターゲットに絞り込む集中戦略を取るかどうかを加味した三つの基本戦略があります。

ChatGPTに対して、これらの観点を指定してヘッドホンの製造・販売事業の戦略のオプション出しを依頼すると、ある程度網羅的に戦略の方針が提示されるので、自身の観点の漏れがないかなどを確認しやすくなります。事業戦略において重要なのは、自社の実情や事業責任者の想いを踏まえ、現実的に実行可能な戦略にすることです。そのため、例えば事業責任者の意思を反映した収益目標達成のために、事業の人員を増やすべきか否か、あるいは、そもそも事業を拡大すべきか否かなど、自社にとって最適な事業方針を提示してくれるようになることが期待されます。

図9-4　事業計画の策定イメージ

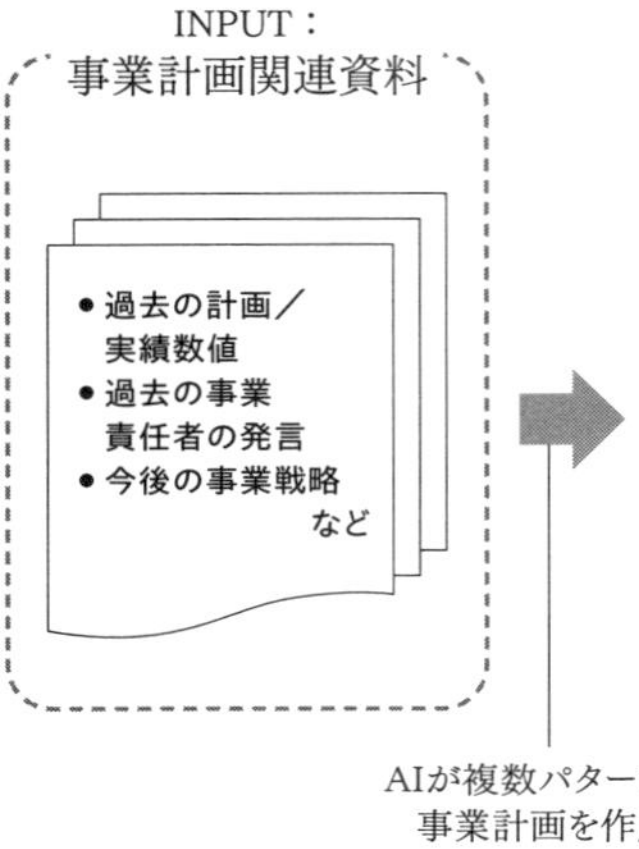

OUTPUT：
新たな事業計画（複数パターン）

単位：百万円

	2025年	2026年	2027年	2028年	2029年	2030年
売上高	**231**	**254**	**279**	**307**	**338**	**371**
売上原価	81	89	98	107	118	130
売上総利益	**150**	**165**	**181**	**199**	**219**	**241**
販売費および一般管理費	138	152	167	184	203	223
営業利益	**12**	**13**	**14**	**15**	**17**	**19**
人員数	19人	21人	23人	26人	28人	31人

数字を作る

「予算と計画策定」は、事業戦略や収益目標などを踏まえた、具体的な予算や数字を策定する業務です。戦略は定性的なストーリーですが、予算や計画数字は戦略に応じて変化していく事業の姿を定量的に示したものです。数字がなければ何をどこまで頑張ればよいのかの目標が分かりません。あるいは、戦略策定を行う上でも、ある施策を実施すべきかどうかなどは数字がなければ評価できません。そのため、中期計画では戦略とセットで予算や計画が作られます。

この業務については、今の時点でＣｈａｔＧＰＴを用いた一般的な試算モデルの案出しができます。例えば、高価格帯のヘッドホンのラインアップを拡

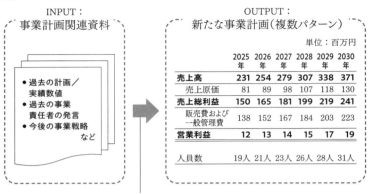

充すべきかを検討する場合を考えてみましょう。そのヘッドホンを世に送り込んだ場合にどの程度の売り上げや利益が見込めるのかなどざっくりとでも試算すれば、この施策を実行すべきか否かの判断材料になります。

とはいえ、試算モデルはどのように考えたらよいのでしょうか。シンプルに客数×単価だけだと粗すぎますから、もう少し精緻に試算できる考え方はないでしょうか。このような時にＣｈａｔＧＰＴに質問してみると、具体的な数字を導き出すのは難しくとも、新規・既存客で分けるなどの軸は提示されるので、試算モデルを考えるためのヒントになります。

将来的なＡＩの発達も視野に入れると、今後は、事業責任者の意思を反映した目標値の案出しがＡＩ活用の方策として期待されます。

例えば、過去の事業責任者のコメントや業績などを入力したとします。そして、試算モデルを構築した上で、事業責任者の想いや事業の実情を反映した目標値を楽観した場合と悲観した場合で試算できるようになると、予算や計画の策定は随分と効率的になるでしょう。

リスクの洗い出し

「市場リスク分析」は、法規制の変更や市場の変動など、外部環境の変化による自社にとってのリスクの芽を発見する業務です。この業務についても、現時点でＣｈａｔＧＰＴを用いた一般的なリスクの案出しや特定のリスクの事業に対する影響の可能性を洗い出すことができます。

例えば、自社のヘッドホン事業の中期計画に影響しそうなリスクを明らかにしたいとします。このような時には、マクロ環境を分析するフレームワークであるPEST分析を用いることが一般的です。ChatGPTにPEST分析の観点で自社のヘッドホン事業への中長期的なリスクを教えてほしいと依頼すれば、政治（Politics）、経済（Economy）、社会（Society）、技術（Technology）の観点で一般的に事業リスクとなり得るものを挙げてくれます。リスクを詳細に調べていく上での足がかりとして使えるでしょう。

また、他国での内戦勃発といった政治情勢を見聞きした場合などに、自社のヘッドホン事業にどのような影響がありそうかの可能性を提示してもらいたいとします。ChatGPTにニュースの内容と自社のヘッドホン事業の内容を入力してみましょう。すると、関係諸国がヘッドホンの素材供給として重要な役割を果たしている場合には影響の可能性などを提示してくれるため、リスクを分析し始めた時のヒントになります。

この領域で将来的に期待されることは二つあります。一つ目は、事業にとっての実際のリスク候補の調査です。事業の内容と世の中にあるリスクの情報から、実際に事業と関係がありそうなリスクを洗い出せるようになることが期待できます。二つ目は、事業の実情を反映したリスク候補による具体的な影響の可能性を提示することです。自社のサプライチェーンのうち、どこにどのような影響がありそうかなど、具体的に影響を提示してもらえるようになるでしょう。

リスク対策

最後に「リスク評価と対策」は、市場リスク分析の結果から特定したリスクに対して、自社への影響を最小限に抑えるための対策を検討する業務です。この業務については、現時点でChatGPTを用いて一般的なリスク対策の案出しを行うことができます。

例えば、自社のヘッドホン事業に中長期的に影響を及ぼすリスクとして、リスニング時にリアルタイムで個々人の嗜好に合わせて音質を最適化できるAIを搭載したヘッドホンが誕生する可能性があったとします。

これは自社の高価格帯のヘッドホンを上回る性能を有しているため、先んじて対策しなければ売り上げに悪影響を与える可能性がありそうだと考えられます。このような時に、ChatGPTを用いて一般的な対策案を出してもらうことで、議論のたたき台作りの足がかりを得られます。対策案としては、自社製品への同様の技術導入、異なる付加価値を持つ製品を提供して差別化を図るなど、一般的な回答が得られます。

また、今後AIが発達すれば、リスク状況及び事業の実情を反映した対策案の提示ができるよ

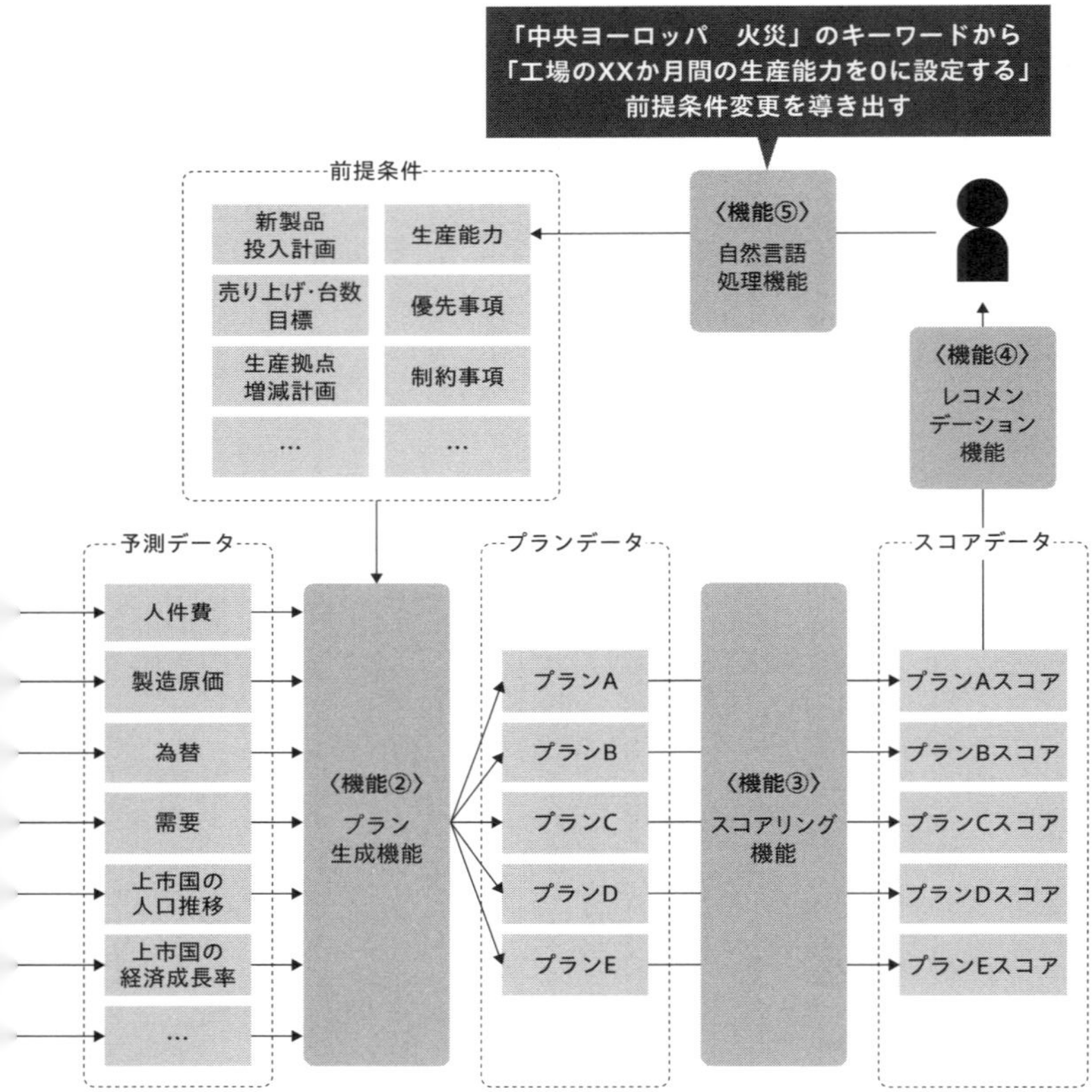

うになることが期待されます。例えば、ヘッドホン事業において中央ヨーロッパの工場で大規模な火災が発生した場合のリスク評価と対策案を検討したい場合を考えてみます。そのリスク情報を入力することで、マクロ環境の予測も踏まえた最適な生産シナリオを導き出し、レコメンドするような仕組みを構築できるでしょう。

注意点

ここで注意すべきことがあります。ChatGPTなど

図9-5　リスク対策プラン生成&提案フローのイメージ

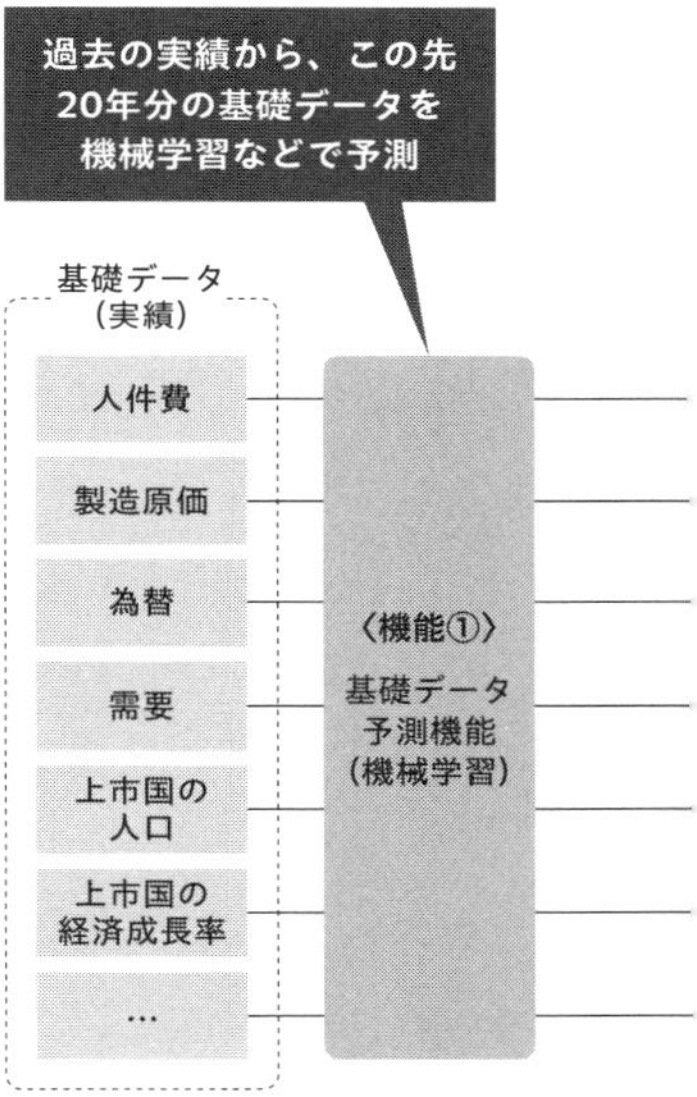

のＡＩはその特性上、必ずしも正しい情報を提示してくれるとは限りません。そのため、ＡＩによる回答が正しいのかどうかは人間が判断する必要があります。

特に市場調査のように未知の事柄をファクトベースでまとめるような業務では記述内容の正誤判断は難しいです。そのため、ＡＩの利用は調査の項目や調査手法の案出し、もしくは自身で記述した内容の要約など正誤判断が容易な部分での利用にとどめておかなければなりません。

Ⅵ. 経理財務部門の業務

これまで経営企画でのＡＩ活用策について考えてきました。一方で、経理財務におけるＡＩ活用策としては何があるのでしょうか。

経理財務（特に経理）はその業務特性上、システム化を検討し尽くされており、残るは人間の責任での判断が必要な領域が大部分です。中でも、分析や戦略策定・計画立案に関する業務でのＡＩ活用策は、経営企画で検討してきたこととおおむね同じです。

とはいえ、当然ながら経理財務特有の業務があり、その領域でのＡＩ活用策が考えられます。ここでは経営企画のパートで行った2軸での詳細な業務分析は割愛して、経理財務の業務に対するＡＩ活用策を紹介していきます。

Ⅶ．経理の業務分類

まずは経理の業務から見ていきましょう。経理は、企業の過去・現在のお金の流れを記録し、正確な財務情報を提供するのが仕事です。ここでは、図9－6の五つに分類しています。詳細な業務内容は図内をご参照ください。

経理の業務の特徴は、やはり正確性が求められる点です。会計に関する業務は、一般的な原則及び個社の業態に応じた会計基準にのっとって実施していく必要があります。

そのため多くの企業は既に会計パッケージソフトやＥＲＰを導入しており、多くの業務がシス

図9-6　経理業務の全体像

A. 会計処理（取引の記帳・仕訳、月次・四半期・年次決算など）

B. 支払・入金処理（請求書処理、債権・債務管理、売掛・買掛金の管理など）

C. 税務申告（税務申告書の作成・提出）

D. 財務諸表作成（損益計算書、貸借対照表などの財務諸表作成）

E. 会計関連の内部統制（会計に関する内部統制の構築・運用）

テム化されています。とはいえ、システム化されていない領域ではＡＩを活用できる余地があります。

経理でのＡＩ活用の方策

では、経理ではどのようにＡＩを活用できるのでしょうか。

「会計処理」においては、ＡＩによる仕訳の自動化が考えられます。各部門から集約した取引情報を会計基準にのっとって適切な勘定科目に分類する仕訳処理をＡＩで自動化し、業務を効率化することができます。

「支払・入金処理」においては、次のような活用策が考えられます。まずは請求書の内容確認です。受領した請求書の画像やＰＤＦをＡＩ－ＯＣＲ（Optical Character Recognition：光学文字認識）技術で読み取り、テキストデータ化することができます。ＯＣＲは従来からある技術で、画像やＰＤＦからテキストデータを抽出する技術です。ＡＩ－ＯＣＲは、ＡＩによりその精度を飛躍的に向上させたものです。

加えて、ＡＩ－ＯＣＲで読み取った請求書のデータと社内のマスタデータを照合し、何の取引に関する請求なのかを特定する作業をＡＩで行うことも考えられます。

請求書の発行においても、契約書の内容から請求形態（定額・従量など）などをＡＩで判断することができるでしょう。

また、入金消込作業で口座への振り込み明細データと請求内容のデータのひもづけをＡＩで判断することが考えられます。

その他にも、売掛金の管理で各企業との取引履歴を分析し、未入金リスクを特定、支払サイクルの変更など対応のヒントの提示をＡＩで行うことが考えられます。

「税務申告」や「財務諸表作成」においては、既存のシステムで十分に対応できるため、ＡＩで判断したい場面はほぼありません。

「会計関連の内部統制」においては、不正会計のリスク予測・検知への活用が考えられます。不正な経費申請の訓練データをＡＩに学習させて、不正予測モデルを構築します。そして、経費申請データを正常と異常とに分類することで、不正な経費申請の検知に役立てられます。

経理の業務別ＡＩ活用策は前述した通りですが、もう少し違った視点で、経理の業務を習得するトレーニングでＡＩを使用することも考えられます。先に触れたように、経理の業務は自社の会計基準にのっとって正確に行う必要があります。その処理手順は細かく定められており、新人の方が詳細なルールや手順をキャッチアップするにはそれなりの時間を要します。

そこで、ＣｈａｔＧＰＴなどの生成ＡＩに自社の経理マニュアルや規程類を学習させておくことで、生成ＡＩを情報検索ツールとして活用することができます。処理手順の中で分からないことがあれば、都度生成ＡＩに質問することで素早く分かりやすい解説を生成してくれます。

新人向けの簡易なトレーニングツールとしてはもちろん、新人以外の方でも普段使わない処理手順を素早く確認したい場合に役立てることができるでしょう。

Ⅷ．財務の業務分類

次に、財務の業務を見ていきましょう。財務は、企業の将来の資金計画を立てて、企業価値の向上を目指すのが仕事です。ここでは、図９－７の四つに分類しています。業務の詳細な内容は図内をご覧ください。

財務の業務の特徴は、企業の戦略策定や計画立案と密接に関係していること、そして銀行、投

図9-7　財務業務の全体像

A. 資金調達（資金調達計画の策定・実行、投資家や金融機関への対応・折衝など）

B. 資金管理（キャッシュフローの予測、資金運用など）

C. 投資評価（既存・新規事業やM&Aなどの投資案件の評価）

D. 財務リスク管理（為替リスクや金利リスクなどの財務リスクの管理）

資家など外部のステークホルダーとの連携が必要となることです。

財務でのＡＩ活用の方策

では、財務ではどのようにＡＩを活用できるのでしょうか。

「資金管理」において、次のような活用策が挙げられます。キャッシュフロー予測の精度向上と、ＡＩによるアラートです。過去から現在のキャッシュフローのデータをＡＩで分析し、予測モデルを構築することで、将来的なキャッシュフローの予測精度を向上させることができるでしょう。その中で、将来的に資金が不足すると判断した場合のアラートまでＡＩで行うことで、計画を再考すべきタイミングに気付くことができます。

一方で、「資金調達」においては金融機関や投資家とのコミュニケーションが必須であるため、ＡＩを活用する利点は少ないと考えています。

また、「投資評価」、「財務リスク管理」についても、ファンドや証券会社で金融業界でのＡＩ活用は進んでいるものの、常に高度な専門性が要求されることから、自社でのＡＩ活用はハードルが高いと考えられます。

Ⅸ．費用対効果

コストは、第１章で示した考え方で、開発・導入などＣＡＰＥＸと、ライセンス料や保守・運用費用などＯＰＥＸに分けて試算します。何をコストと考えるのかについては業務領域にかかわらず、おおむね変わりません。業務領域によって異なるのは、何の効果を重視するべきかについてです。一概にひとくくりにできませんが、ここでは経理と、経営企画や財務で分けて考えてみます。

まず経理では、仕訳や入金消込などある程度決められた手順に従ってミスなく大量に処理することが求められる業務が定期的に発生します。このような業務領域へのＡＩの導入効果は、従来のシステム開発やＲＰＡのように作業時間の削減と、エラー減少による作業品質の向上といった効果が重視されます。特に、既に決められた期限を厳守して処理を完了させるために、複数人で作業に当たっている場合が多いので、総作業時間（一人当たりの作業時間×人数）が長い分、削減効果も大きいと期待されます。

一方で、経営企画や財務ではＫＰＩ策定、キャッシュフロー予測などの企画やシミュレーション業務が多くあります。このような業務領域での作業時間の削減効果は限定的でしょう。なぜなら、このような企画系の業務は、せいぜい二人程度など少数精鋭で取り組むことが多く、総作業時間は比較的短いため、削減効果も小さくなってしまいがちだからです。

しかし、作業品質の向上については効果が期待できます。例えば、経営企画へのＡＩ導入のパートで、新たなＫＰＩを策定する際にＡＩを活用することで、従来よりも適切な指標を設定することができることを紹介しました。これは人間がＫＰＩを考えるのではなく、ＡＩが自社の膨大なデータを探索し、適切なＫＰＩを選定してくれることで、従来よりも判断精度が向上する可能性を示唆しています。ＫＰＩ策定は自社のビジネスを推進する上でカギとなる業績指標なので、その精度の向上は自社にとって決して小さくない良い影響をもたらすでしょう。

このように、経営企画や財務などに多い企画系業務では、定量的な作業時間の削減効果よりもむしろ、定性的な作業品質の向上効果を重視して、ＡＩ導入に取り組んでいくべきだと考えます。自部署へのＡＩ導入において何を効果とすべきか悩まれた際のヒントになれば幸いです。

AIを活用した経営企画業務の将来像

A社は従業員数約500人の日用消費財メーカーだ。経営企画部のリーダーを務める田中は、自部署での積極的なAI活用を推進していて、チームメンバーもAIを活用しながら業務を進めている。

朝一番で役員との1on1ミーティングを終えた田中は、経営企画部のメンバーを集めて定例会議を開く。社長が製品カテゴリXへの新規参入に興味を持っているため、次の二つを議題にした。一つ目は自社が参入するべきかどうかを検討すること、二つ目は時期的に新たに中期経営計画を策定する必要があると役員から指示されていたことである。これらは、来週に一度、検討結果を報告するよう求められていた。

以前であれば突然の難題だと戸惑った。しかし、田中は経営企画部の業務にAI活用を浸透させてきた経験から、現在のチームであれば問題なく対応できると冷静に判断する。

メンバーとの活発な議論の末、田中は論点を整理し、次週の報告テーマを次の通りに決めた。

①現状事業の数字と課題
②製品カテゴリXの市場調査結果
③新たな中期戦略の初期仮説
④事業計画の概算

リスクの洗い出しと対策案まで提示するかどうかを迷ったが、まずは役員からの意見をもらいたいので、現時点の報告では不要だと判断した。

午前中は①と②の作業を各メンバーで分担して進

め、午後に結果を確認することにした。田中はそれまでメンバー全体のサポートを行う。

まず、現状の事業の数字と課題整理を担当するメンバーの様子を確認する。

メンバーはＡＩ連携したＫＰＩダッシュボードで現在の進捗とシミュレーション結果をモニタリングしていた。設定されたＫＰＩはＡＩで社内の業務・実績データを基に作成したもので、課題を把握するのに十分な粒度までブレークダウンできている。

ＫＰＩダッシュボードを確認すると、製品カテゴリＡ及びＢにおいてシミュレーション結果が計画値を下回るという危険兆候アラートが表示されている。状況は一目瞭然だ。

メンバーは製品カテゴリＡ、Ｂの担当部長に連絡を取って詳細な課題を把握したいと考えている。田中はメンバーにその指示を出しフォローする。

続いて田中は製品カテゴリＸの市場調査を担当するメンバーの様子を確認する。

メンバーはなじみのない製品カテゴリＸの市場調査をするにあたり、どのような情報や定義付けが必要なのかＡＩと相談することで、調査の方向性を早々と定めることができたようだ。そして市場調査用のＡＩに必要な情報の項目を入力すると、公開データから市場規模や主要プレーヤー、サプライチェーンなど必要な情報を整理し始めた。さらに、自社にとって製品カテゴリＸがどの程度魅力的なのかについての示唆出しまで行うことができ、市場調査の初期段階はおおむね完了した。

ＡＩはさらなる詳細調査ができるような有料リポートを提示しているが、現時点で必要な情報はそろっていると判断した。

午後、田中はメンバーから結果報告を受ける。

現状の事業の数字と課題整理を担当するメンバーは、KPIダッシュボードの定量的なデータと、担当部長からヒアリングした定性的な情報を交え、製品カテゴリA、Bの売り上げが落ち込みつつある原因を説明する。原因は競合他社の攻勢であり、中長期的に見て自社では太刀打ち困難な状況にあるとのことだった。

メンバーがKPIダッシュボードで数字をブレークダウンしながら行う説明は非常に理解しやすく、そのまま役員への説明でも使えそうだと田中は考えていた。

製品カテゴリXの市場調査の結果、市場規模はまだ小さいものの、長期的には成長が見込めること、さらに自社の製品カテゴリA、Bで培ってきた調達の仕組みや開発ノウハウを一部生かすことで、価格、品質の両面で市場の中で優位なポジションを確立できる可能性があることが示された。

田中はメンバーからの報告を踏まえ、既存製品カテゴリを軸足にしつつも、製品カテゴリXへの参入に挑戦することは自社にとって有益だと考えた。

これで新たな中期戦略の初期仮説と事業計画の概算の二つができれば、役員への報告準備は完了だ。

戦略策定や目標値において重要なのは事業責任者の想いが反映された実行可能なものを作ることだが、過去の社内資料やデータを学習したAIに、戦略オプションや複数の試算結果を作成してもらうことができる。

今回メンバーがAIを駆使したおかげで、田中は次週に報告する内容の半分を準備できた。残りの対応は、また明日にでも行うことにして、この日の業務は終了することにした。

第10章

他のソリューションとの連携

Ⅰ．ＥＲＰ

ＥＲＰとは

ＥＲＰとは Enterprise Resource Planning の略で、企業の経営資源である、ヒト・モノ・カネ・情報を集約して適切に分配・活用する考え方や、それを実現するシステムを指します。主要業務に関わるデータを統合・管理することで、有益な情報を抽出し、スピーディーかつ適切な経営判断を可能にします。

ＥＲＰシステムは、業務統合パッケージなどとも呼ばれ、業務効率化や情報一元化を目的に導入されます。会社が行うあらゆる取引データが入力され、分析ひいては会計監査などにも利用されます。

ＥＲＰは企業の基幹を担うシステムであるため、未入力や誤入力などが一切あってはならないという、いわば１００％の正確性が求められるものです。

「ERP×AI」のメリット

1. スタッフのスキル支援

操作が複雑なERPにAIを用いれば、未経験または経験の浅いスタッフのスキル不足を補うことができます。ERP特有もしくは当該会社・業界特有の取引・用語をAIに聞くと、過去のデータから必要な情報を探し出し、スムーズに処理できるようサポートしてくれます。

2. データ活用

情報という観点でERPは宝の山といえます。会社の経済取引の多くがERPに蓄積していくからです。

ただ、いくら宝の山といっても、データ量が多すぎるため人力で分析するのには限界がありました。例えば、ERPのデータを分析する業務としてリポート作成や監査があります。リポートについては項目や分析手法を事前に定義しています。監査においては、「重要なところを集中的に、重要でないところにはそれなりに」というリスク・アプローチに基づきます。つまり、大量のデータをすべてひっくり返して分析しようという考え方は現実的ではないため採用されづらかったのです。

ところが、ＡＩが登場したことにより、大量のデータを場合によっては項目定義もなく分析してくれるようになってきました。そんな世界では、例えば項目同士に思いもよらない相関関係を見つけて計画策定に組み込んだり、循環取引のように従来見つけるのが非常に困難で手数のかかった不正を発見できたりというように、ビジネス運用をガラッと変える可能性があるのです。

3．業務効率化

前述の通りＥＲＰは１００％の正確性が求められるシステムです。そのため、１００％を担保することが苦手なＡＩに入力業務などを代行してもらうことは現実的ではありません。

そこでＡＩには、入力業務を放置しないためのアラートや、入力データを作るための業務などを任せるとよいでしょう。最終的には人間が入力を担当するものの、その前段階としての業務をＡＩが担当するという役割分担により、業務効率化が可能となります。

こうしたメリットはどのような形で実感できるようになるのでしょうか。ここではMicrosoft Dynamics 365に含まれるアプリケーションを例にご紹介します。

Microsoft Dynamics 365

Microsoft Dynamics 365は、事業活動の基盤となるＥＲＰシステムの領域をカバーしています。利用の目的・用途に応じた一つひとつの機能を「モジュール」と呼びます。ここでご紹介するモジュールは次の通りです。

- Dynamics 365 Supply Chain Management（サプライチェーン）
- Dynamics 365 Finance（財務・会計）

マイクロソフトは２０２３年以降、各モジュールにCopilotと呼ばれるＡＩ支援機能を実装するバージョンアップを随時実施しています。Copilotは、ＥＲＰを使うために必要な作業の一部を自動化したり、最適な手法をレコメンドしたりすることによって、その機能を使いこなせるようにサポートしてくれます。

ここでは、ＥＲＰ×ＡＩについて、Copilotを例に各フェーズにおいてどのようなことができるのか説明していきます。

図10-1　ERPを使った業務フロー

計画・実行フェーズ

従来、ＥＲＰに蓄積されたデータがあまりにも大量なため、人間がこれを分析するのは難しく、ＥＲＰは需要予測が苦手といわれていました。ところが、大量のデータを分析できるＡＩがあるのであれば、話は変わってきます。

ビジネスや消費者の経済活動が加速化する現在において、需要を正確に予測し、需要の変化にタイムリーかつ持続可能でコスト効率の高い方法で対応することが、これまで以上に重要になっています。顧客が必要なときに製品の在庫がない場合、競合他社に注文することになり、機会損失を被ります。

Dynamics 365 Supply Chain Management の需要計画機能では、外部データソースも使用するＡＩ及び機械学習モデルを使用して需要を予測できます。ＡＩを活用した予測モデルは、すべての製品に最適なアルゴリズムとパラメーターを自動的に選択し、計画担当者は独自のビジネスニーズに基づいてパラメーターを微調整できます。

こういった一連の流れを自然言語による対話で行えるため、計画担当者は貴重な時間を節約し、影響の大きい活動に集中できるようになります。

調達から与信についても、Copilotを活用すると、効率的に業務を管理することができます。例えば、在庫レベルと在庫状況についても自然言語で問い合わせることができます。「店舗にある○○サイズの帽子をすべて検索」と入力するだけでよく、正確な仕様、ID、トランザクションコードなど複雑な情報を覚えておく必要はありません。

このように、ERPで何かを調査する際に必要だったトランザクションコードや正確な手順が必要なくなることで、経験の浅い従業員であっても業務を効率的にこなせるようになります。

分析フェーズ

分析フェーズにおいても、Copilotに「製品AとBの予測成長率はどれくらいですか?」と自然言語で質問をするだけで詳細なシナリオが生成されます。

ただ、リポート作成においては、ERPの中で完結するというよりは、マイクロソフトのBIツールであるPower BIを利用することも実務的には多くなります。これは、フォーマットが決まったリポートの意義として、きれいに見せること、細やかな分析の基礎となることがあるためであり、この点が実行フェーズの各業務との違いといえるかもしれません。

この点を理解し、ERPとPower BIをうまく使い分けることが分析フェーズの業務をうまく実施するカギになります。

ＥＲＰの近未来

日常業務に関していえば、ＥＲＰに対し、どうしても業務効率化や生産性向上といった目的に注目が集まります。ただ、ＥＲＰの究極的な目的は不正防止です。ＡＩを用いたＥＲＰの将来像として、循環取引のように人間では見つけにくい不正を感知するという使い方が増えていくと考えられます。

また、実情として、ＥＲＰが定義する標準プロセスに合わせてＥＲＰを導入することがある海外企業と比べ、日本企業ではこの標準プロセスに１００％従うケースはほぼ存在しません。これは、権限管理やＥＲＰの大規模な見直し時にかかる膨大なコストに直結します。企業によっては10人もの大人数で権限管理チームが存在するケースもあり、運用コストが多額になる要因となっています。

この職務分掌や権限管理について、ＡＩが提案し、人間が判断することで工数を削減する未来は容易に想像できます。また、大規模な見直しについても、ＡＩが仮説や設計書づくりをすることで見直しコストを大幅に削減するといった将来があるかもしれません。

そういったＡＩ活用によるＥＲＰ導入ハードルの低下により、ＥＲＰをよりいっそうカジュアルに活用する時代が到来すると考えられるのです。

Ⅱ．ＣＲＭ

ＣＲＭとＭＡ、ＳＦＡとは

どのような業界においても企業活動の中心となるのは、モノやサービスを顧客に販売する営業活動です。この営業活動で得られる顧客に関する情報を取り扱うのが、ＣＲＭ（Customer Relationship Management）と呼ばれるツールであり、代表的なサービスとしてDynamics 365やSalesforceなどが様々な業界で使われています。

ＣＲＭでは、営業活動やその関連業務で得られた顧客に関する情報が一元的に管理されています。顧客の名称、連絡先、担当者名といった基本情報から、購入履歴、契約情報、過去のキャンペーンにおいてどのような反応があったかという記録まで、多様なデータを登録、保存します。集めた情報を多角的に分析することで、「顧客Ａは次にどのような商品を購入する可能性が高いか」「特定の属性を持つ顧客層（セグメント）に対して、今後はどのような営業戦略を展開すべきか」といった予測、判断を下すことができるようになります。

図10-2　CRMとMA、SFAの違い

CRMとよく似たITツールに、MA（Marketing Automation）やSFA（Sales Force Automation）と呼ばれるシステムもあります。MAはマーケティング活動の自動化に特化したツールで、潜在的な顧客層に対するメールマガジンの配信や広告キャンペーンの実施、それに対する顧客反応の収集・分析などに使われます。

SFAの機能はより幅広く、各取引の管理、見積書や提案書の自動作成、売り上げ目標などのKPIに対する進捗の可視化といった実際の営業活動を効率化させる仕組みが取り入れられています。

CRMの代表格であるDynamics 365などのツールは、SFAやMAの領域も一部カバーしており、営業部門の広範な業務に活用されています。

うまく活用することができれば、「データ・ドリブン」な営業活動を展開する上で大きな武器となるCRMですが、使いこなすには一定のリソース、つまり「人」と「時間」が必要です。データ分析の専門知識がある人材と十分な時間を確保できない企業では、残念ながら営業担当者が顧客情報を入力するだけのシステムになってしまっているケースもあるようです。売上額を増やすために導入したツールがうまく使いこなせず、宝の持ち腐れとなってしまっては元も子もありません。

そこで登場するのがＡＩによる様々な支援機能です。ＣＲＭとＡＩを組み合わせれば、専門知識がない従業員でも簡単にデータの抽出・分析が可能になります。さらに、様々な作業の自動化によって、顧客情報の入力・分析・活用をあっという間に処理することができます。多くの企業が確保できずにいる「人」と「時間」をＡＩによって補うことが可能になるのです。

「CRM×AI」のメリット

ＣＲＭとＡＩを組み合わせれば、数多くの業務を効率化、高度化させることができます。この章では様々なユースケースを紹介しますが、そのメリットは主に次の四つのポイントに集約されます。

1. スタッフのスキル支援

未経験または経験の浅いスタッフのスキル不足を補うことができます。高い専門知識やノウハウを必要とする業務でも、ＡＩがＣＲＭに蓄積された過去のデータから必要な情報を探し出し、スムーズに処理できるようサポートしてくれます。

2. 作業効率化

メールの読み込みや要約、見積書や提案書の作成といった作業の大部分を生成ＡＩに任せることで大幅な作業効率化が見込まれます。顧客からの典型的な問い合わせにはチャットボットを活用することで、限られた人材をより重要な業務に振り向けることができます。

3. 好事例の横展開（暗黙知を形式知に）

顧客との関係構築、交渉、契約といった営業活動のノウハウは、言語化することが難しく、属人化してしまいがちです。しかし、ＣＲＭに蓄積した膨大な情報をＡＩで分析すれば、こうした「暗黙知」の一部が「形式知」化され、組織全体の営業戦略や、個別の営業プロセスに取り入れていくことができます。

営業部門におけるＡＩ活用で最も重要なのがこの「好事例の横展開」です。契約に結びついたプロセスを見える化し、誰でも実現可能なモデルケースとして共有することで、全体の底上げを図ることが可能になります。

4. 顧客分析ツールの汎用化

ＡＩを活用すれば、一定のデータ分析は自然言語で処理できるようになるため、データ利活用の裾野が広がります。これまで顧客情報を入力するためだけに使われていたＣＲＭが本来の価値を取り戻し、現場のスタッフ一人ひとりが自律的にデータ・ドリブンな営業活動を展開できるようになります。

こうしたメリットがどのような形で実感できるようになるのか。この章ではDynamics 365 に含まれるアプリケーションを例にご紹介します。

Microsoft Dynamics 365

Dynamics 365 は、先述したＣＲＭやＳＦＡの機能に加え、事業活動の基盤となるＥＲＰシステムの領域もカバーしています。利用の目的・用途に応じた一つひとつの機能を「モジュール」と呼びます。この章でご紹介するモジュールは次の通りです。

図10-3　Dynamics 365の機能とモジュール

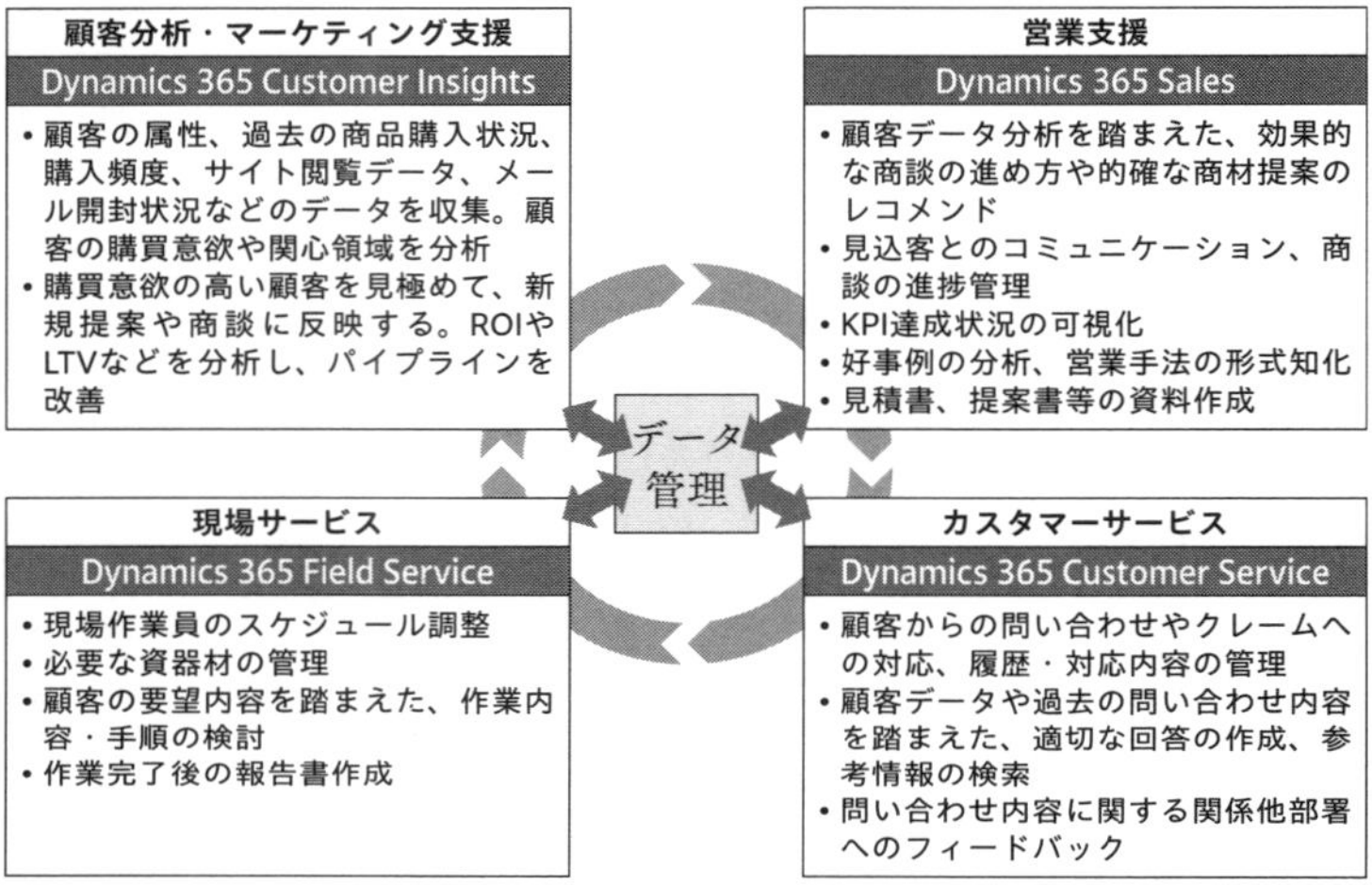
顧客分析・マーケティング支援
Dynamics 365 Customer Insights
・顧客の属性、過去の商品購入状況、購入頻度、サイト閲覧データ、メール開封状況などのデータを収集。顧客の購買意欲や関心領域を分析
・購買意欲の高い顧客を見極めて、新規提案や商談に反映する。ROIやLTVなどを分析し、パイプラインを改善
営業支援
Dynamics 365 Sales
・顧客データ分析を踏まえた、効果的な商談の進め方や的確な商材提案のレコメンド
・見込客とのコミュニケーション、商談の進捗管理
・KPI達成状況の可視化
・好事例の分析、営業手法の形式知化
・見積書、提案書等の資料作成
データ管理
現場サービス
Dynamics 365 Field Service
・現場作業員のスケジュール調整
・必要な資器材の管理
・顧客の要望内容を踏まえた、作業内容・手順の検討
・作業完了後の報告書作成
カスタマーサービス
Dynamics 365 Customer Service
・顧客からの問い合わせやクレームへの対応、履歴・対応内容の管理
・顧客データや過去の問い合わせ内容を踏まえた、適切な回答の作成、参考情報の検索
・問い合わせ内容に関する関係他部署へのフィードバック

- Dynamics 365 Customer Insights（顧客分析・マーケティング支援）
- Dynamics 365 Sales（営業支援）
- Dynamics 365 Customer Service（カスタマーサービス）
- Dynamics 365 Field Service（現場サービス）

マイクロソフトは２０２３年以降、各モジュールにCopilotと呼ばれるＡＩ支援機能を実装するバージョンアップを随時実施しています。

Copilotは、ＣＲＭを使うために必要な作業の一部を自動化したり、最適な手法をレコメンドしたりすることによって、その機能を使いこなせるようにサポートしてくれます。

ＡＩ支援機能によってＣＲＭの使い方がどう変わるのか。その結果、営業活動がどこまで効率化、高度化できるのか。次の項目では、「顧客分析」「営業支援」「マーケティング支援」「カスタマーサービス」「現場サービス」などの観点から、より詳しくみていきましょう。

ここでご紹介するCopilotの機能は、現時点では一部の法人顧客に限定公開されている試用段階のものも含みます。将来、一般公開される機能とは少し異なる部分があるかもしれませんが、大きな方向性は変わらないと考えられます。

ＣＲＭ×ＡＩの組み合わせで生じる変化を想像しながら読み進めていただけると幸いです。

自然言語によるデータ分析

最初に説明した通り、ＣＲＭの本来の目的は膨大な顧客情報を分析し、今後の営業活動に資する予測を立て、業務を効率化、高度化させることです。そのためには正確なデータ分析が欠かせません。

しかし、一般的なデータ分析に必要なＳＱＬクエリ（データ抽出の命令文）を使ったデータの抽出、欠落部分や異常値などの前処理（クレンジング）、統計分析、予測モデリングといった一連の作業は、経験を有するデータアナリストでも一定の時間がかかるものです。専門知識やスキルがない人であれば、自力で分析するのは難しいでしょう。

図10-4　AI支援機能を使った自然言語によるデータ分析

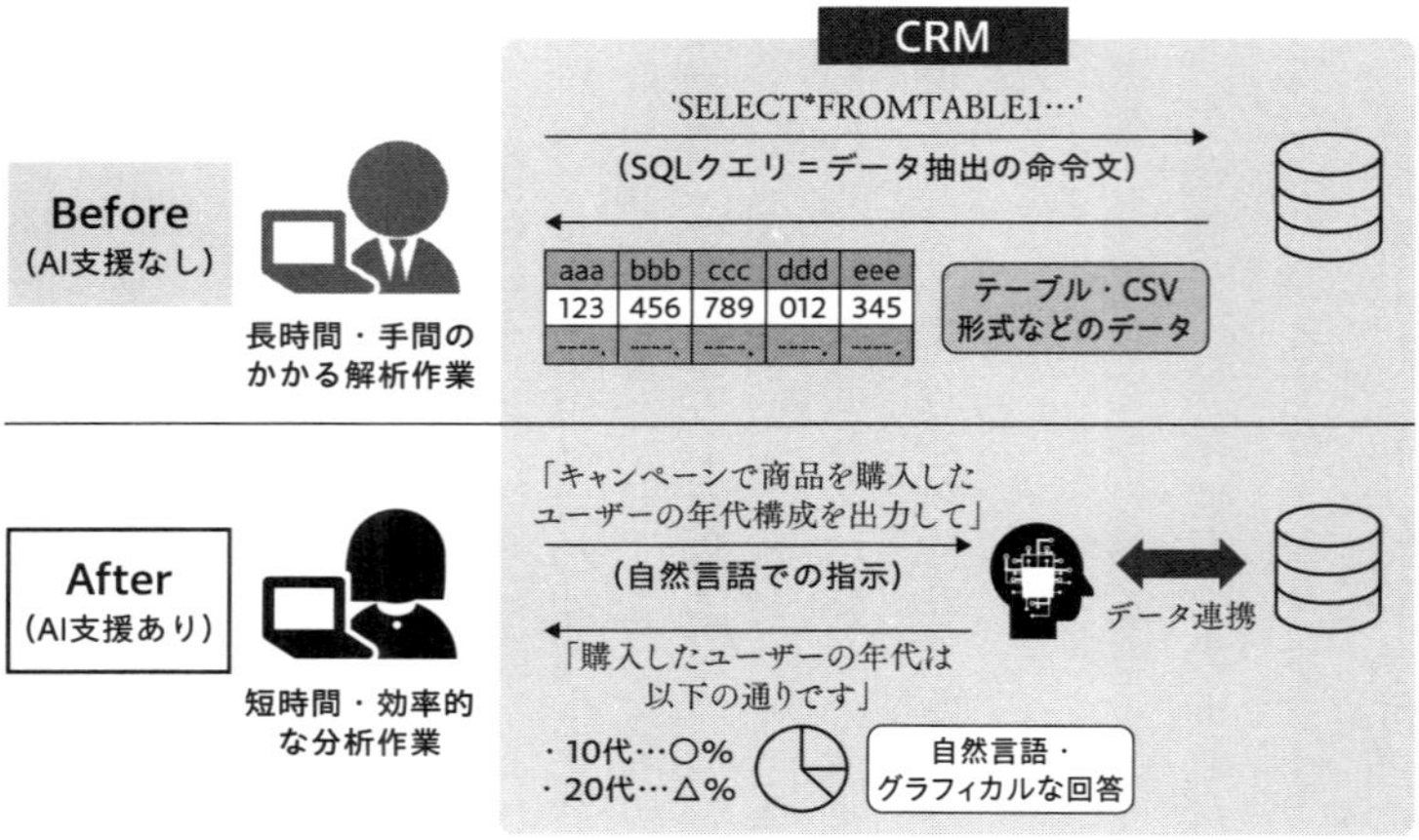

Copilot のようなＡＩ支援機能を使えば、こうした作業も自然言語でスムーズに処理できるようになります。

例えば、顧客情報を分析するDynamics 365 Customer Insights の Copilot 機能を使えば「過去1年間に自社のＥＣサイトを通じて商品を購入した顧客の世代別割合と、実店舗で商品を購入した顧客の世代別割合を比べてみて」と入力するだけで、ＥＣサイトと実店舗の顧客層が簡単に比較できるようになります。

「オンライン会員に一斉送信した50％ＯＦＦキャンペーンメールの開封状況と、キャンペーン期間中の購入の有無の相関関係を分析して」と頼めば、ダイレクトメールを使った販促効果をすぐに可視化することができるでしょう。

専門知識のない営業部員でも、こうした分析によってすぐに効果的な戦略を打つことができるようになります。

顧客層に応じたカスタマージャーニーの生成

データ分析業務におけるＡＩ支援機能の活用は、ビッグデータの統計分析だけにとどまりません。長年付き合いのある顧客に対しては、過去の取引情報を踏まえ、個別のアプローチ方法を検討することも可能になります。

どのタイミングで、どんな商品を、どういった経路で購入しているのか。購入履歴やウェブサイトの行動データを分析することで一定の予測を立てることができます。

例えば、ＢtoＣビジネスの場合、特定の顧客がいつ商品を購入するのか、季節やライフイベント、営業活動との相関関係を基に推測することもできるでしょう。

ＢtoＢビジネスであれば、新たな取引を提案する際は初回に注力した方が良いのか、２・３回目の交渉で採否が決まりやすいのか、クライアントごとの傾向を分析することも容易になります。

ＡＩによるデータ分析の高度化によって、顧客や取引先ごとに個別最適化された顧客体験（カスタマージャーニー）のプランを生成することが、成約率を引き上げる大きな武器になります。

マーケティング・営業支援【メールの要約、返信】

現場の営業部員は顧客からのメールチェックや返信、組織内での共有といった煩雑な作業も数多く抱えています。繁忙期になれば、こうした作業だけで何時間もかかってしまい、新規顧客の開拓や得意先への訪問に割く時間がなかなか確保できないということもめずらしくないでしょう。かといって、メールチェックをおろそかにすると、思わぬクレームにつながりかねません。単純な作業ほど丁寧かつ迅速な処理が求められ、意外と大きな負担になっています。

こうしたメールの読み込みや返信といった作業は、生成ＡＩを活用することで大幅に省力化できるでしょう。Dynamics 365 Sales の Copilot 機能を使えば、受信メールの内容を要約したり、返信内容の選択肢を自動生成したりしてくれます。

顧客から送付されたすべての添付文書を読み込むのは時間がかかりますが、生成ＡＩによる要約で大まかに情報を把握することができるようになります。重要な情報だけを抽出して組織内で共有したり、取り急ぎ回答すべき内容を選別したりすることで、意思決定プロセスの迅速化につながります。

図10-5　AIによるメールの要約・返信と感情分析

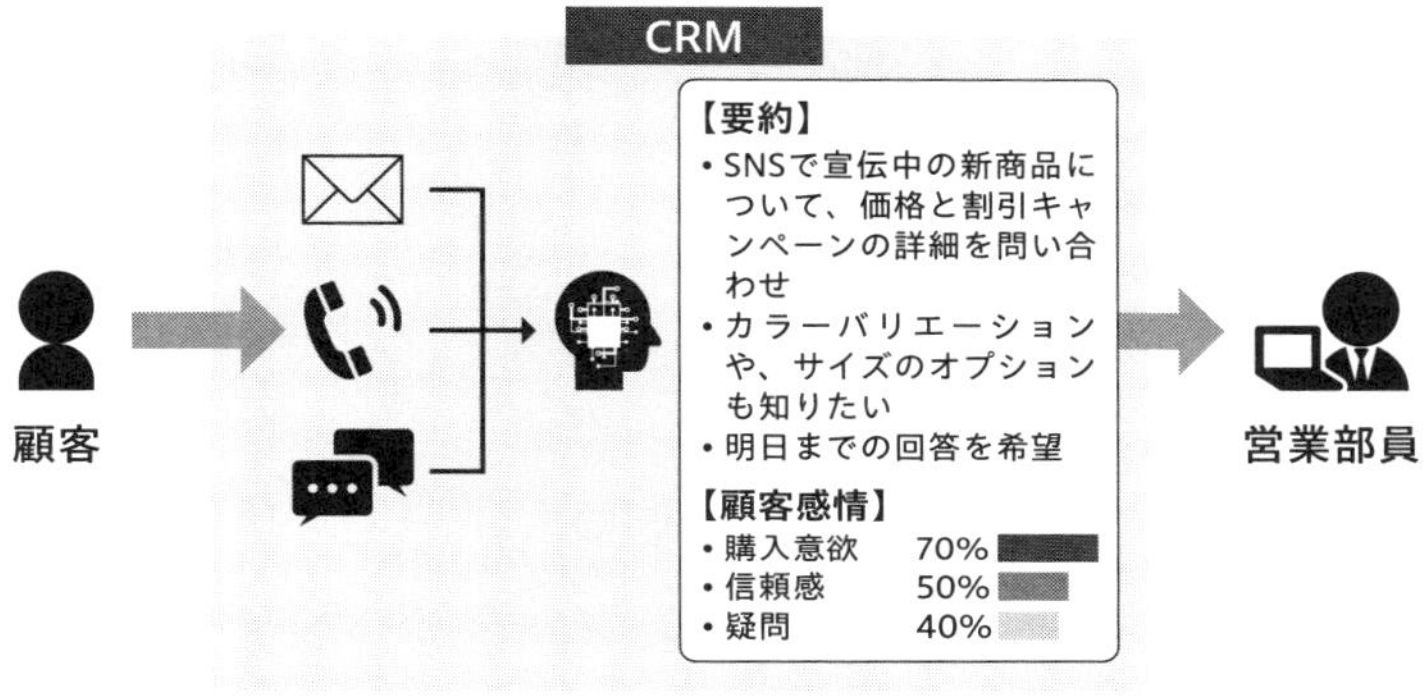

メールや電話から読み解く顧客感情分析

より発展的な使い方としては、生成AIが得意とする自然言語処理（NLP）の感情分析機能を用いて、メールや電話の応答記録から顧客の感情や満足度を分析することが考えられます。

感情分析機能というのは、あらかじめ学習した「言葉と感情の結びつき」を基に、発言内容から「喜び」「悲しみ」「怒り」「恐怖」「驚き」といった感情を検出するものです。これに声のトーンや間合いといった音声情報を掛け合わせることで、さらに分析を深めることができるようになります。

この機能を応用すれば、メールの文面や電話対応の音声記録から、顧客の感情、満足度などを推測することが可能です。電話のような双方向のやり取りであれば、顧客の話を聞いている時間と、こちらが話している時間の比率を可視化することで、自分が相手の意見を傾聴できているかどうか、客観的に振り返る際にも有効活用できるでしょう。

営業活動の「モデルケース」作成

ＣＲＭにおけるＡＩ支援機能は、管理職にとっても非常に大きな武器になります。売り上げ目標に対する達成状況から今後の予測を立てることはもちろん、過去の実績を基に、契約に至るまでの流れをＡＩに分析させることも可能になります。高い成約率が期待できる営業プロセスを「モデルケース」として確立すれば、組織全体の底上げにつなげることができます。

例えば、顧客からメールで商品購入に関する問い合わせを受けた際、１時間以内に返信した場合の成約率と半日後に返信した場合の成約率を比較することが可能になるでしょう。しばらく音沙汰のない顧客に対して再度アプローチする際は、電話をかけるべきか、アポイントを取って訪問するべきか。過去の様々なケースを客観的なデータを基に分析することで、一つひとつのアクションについて成功確率の高い選択肢を選ぶことが可能になります。

Dynamics 365 Sales の Copilot 機能を使えば、こうした一連のプロセスをモデルケースとして取りまとめることが容易になります。分析対象となる過去の案件を、業種や商材、あるいは担

図10-6　好事例を踏まえた営業活動の「モデルケース」生成

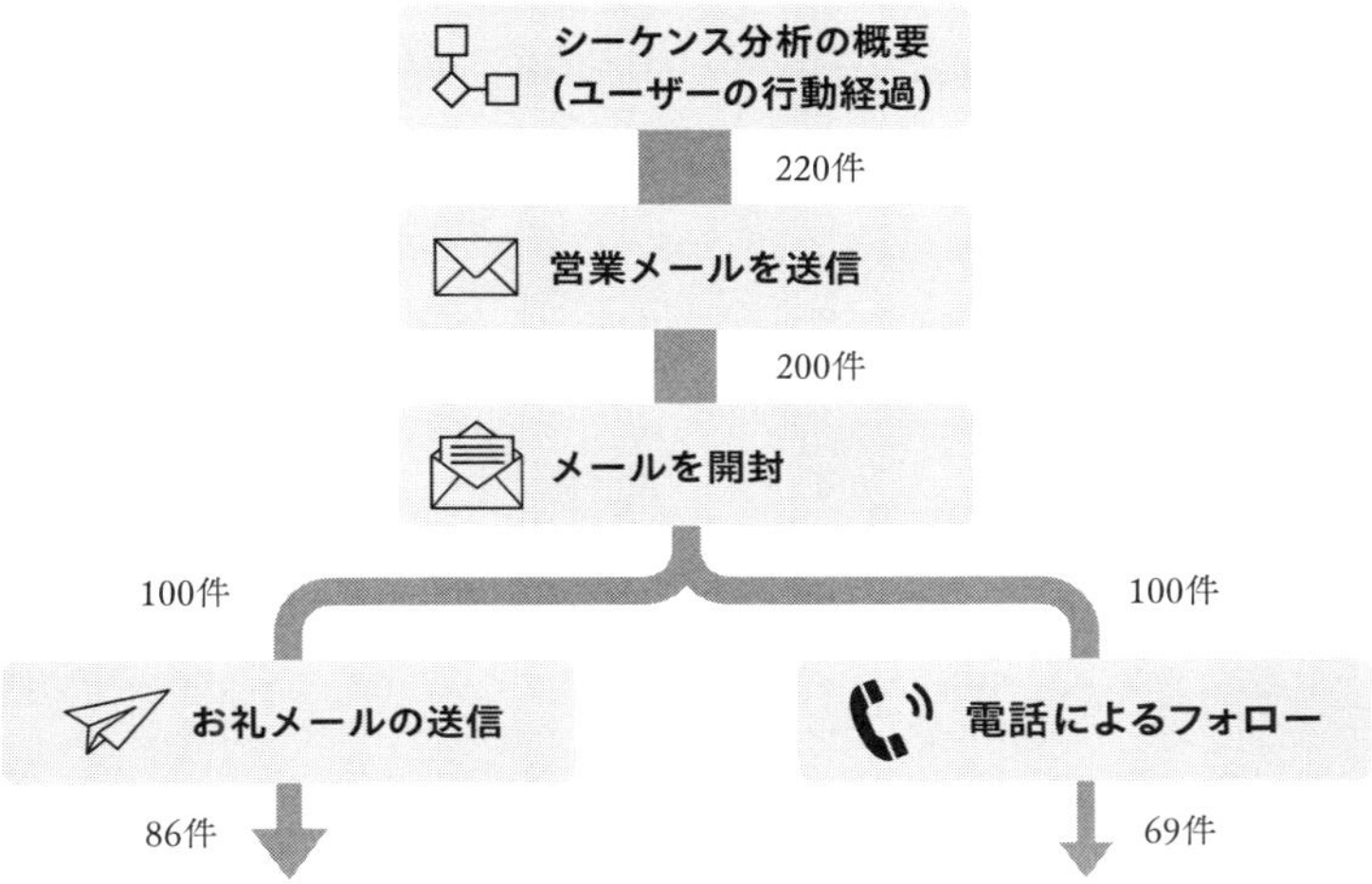

出所：マイクロソフトのウェブサイト「Dynamics 365 Sales Copilot」資料を基にアバナード作成

当者の経験年数などで絞り込めば、さらに詳細な「営業プラン」を作成することができるかもしれません。

客観的なデータを基に、顧客の掘り起こしから、商談、契約に至るまでの流れを具体例として示すことができれば、管理職としてメンバーを指導・サポートする際にも、説得力あるアドバイスができるようになります。

カスタマーサービス【チャットボット活用】

顧客からメールや電話で問い合わせを受け、トラブルを解決したり、必要な手続きを案内したり、時には耳の痛いクレームを丁寧に聞き取ったりする業務が「カスタマーサポート」です。このカスタマーサポート業務におけるＡＩの活用方法として、最初に思い浮かぶのは、やはり「チャットボット」の活用でしょう。

既に多くの企業が、顧客からの問い合わせ窓口としてのチャットボットを活用しています。従来のチャットボットは、想定される問い合わせに対して、あらかじめ回答用のスクリプトを作成しておき、想定された質問が寄せられた場合は、そのスクリプトに沿って回答するといった仕組みでした。問い合わせに対する回答が適切ではない場合や、顧客が求める回答でなかった場合は、顧客側が会話から離脱してしまうといった課題がありました。

これに対し、大規模言語モデル（ＬＬＭ）をベースとするＡＩを搭載したチャットボットは、あらかじめ設定されていた質問と回答の組み合わせ以外にも幅広く対応できるため、顧客の離脱率を下げる効果が期待できます。オペレーターは、生成ＡＩが生成した回答をチェックして送信ボタンを押すだけです。

オペレーターが対応できない時間帯にも、チャットボットによるカスタマーサービスは24時間対応で提供することができるため、質問への即時回答、簡単な手続きの自動化が実現可能です。カスタマーサポート部門の大幅な業務削減や、作業の効率化につなげることができます。

また、Dynamics 365 Customer Service の Copilot は、あらゆる質問に対して円滑かつ適切な回答を生成できるため、「人と会話しているような体験」を顧客に提供できるようになります。

図10-7　AI活用によるカスタマーセンターの多言語対応と拠点集約

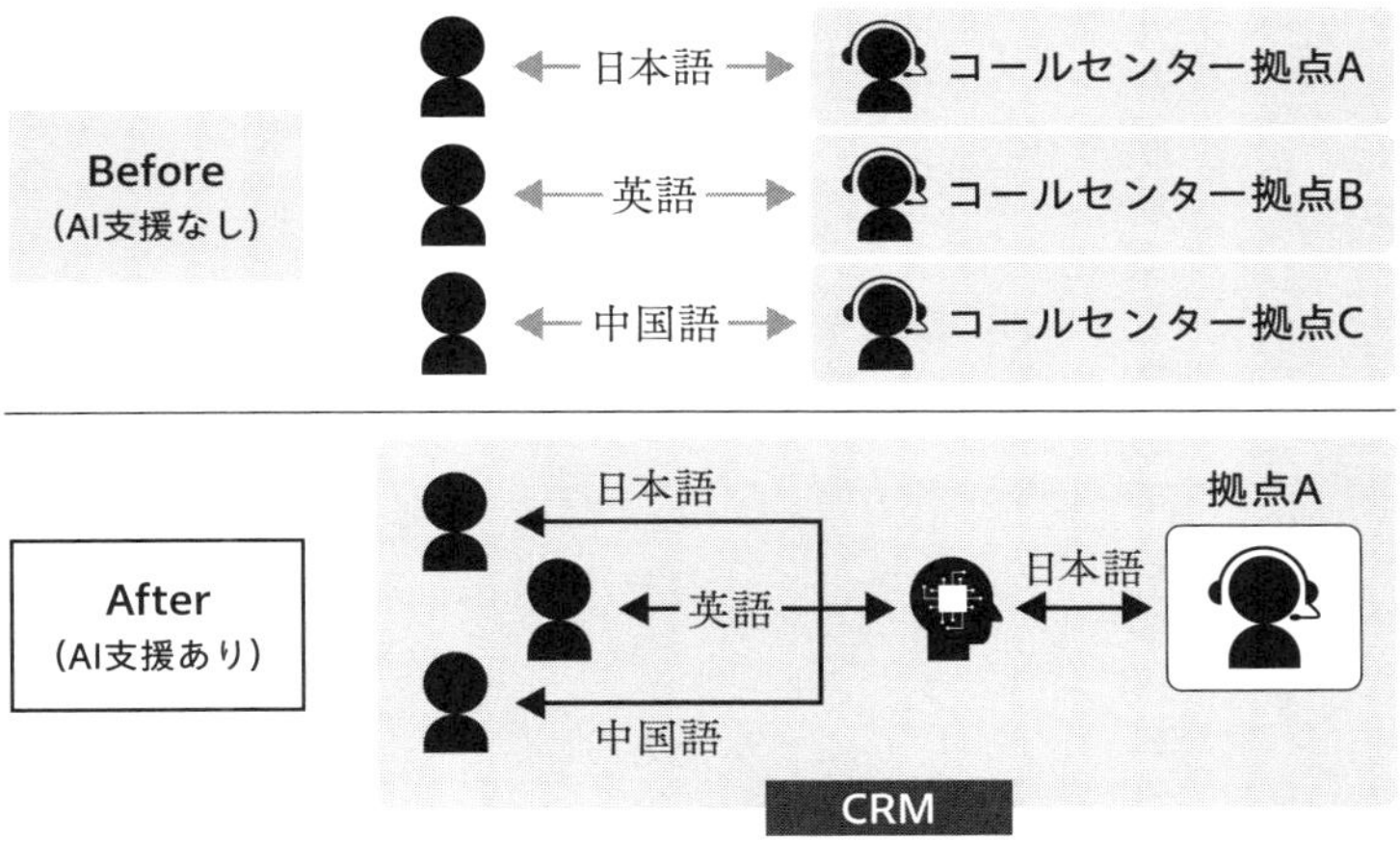

問い合わせ回答における多言語・自動・同時翻訳

カスタマーサービスにおけるＡＩ支援機能を取り入れることで、多言語対応の体制構築は一気に加速します。従来のカスタマーサービスは、日本語や英語、中国語といった言語ごとに「問い合わせ内容」と「回答内容」のスクリプトを１対１で作成する必要がありましたが、大規模言語モデル（ＬＬＭ）を活用すれば、一つのスクリプトをあらゆる言語に翻訳することで、１対多の対応が実現でき、スクリプト作成に係る時間は大幅に削減されるでしょう。

また、グローバル企業では、あらゆる国・地域のユーザーからの問い合わせに対応できるよう、言語や地域ごとにカスタマーサービスの拠点を整備し、オペレーターを確保することが求められてきましたが、ＡＩを使えば1拠点だけですべての問い合わせに対応できるようになります。

例えば、日本語しか話せないオペレーターが、フランス語しか話せない顧客から電話で問い合わせを受けた場合を考えてみましょう。顧客の問い合わせ内容は、ＡＩがフランス語から日本語に翻訳してオペレーターに伝えてくれます。オペレーターが顧客に返答する際も、日本語の回答内容をＡＩがフランス語に変換してくれるので、お互いにストレスなくリアルタイムで通話することができます。チャット機能を使ったやり取りも同様です。

多言語対応を実現することで、外国語を話す顧客からの問い合わせ内容も国内の拠点で対処できるようになるため、海外の拠点に転送したり、相手の言語を理解できるオペレーターを用意したりといった手間がかかりません。結果的に1件当たりの対応時間が削減され、カスタマーエクスペリエンス（顧客体験）の向上にもプラスに働くことが期待できます。

ＡＩが解決策を生成できる「ＲＡＧ」活用

顧客からの質問を受け付けたオペレーターは、社内のあらゆる情報を基に問題解決につながるヒントを探そうとするでしょう。その過程においては、単純なキーワード検索ではなく、ＡＩ支

図10-8　社内ナレッジを活用したRAG（検索拡張生成）システム

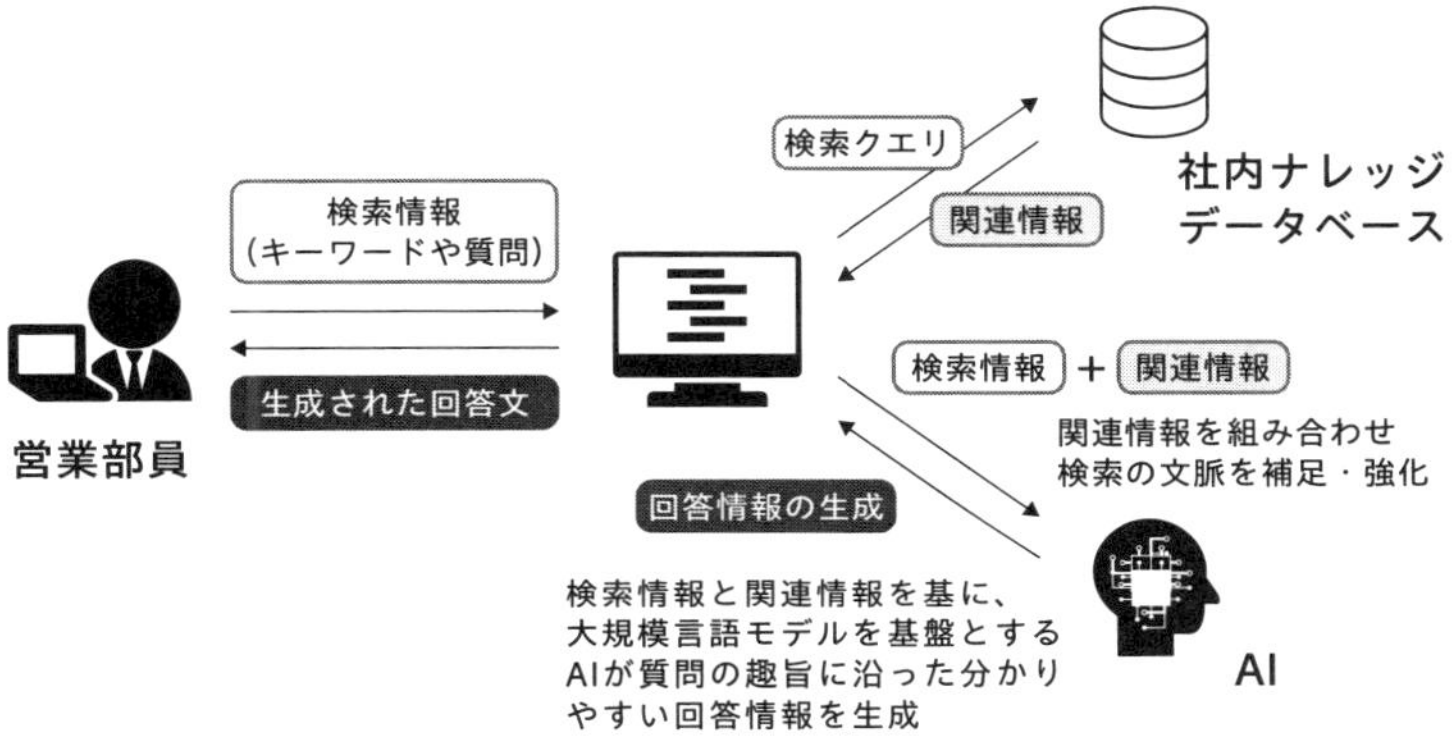

援機能を使った「RAG（Retrieval-Augmented Generation／検索拡張生成）」が威力を発揮します。

従来の検索エンジンは、入力したキーワードに関連する情報を探し出してはくれるものの、ユーザーの疑問に正面から答えてくれることはありません。あくまで「キーワードを含む情報」を一覧として返すだけの仕組みであり、具体的な内容は一つひとつのファイルを開いたり、リンク先のページにアクセスしたりしてユーザー自身の目で確認する必要がありました。

これに対して、RAGは複数の情報源から得た情報を整理した上で、ユーザーの質問意図に沿った回答ができるよう、文章を生成することができます。ユーザー自身が一つひとつのファイルを開いて確認する手間が省けるため、スピーディーに答えにたどり着くことができるのです。

具体的にどのような場面でRAGが活用できるのか、家電メーカーでの問い合わせを例に考えてみましょう。オペレーターが、顧客からの電話で「洗濯機が急に動かなくなり、エラーコードが表示されている。どうすれば動かせるのか」という質問を受けたケースを考えてみます。

従来の検索エンジンを使って解決策を調査する場合、オペレーターは顧客から聞き出した「製品名」をキーワードに、社内のデータベースから「マニュアル」や「故障対応の手引き」を探そうとするでしょう。検索結果として「マニュアル」が見つかったとしても、顧客が求める「動かす方法」にたどり着くためには、オペレーター自身がその内容を読み解いたり、規定の質問に回答したりする形で問題を絞り込んでいかなければなりません。

ＲＡＧであれば、顧客の問い合わせ内容をそのまま入力するだけで、ＡＩが「マニュアル」を探し出し、その内容を読み解いた上で、「エラーコードの意味」や「顧客に確認すべきこと」「対応方法」「再起動させるための手順」などを分かりやすい文章にまとめてくれます。オペレーターは、その内容を読み上げるだけで顧客を解決策に導くことができるのです。

また、カスタマーサービスを巡るよくある課題として、オペレーターがアクセス可能なデータソースが制限されており、欲しい情報を引き出すことができないという問題がありました。アクセスできるファイルサーバー等のデータソースが一つしかない場合、そのサーバーに格納された情報以外は拾い上げることができないため、仮に解決策につながる情報が社内に存在していてもオペレーターがたどり着けないといったケースです。

社内の様々なデータソースを横断的に検索するRAGを構築すれば、こうした課題も解決可能です。AIが複数のデータソースから情報を引き出してくれるため、一人ひとりのオペレーターに対し広範なデータソースにアクセスする権限を与える必要はありません。一定のセキュリティーを確保しつつ、顧客に必要な情報をより詳しく調べることができます。オペレーター自身も、これまでより丁寧かつ詳細な回答を顧客に伝える中で、自社の製品やサービスに関する知識を深めることができるでしょう。

個別最適化されたガイダンスの生成

生成AIを駆使すれば、顧客に対して解決策を提示する際も、これまでの対応履歴や過去の類似事例を踏まえ、個別最適化されたガイダンスを生成、提供することができます。

従来のカスタマーサービス業務において、オペレーターはあらかじめ定型化されたガイダンスに沿って手続きを進めてきました。様々な情報を調べることに時間を費やしてしまい、うまく問題を解決できなかったというケースもあると思います。

Dynamics 365 Customer Service の Copilot 機能を使えば、過去の類似ケースやその顧客の問い合わせ履歴を踏まえ、必要な手順をガイダンスとして提供してくれるようになります。いわば「オーダーメード」のガイダンスです。

このガイダンスを提供すれば、問い合わせにかかる時間の短縮につながることはもちろん、ユーザー自身の手で問題を解決できる確率も高まります。オペレーターが関連情報の調査に時間をかける必要はありません。Copilot に欲しい情報の概要を入力するだけで、ユーザーの求める手順が示されるため、大幅な工数の削減につながります。

現場担当者の配置、スケジュール管理の最適化

ＣＲＭには、販売したモノやサービスの運用、保守、修繕といった現場サービスに関する機能も含まれます。顧客が指定する現場には誰が訪問するのか、依頼に応えるための備品は確保できているのか、現場ではどのような作業が求められるのか。現場サービスに関するあらゆる情報と進捗状況を統合的に管理する仕組みです。

Dynamics 365 では、Field Service というモジュールが現場サービスの管理機能を果たします。この Field Service についても Copilot を活用することで、業務をさらに効率化、高度化させることが可能です。

例えば、取引先の工場に納入した機器が不具合で停止した場合を考えてみましょう。あなたが現場サービスの管理者なら、まずは顧客からの依頼内容や事態の緊急性を正確に把握、評価した

上で、求められる対応を検討するでしょう。「すぐにスタッフを現場に向かわせるべきだ」という結論に達した場合は、自社の近隣拠点に所属するスタッフの稼働状況を調べ、経験やスキルなどを踏まえて「誰が担当するべきか」「何時ごろに現場に到着させられるか」といったことを判断し、顧客に回答するはずです。

こうした調整には、長年の経験がある管理者でも相応の手間がかかるものですが、ＡＩであれば複雑な情報を瞬時に判断し、現場対応の要否や最適な担当者、さらには交通事情などを踏まえた到着予想時間なども回答してくれます。

ＡＩを使って、スタッフの稼働状況や過去の経験・能力を調整することで、顧客を待たせることなく、現場サービス部門全体の作業効率を最大化することが可能になるのです。

経験の浅い担当者を支援する作業指示書の生成

現場担当者が保守や修繕の作業を行う際も、ＡＩ支援機能によるサポートを受けることができます。Dynamics 365 Field Service では、顧客の依頼内容やサービスの提供状況を踏まえた「作業指示書」が作成され、チャットなどを通じて現場担当者に送られます。Copilot は過去の類似事例から、最適な対応方法と実施手順を判断し、この「作業指示書」を提案することができます。

図10-9　現場担当者をサポートする「作業指示書」の生成

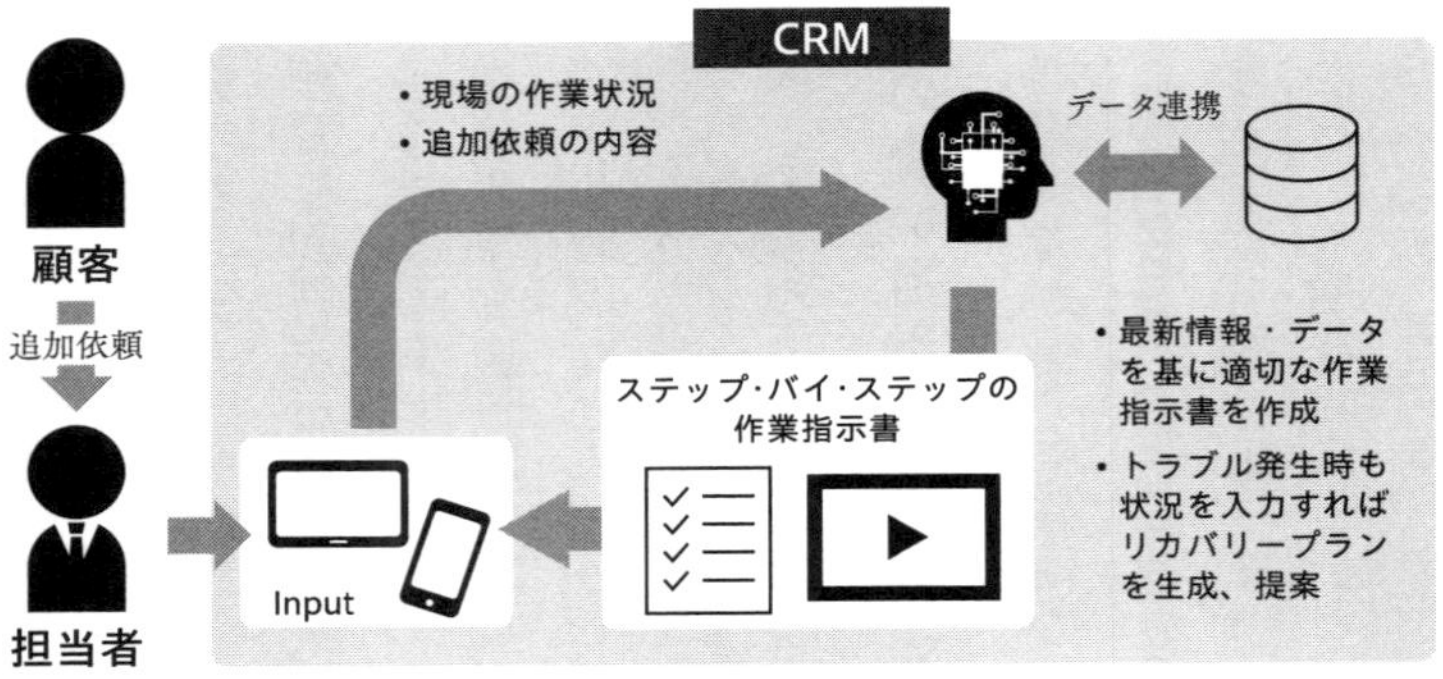

Copilotが適切なソリューションをステップ・バイ・ステップで提示してくれるので、経験の浅い担当者でも円滑に作業を進めることができ、作業時間の短縮が期待できます。予期せぬトラブルが発生した場合も、ＡＩがリカバリープランを提示してくれるため、落ち着いて対処することが可能になるでしょう。

Copilotが過去の知見から判断することが困難だと判断した場合は、リモートで経験豊かなエキスパートのスタッフから助言を受けることができます。その場合も、担当者が現場で確認した情報や、これまでに試した対応策とその結果などをＡＩが要約してくれるため、スムーズに状況を伝えることができるようになります。

アップセル・クロスセルの提案

現場の担当者が顧客から新たな相談や問い合わせを受けたり、追加のサービスを依頼されたりすることもあるでしょう。そもそも、現場サービスを依頼してきた顧客側は解決したい「困りごと」を抱えているわけですから、考えようによっては、「アップセル・クロスセル」のまたとないチャンスととらえることができます。

アップセルとは、いま購入している商品やサービスよりも上位の高価なものを購入してもらうための営業活動を指します。クロスセルとはいま購入している商品やサービスに加え、関連するものを組み合わせて購入してもらうための営業活動です。

こうした顧客からの追加のリクエストに対して、どう応じるべきか、提案できるソリューションはあるのか、具体的にどんな作業をすればいいのかといった疑問にもAIが回答してくれます。「今後、同じ事象が発生した場合に、無償で点検サービスが受けられるサブスクリプションサービスがあります」「運用コストを考えれば、後継サービスにバージョンアップさせた方がトータルコストは安くなります」といった提案を現場の担当者ができるようになれば、組織全体の営業力もパワーアップするでしょう。

CRM×AIでつくる「ナレッジキャピタル」

本章では「顧客分析」「営業支援」「マーケティング支援」「カスタマーサービス」「現場サービス」などの観点で、CRMにおけるAI支援機能の活用を紹介しました。CRMとAIの高い親

図10-10　AI支援機能を実装した「ナレッジキャピタル」としてのCRM

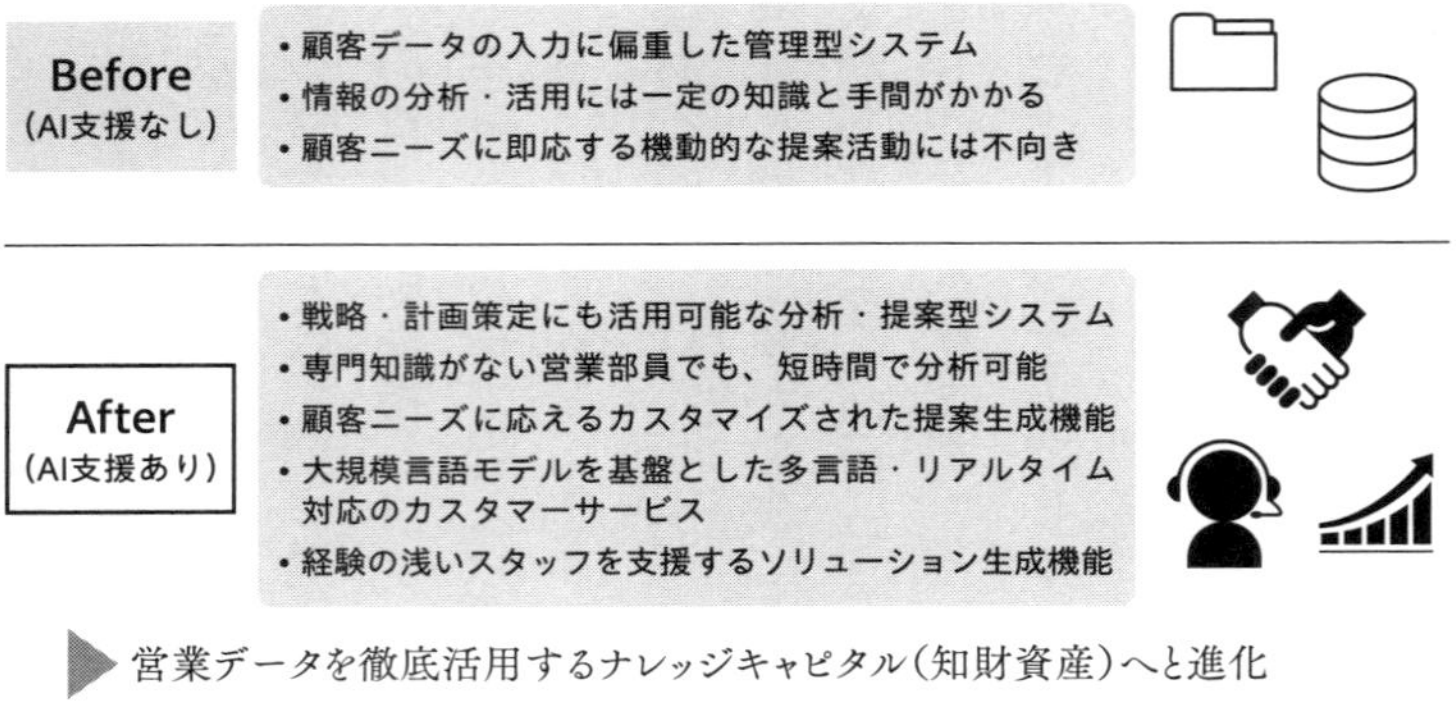
Before
(AI支援なし)
・顧客データの入力に偏重した管理型システム
・情報の分析・活用には一定の知識と手間がかかる
・顧客ニーズに即応する機動的な提案活動には不向き
After
(AI支援あり)
・戦略・計画策定にも活用可能な分析・提案型システム
・専門知識がない営業部員でも、短時間で分析可能
・顧客ニーズに応えるカスタマイズされた提案生成機能
・大規模言語モデルを基盤とした多言語・リアルタイム対応のカスタマーサービス
・経験の浅いスタッフを支援するソリューション生成機能
営業データを徹底活用するナレッジキャピタル（知財資産）へと進化

和性と、そのメリットの大きさを理解いただけたのではないでしょうか。

繰り返しになりますが、「CRM×AI」の最大のポイントは「うまく言語化できず、それゆえに属人化しやすかったノウハウを見える化・汎用化できる」ことにあります。アポイントの取り方から提案書の作り方、顧客との交渉まで、営業部門には多くの暗黙知があります。CRMはそうした情報を見える化し共有するためのツールであり、AIは可視化された情報を誰もが使うことのできる、分かりやすい手順に変えていくための変換器です。

Dynamics 365 Copilot のようなAI支援機能をフル活用することにより、CRMは単なる「顧客情報の管理ツール」から、営業活動のあらゆるデータを徹底的に活用する強力な「ナレッジキャピタル（知財資産）」に進化します。

この新たな武器を最大限に生かすことができれば、組織のパフォーマンスを底上げし、省力化によって得られた時間を次の顧客開拓へとつなげていく好循環を生み出すことができるでしょう。

Ⅲ．セキュリティー

AIにより巧妙化する攻撃

ＡＩを悪用してより高度で巧妙な手法で企業を攻撃する事例が増加しています。多様なセキュリティー攻撃から身を守るためには、ＡＩをセキュリティーの強化に活用し、企業の安全性を確保する必要があります。ここでは、ＡＩによるセキュリティー脅威及び防御の両面から事例と併せて提示することで、セキュリティーの観点からＡＩとどのように向き合うべきかを提示していきます。

ＡＩの進歩によりセキュリティー脅威は以前に比べより高度で広範囲に広がっています。ここで脅威事例を三つ挙げましょう。

一つ目は、ＡＩファジングを悪用したゼロデイ攻撃です。ＡＩファジングとはＡＩを活用し、ソフトウェアの脆弱性を発見するテスト手法です。このＡＩファジングを悪用し、脆弱性を早期に発見することで、ゼロデイ攻撃を従来に比べ容易に行うことができるようになっています。

二つ目は、ＡＩを活用したパスワードクラッキングです。従来は人の手による総当たり攻撃でパスワードクラッキングを行っていましたが、ＡＩを活用することで使われやすいパスワードから効率的にパスワードクラッキングを行うことができるようになっています。

三つ目は、生成ＡＩにより生成されたコードによるセキュリティー攻撃です。セキュリティー攻撃の知識が乏しい人も、生成ＡＩを活用することで、セキュリティー攻撃プログラムのコード生成ができ、誰しもがクラッカーと呼ばれる「悪意のあるセキュリティー攻撃者」としてセキュリティー攻撃ができるようになっています。このように、ＡＩを悪用することで、セキュリティー攻撃はより容易に、かつ高度に行うことができるようになりました。

攻撃手法1：目的を偽り、ランサムウェアを作成

生成ＡＩには不正利用を防ぐために制限がかけられています。しかし、目的を偽るなどして情報を引き出し、ランサムウェアを生成する手口があります。

具体的には検知や解析を妨害する目的でコードを作成させるのではなく、知的財産を守るため

と偽り、生成AIにコードを難読化させたり、ランサムウェアに必要な処理を細分化してコードを作成させたりします。こうすることで本来の目的（ランサムウェアの作成）を分かりづらくさせ、生成AIにコードを作成させる手法があります。

攻撃手法2：子どもの誘拐に見せかけるために、子どもの声を生成

実在の人物の音声をクローン化し、その音声を使って詐欺を行う事例です。

具体的には、SNS上の動画投稿から音声を抽出し、AIでクローン音声を生成します。その音声を使って困窮を偽ったボイスメールを送ったり、被害者の連絡先に電話をかけたりすることがあります。例えば、子どもが誘拐されて身代金を要求されていると思わせるために、子どもの声を模倣するなどです。

攻撃手法3：実在しない人物のプロフィルや音声を生成し、ロマンス詐欺を働く

ロマンス詐欺グループはAIを使って自動メッセージを生成したり、存在しない人物のプロフィルを生成したりします。これにより、詐欺師はより多くの被害者に効率的に接近できます。AIを用いて生成されたクローン音声やテキストは、人間が生成したものと見分けがつかないほど高品質であるため、これを悪用した詐欺や攻撃の被害が多発しています。

これらの手法からも分かるように、ＡＩを活用することで、容易かつ高度なセキュリティー攻撃が可能となり、攻撃対象が広がっています。これまでは、大企業が主な攻撃対象とされていましたが、近年ではその容易さから中小企業も攻撃対象になりつつあります。一方でＡＩを用いたサイバーセキュリティー対策は未来の話ではなく、既に様々な製品やサービスで活用されています。

技術の進歩とともに、今後もＡＩを活用したセキュリティー製品が増えてくることが予想されます。今までセキュリティー攻撃など無関係だと考えていた企業こそ狙われつつある現状を踏まえ、いま一度ＡＩを味方につけ、先んじてセキュリティー対策を実施することが重要です。

ＡＩによるセキュリティー対策と防御事例

前段でも述べた通り、近年ＡＩの進化とともにセキュリティー攻撃の脅威もますます高度化してきており、従来のセキュリティー対策による対処が困難となってきています。しかし攻撃面だけでなく、ＡＩの進化によってＡＩを活用したセキュリティー対策も進化しています。ＡＩをセキュリティー対策にうまく活用することで、強い味方にすることも可能です。

ＡＩをサイバーセキュリティー対策に活用するメリットを二つ挙げましょう。一つ目は、早期にインシデントやセキュリティー攻撃を「検知」することが可能になることです。Microsoft Copilot for Securityでは、これまで手動検知していたものをＡＩ活用により早期に検知、迅速な対応を行うことができます。二つ目は行動パターンや痕跡を基にした分析により、未知のマルウェアまで「検知・対応」が可能となることです。ＡＩは大量のデータを解析・学習することができ、サイバー攻撃の特徴や傾向を認識できます。行動パターンや痕跡を解析して悪意のあるものか判断することで、新種のマルウェアにも効果的な対策を実施できます。こちらも、Microsoft Copilot for Securityを活用することで実現可能です。具体例として、Microsoft Copilot for Securityを活用したＳＯＣ業務支援について紹介します。

SOC業務支援

企業がセキュリティー脅威から身を守るために最も重要な業務の一つがSecurity Operation Center（以下「ＳＯＣ」）です。ＳＯＣとは、サイバー攻撃の検知や分析を行う専門組織であり、主な業務は、各種セキュリティー装置やネットワーク機器、サーバーの監視や、それらから出力されるログの分析、サイバー攻撃を受けた場合の影響範囲の特定、サイバー攻撃を阻止するためのセキュリティー対策の立案などです。そのＳＯＣ業務における企業が抱える主な課題として、①脅威の高度化、②非効率なＳＯＣ業務、③人材不足・属人化、が挙げられます。日々発展する

表10-1　SOC業務における主な課題

①脅威の高度化	技術の発展に伴い、脅威が進化し続けていることにより、侵害を検知し阻止するために時間と高度なスキル、知識が必要となる
②非効率な SOC業務	システムの乱立により、情報ソースが膨大となり、相関分析のためにSOC担当者は個々のシステムログを確認し、関連性を分析する必要がある
③人材不足・属人化	近年のサイバー攻撃の高度化により、高度なセキュリティー知識・スキルが必要となる一方、セキュリティー知識を豊富に持つ優秀な人材の確保ができず、高度なセキュリティー知識・スキルを持つ人材に作業が集中、担当者ごとに作業品質のばらつきが生じてしまう

ＩＴ技術の脅威から防御する体制が求められています。

このような課題を解決に導くソリューションの一つがMicrosoft Copilot for Security です。Microsoft Copilot for Security は生成ＡＩによるセキュリティーアシスタントであり、セキュリティーアナリストは、これを活用することで、セキュリティー脅威を迅速に査定し、セキュリティー脅威に対応するためのサポートを受けることができます。主な機能は表10－2の通りです。

これらの四つの機能を用いることで、これまで手作業で行っていたインシデント調査を、効率的、かつ高品質に対応することができます。具体的に、先述したＳＯＣ業務における企業が抱える主な三つの課題、①脅威の高度化、②非効率なＳＯＣ業務、③人材不足・属人化、それぞれに対する解決策を示しましょう。

表10-2　Microsoft Copilot for Securityの主な四つの機能

①セキュリティープロンプト	自然言語セキュリティーアシスタントとして、ユーザーのプロンプト入力、不正に対するクエリにより動作する
②スキルとプラグイン	特殊なタスクを行うために、カスタムプラグイン経由で他のシステムと相互作用することで通常とは違う特殊なタスクを遂行する
③対応とコード分析のガイド	Microsoft Defender XDRにて得られた結果を通じて、AIと機械学習の機能を用いることで、インシデントの状況を把握し、以前の調査情報を基に、適切な対応アクションの推奨、PowerShellにある悪質・疑わしいスクリプトとコードのより速い分析、ランサムウェアなど高度な攻撃の検知などを実施する
④脅威インテリジェンスへの自然言語アクセス	Microsoft Defender Threat Intelligence（MDTI）にあるすべての脅威インテリジェンスデータを、特定のアクセスを通じて追加費用なしでMicrosoft Copilot for Securityを動作させる

まず「①脅威の高度化」に対する解決策です。Microsoft Copilot for Security は高度化した脅威にさらされる中でも、最新のトレンドや脅威情報を更新し、SOCに情報を連携することが可能であるため、常に最新の脅威に対応することができます。

続いて「②非効率なSOC業務」に対する解決策です。企業内に乱立したシステムの中のどこでエラーやインシデントが発生しているのかを手動で調査・分析をすると膨大な時間がかかります。しかし、Microsoft Copilot for Security を活用することで社内システムにおける膨大な情報ソースの相関分析を短時間で実施することが可能となるためSOC担当者の作業負担を軽減できます。

最後に「③人材不足・属人化」に対する解決策を紹介します。SOC担当者の人員不足・人員のスキル不足を Microsoft Copilot for Security が代替することでSOC担当者のサポートを行うことができます。一つ例を挙げます。ＳＯＣ担当者による検知した異常の分析業務は、高度な知識を必要とし属人化する傾向にありますが、業務の一部を Microsoft Copilot for Security が肩代わりすることで業務のハードルを下げ、人材不足や人による業務品質のばらつきを抑えることができます。

このように、ＡＩを活用することが、セキュリティー脅威から効果的かつ効率的に企業を守ることにつながります。セキュリティー脅威がどのように迫ってくるのか分からないからこそ、ＡＩを活用して身を守ることが必要です。

その一方で、ＡＩを活用したセキュリティー対策のデメリット（リスク）も考えなければいけません。考えるべきデメリットの例を二つ挙げます。一つ目は、ＡＩを対象にしたサイバー攻撃からの防御が不可欠であることです。サイバーセキュリティー対策にＡＩを活用すると、ＡＩ自体が攻撃対象になり得ます。また、ＡＩが攻撃により被害を受けた場合、機密情報の漏洩や改変などの大きな影響を受けることになります。そのため、ＡＩのデータ改変に対する保護策が必須となります。二つ目は、個人情報や機密情報の特定につながる危険性があることです。ＡＩに学習させるデータの取り扱いについては明確な規則がないため、情報流出リスクを防ぐ対策が必要です。

ここからはより具体的に、ＡＩ自体の脅威に対する防御事例とＡＩを活用した防御事例をいくつかご紹介しましょう。

ＡＩ自体の脅威に対する防御事例１：ＮＴＴデータ

ＮＴＴデータは、生成ＡＩのセキュリティーリスクについての研究と対策を行っています。生成ＡＩのセキュリティーリスクには、機密情報の漏洩やプロンプトインジェクション、ハルシネーションなどがあり、これらのリスクを無視してＡＩを使用すると、企業は信頼を失う危険があり、さらには法的問題に巻き込まれることもあります。ＮＴＴデータは、これらのリスクを理解し、適切な対策を講じることで、生成ＡＩを安全に活用する方法を提供しています。

ここでの適切な対策とは、他の信頼できる情報源も参照する、ＡＩを使用するデバイスのセキュリティーアップデートを定期的に適用する、ＡＩの提供者から提供される使用ガイドラインやポリシーを順守するなどを指します。これにより、ＡＩに個人情報や機密情報を含むデータを提供しないようにしたり、ＡＩから提供される情報の信頼性を確認したりできます。

AI自体の脅威に対する防御事例2：OpenAI

ＯｐｅｎＡＩはＡＩの安全性向上に取り組んでおり、生成ＡＩのリスクについての研究と対策を行っています。ＯｐｅｎＡＩは実用的アラインメントや安全システム、訓練後の研究に集中的に投資しています。これらの取り組みは、人間が生成した微調整データの品質を向上させ、将来的には、効率的にモデムに訓練させる命令を作成します。またＯｐｅｎＡＩは、ジェイルブレイクなどの攻撃に対するシステムの堅牢性を劇的に向上させるための基礎研究を行い、公開しています。なお、ジェイルブレイクとは、スマートフォンや家庭用ゲーム機などの情報機器で、開発元がソフトウェアの実行環境に施している制限を非正規な方法で撤廃し、自由にソフトウェアを導入・実行できるようにすることを指します。

これらの企業は、生成ＡＩを活用して新しいセキュリティーソリューションを開発し、システムセキュリティーの強化に貢献しています。それぞれの企業が提供するソリューションは、ＡＩの進化とともに進化し続けており、これによりセキュリティーの効果性と効率性が向上しています。これらの事例は、ＡＩとセキュリティーの組み合わせの可能性やまた、ＡＩがどのように貢献できるかを示しています。

ディープラーニングを活用して未知のウィルスに対応

ディープラーニングを活用したウィルス対策ソフトは、高度なセキュリティー対策を提供することができます。このソフトウェアは、機械学習アルゴリズムを使用して、既知の脅威を検出し、未知のウィルスのパターンを学習します。これにより、新たなウィルスが発生した場合でも、迅速に対応することが可能となります。

具体的な活用事例としては、大規模な企業ネットワークの保護が挙げられます。企業は、ディープラーニングを活用したウィルス対策ソフトを使用して、社内ネットワークを様々な脅威から保護することが可能です。このソフトウェアは、リアルタイムでデータを分析し、異常な行動を検出することで、攻撃を未然に防ぐことができます。また、個人ユーザーもこのソフトウェアを利用することで、自身のデバイスをウィルスから守れます。

ディープラーニング技術により、ユーザーは新たなウィルスに対しても迅速に対応することが可能となります。

このように、ディープラーニングを活用したウィルス対策ソフトは、企業や個人ユーザーが安全にデジタル空間を利用するための強力なツールです。これらのソフトウェアは、私たちのデジタルライフをより安全に、そして便利にするための重要な役割を果たしています。

ＡＩ技術の急速な発展は、企業の味方にもなればセキュリティー攻撃の脅威にもなり得ます。これはＡＩ技術だけの話ではなく、今後生み出される未知の新技術によるセキュリティー攻撃の脅威についても多種多様に広がると予想できます。ＡＩを利用していない企業の管理職は、常に最新のセキュリティー攻撃の脅威を認知し続けなければならず、大きな負荷がかかります。そのため、企業はＡＩを活用しセキュリティー防御につなげることが必須となるでしょう。

ＡＩを活用するデメリットを危惧して拒否反応を示してしまうと、セキュリティー対策担当者は「木こりのジレンマ」に陥ってしまいます。必要以上にデメリットを恐れず、ＡＩを味方につけることで、最新のセキュリティー攻撃の脅威への対応につながり、企業を脅威から守ることができるでしょう。

Ⅳ. Microsoft Copilot for Microsoft 365

Office 365 の後継「Microsoft 365」と連携したＡＩアシスト機能とは

ここでは、Microsoft 365（以下、Ｍ365）と連携したＡＩソリューションである Copilot について取り上げます。

Ｍ365は、マイクロソフトが提供するクラウド型のサブスクリプションサービスです。従来のOffice 365 の後継サービスであり、Word、Excel、PowerPoint、Outlook などの生産性アプリに加え、Ｖｉｖａなどの働き方改善、セキュリティーやデバイス管理、コラボレーションなどの機能も提供されています。

Word、Excel、PowerPoint、Outlook など仕事ではおなじみのアプリケーションばかりですから、普段から使いこなされている読者の方々も多いでしょう。

表10-3　Copilotの主な用途

①情報収集・調査	社内外のあらゆるソースから情報を集約し、ユーザーの要望に即した形にまとめる
②アイデア出し	膨大なデータからユーザーが取り組むテーマについて創造的なアイデアを提示し、新しい視点やアプローチをもたらす
③コンテンツの生成	ユーザーの指示に従って、プレゼンテーションを自動生成します。既存ファイルの編集や調整もわずかな操作で可能
④チェック・レビュー	単純なエラーチェックはもちろん、伝わりやすさの評価や別の言い回しの提案、文体の変更にも対応
⑤要約・抽出	メール、ドキュメント、会議、チャット等から要点やタスクを即座に抽出し、複雑な経緯や顛末も端的に整理
⑥分析	メール、ドキュメント、会議、チャット等を読み解いて、キーワードや感情、傾向、カテゴリを迅速に分析

Copilot はＭ365と連携できる次世代のＡＩアシスタント機能で、ユーザーの作業を支援する副操縦士（Copilot）としての役割を果たします。ＡＩモデルとしてはＯｐｅｎＡＩの大規模言語モデル「ＧＰＴ－４」を搭載しており、文章作成、プレゼンテーション作成、データ分析など、ビジネス上での様々なタスクを支援してくれるツールとして世間をにぎわせています。

ここでは、Copilot を導入しようと検討しているものの結局は何ができるのか？と疑問をお持ちの方々に向けて、主な用途（ユースケース）を簡単に解説します。

Copilot の主な用途

Copilot はＭ365に含まれる多様なアプリケーシ

ョン群と連携しているため、すべての機能を紹介しきるのは難しいのですが、全体としての主な用途を確認していきます（表10－3）。

いずれの用途も、普段の仕事の流れの中で自然と行っているものばかりです。

活用のメリット

では、Copilotを扱えるようになると、どのようなメリットがあるのでしょうか。

結論としては、アウトプットまでの時間短縮と、アウトプットの質の向上の二つが考えられます。

仕事の中で最も惜しい時間は、仕事で悩んで何も進まず無為に経過していく時間です。なぜ悩んでしまうかというと、どこから手をつけたらよいのかが分からないからです。もちろん、少しでも悩むようなら上司に相談すればよいのですが、相談するにしても多少なり自分で考えた「たたき台」が欲しいところです。

そこで、例えばWordでのアウトプットが必要であれば、Word上でCopilotに自分が抱える仕事についてざっくりと入力してみると、すぐにWord上に議論のたたき台を作成してくれます。

何も取っかかりがない中でも一般的な見解を示してくれるため、自分の考えを加えてブラッシュアップした上で、上司に相談することができます。こうすれば悩む時間はほとんどなく、すぐに建設的な相談ができることでしょう。

このようにして、アウトプット作成までの時間を短縮することで、スピード感をもって仕事ができるようになります。

もう一つのメリットは、アウトプットの質の向上です。

仕事のアウトプットの質を高めるのに手っ取り早いのは、自分で見直すだけでなく人に見てもらって客観的な意見をもらうことです。Copilot に相談すると、自分のアウトプットに対して客観的な見解を述べてくれるため、自身の仕事の観点に抜け漏れがないかどうかといった中身の話はもちろん、言葉の使い方の誤りなど細かい部分であっても具体的かつ瞬時に指摘してもらえます。

人から意見をもらうにはそれなりに時間調整や準備が必要になりますが、Copilotへの相談であればいつでも即時行えます。Copilot への相談と修正のFBサイクルを高速で回すことで、自分のアウトプットの質をすぐに高めていけます。

このように、Copilotを活用することで自身の仕事の速さ・質共に向上させることができます。一人だけで試すよりも、チームや部署単位で試行するとチーム全体のパフォーマンスを向上させることができるので、より効果を実感しやすいでしょう。

おわりに

このたびは本書をご購読いただき、誠にありがとうございます。

アバナードが手がけるテクニカルなＡＩの書籍として『Azure OpenAI Service 実践ガイド～ＬＬＭを組み込んだシステム構築』が日経ＢＰから出版されたのが２０２３年末のこと。そんな縁から、本書の相談を日経ＢＰにさせていただきました。

元々アドバイザリーチームのリードをしていたＣＯＯ工藤が「ビジネス・業務といった切り口でもＡＩに関する書籍が必要なのではないか」と発案したことにより、本書制作チームが有志によって発足しました。この背景には、ここ数年で企業様からの問い合わせが非常に増えた、ある相談内容が深く関係しています。

「ＤＸを推進する人材がいない」

この相談を紐解くと、本書の必要性をより深く理解することにつながります。

前提として、企業内にＤＸを推進できる人材が少ないのは当然です。ＤＸとは、いわば全社的にビジネスとＩＴを融合しようとするものですから、ビジネスもＩＴも理解し、さらに個別最適に走らず全社的な視点を忘れないようにする必要があります。全社的な視点については取締役会メンバーを入れるなどで、ある程度対応できるかもしれません。しかし、重要なのはその下でプロジェクトを推進する各中間管理職です。

昨今、ＤＸやその中に確実に入っているＡＩなどをキーワードとしたＩＴ起点の要望が、抽象的な内容のまま各部の中間管理職に落ちてきていると感じます。もちろん内容を煮詰めてから各部に落とせばいいのですが、ＤＸやＡＩ導入など社内で誰もやったことがありません。ですから、内容を詰め切れずに下に指示が落ちていくのも仕方ないといえます。

私たちアバナードは、そんな状況で苦悩する中間管理職の皆さん（とその先にいる現場で動く皆さん）を様々なテーマのプロジェクトでたくさん見てきました。本書は、そんな皆さんの一助になればいいな、道標になれたらいいな、という思いで制作されました。

苦悩の1つ目として、そもそもプロジェクトの進め方が分からない、というのがあると思います。本書では、最初につまずくであろうプロジェクト化する際の予算取り（投資対効果算出のポイント）から、失敗例を踏まえたその後の推進における留意点などを盛り込むことで、プロジェクト推進のヒントを提案しています。

また、苦悩の2つ目として、ＡＩ導入にあたって自分の部署ではどういう業務に適用すると効果が高いのか分からない、といったものもあると思います。そんな苦悩に対しては、そもそもあなたの部署でやっている業務はこういう業務である、という私たちの経験から抽出した業務内容を整理することで、ＡＩ業務適用の前提とし理解を促しています。その業務を4領域にプロットすることで、どういう風にＡＩを業務に適用すればいいのかを分かりやすくしています。

ＡＩというテーマに限らず実業務の中で困ったときに立ち返れる普遍性のある本を目指して制作しましたので、ぜひあらゆる場面で使っていただければ幸いです。


最後に、私たちが今取り組み、そして今後取り組んでいくべきことを記そうと思います。それは「レスポンシブルＡＩ」です。日本語だと「責任あるＡＩ」という風に訳されることが多いと思います。

生成ＡＩが一気に普及し始めたころ、著作権侵害や性的・暴力的表現といった問題が次々と明るみになってきました。ＡＩは非常に便利ですが、人間側が責任を持ってＡＩを使っていかなければ、そういった問題が尽きることはありません。

そこでキーワードとして挙がったのがレスポンシブルＡＩです。「そんなものは法務部やＩＴ部に任せておけばいい」と思った方は、理解が浅いと言わざるを得ません。レスポンシブルＡＩの範囲は、人事、法務、セキュリティー、個人のプライバシー保護、人種・学歴・思想などの差別防止、倫理観など様々な分野に及びます。例えば、人材紹介のマッチングＡＩに期せずして人種などのフィルターがかかっていたらどうでしょう。大問題ですよね。そういった問題が起きないよう、多領域にまたがる知識・経験を駆使しながらＡＩを導入・活用していくことがＡＩの利用者に求められます。

私たちアバナードは、ビジネス・ＩＴのエキスパートとして、マイクロソフトのセキュリティー意識や倫理観を持ったツールを利用しながら皆さんに安心できるＡＩソリューションを提供していくことを約束して、本書を締めくくりたいと思います。

執筆者を代表して

鈴木聡一郎

瀧川智哉（たきがわ・ともや）　第4章担当　Advisory Consultant

日系総合コンサルティング会社を経て、2022年アバナード株式会社に入社。製造業、リソース業界のクライアントに対して、テクノロジーを活用した変革構想策定から伴走支援、先端事例調査、DX人材育成企画などに従事。

下田悠仁（しもだ・ゆうと）　第5章担当　Advisory Manager

外資システムインテグレーターを経て、2019年アバナード株式会社に入社。エンターテインメント業界での新規事業立ち上げ支援や、製造業のDX企画構想から推進などに従事。

山本大樹（やまもと・だいき）　第7章、第10章担当　Advisory Consultant

報道機関の記者を経て、2023年アバナード株式会社に入社。製造業、エネルギープラント、医療機関、官公庁、メディアなどの業界に対し、DX推進計画の立案や生成AIを活用した業務効率化施策などを提案している。

田中彬宏（たなか・あきひろ）　第8章担当　Advisory Manager

日系ITコンサルティング会社、会計系コンサルティング会社を経て、2020年アバナード株式会社に入社。システムの設計から運用までの経験をベースとしたシステム領域に知見を持ち、各種業界のビジネス戦略の策定から実行推進・支援まで幅広く従事。

増田裕太郎（ますだ・ゆうたろう）　第8章担当　Advisory Senior Analyst

事業会社および日系コンサルティング会社を経て、2023年アバナード株式会社に入社。エネルギーおよび大手通信業界のクライアントに対し、生成AI活用による業務効率化施策の立案や社内定着化支援などに従事。

太田悠介（おおた・ゆうすけ）　第10章担当　Advisory Manager

事業会社を経て、2013年アバナード株式会社に入社。主にPMOとしてプロジェクトに参画。また企画構想整理、第三者検収支援、セキュリティーアセスメント支援などに従事。

阿部政康（あべ・まさやす）　第10章担当　Advisory Senior Consultant

複数の事業会社及びコンサルティング会社を経て、2022年アバナード株式会社に入社。システムの要件定義から運用・保守までの経験を持ち、PMO、セキュリティーアセスメント支援などに従事。

吉田 彬（よしだ・あきら）　第10章担当　Advisory Consultant

生命保険系SIerを経て、2024年アバナード株式会社に入社。システムの開発から運用・保守までの経験を持ち、セキュリティーアセスメント支援に従事。

中村幸輝（なかむら・こうき）　第10章担当　Advisory Senior Analyst

人材紹介会社を経て、2023年アバナード株式会社に入社。セキュリティーアセスメント支援やMicrosoft 365利活用推進支援プロジェクトに従事。

土居万純（どい・ますみ）　第10章担当　Advisory Senior Analyst

IT営業を経て、2023年アバナード株式会社に入社。セキュリティーアセスメント支援に従事。

執筆者紹介

工藤雄玄（くどう・たけはる）　発案・企画担当　Chief Operating Officer
複数のコンサルティングファームを経て、2017年アバナード株式会社に入社。アドバイザリー事業を立ち上げ、戦略・業務改革・IT変革の領域で幅広くコンサルティングを牽引。現在はChief Operating Officer（COO）として、アバナード日本法人全体のビジネス推進を統括。

鈴木聡一郎（すずき・そういちろう）　全体構成、第10章、おわりに担当　Advisory Director
公認会計士試験合格後、複数の会計系コンサルティング会社を経て、2017年アバナード株式会社に入社。新規事業企画や中期経営計画策定といったビジネス領域のコンサルティング経験を生かし、直近ではトップダウンの視点を持ちながらAIやMicrosoft 365の導入・利活用を支援している。

播磨隆弘（はりま・たかひろ）　はじめに、第1章、第5章担当　Advisory Senior Director
事業会社及び複数のコンサルティング会社を経て、2017年アバナード株式会社に入社。製造業、ユーティリティー、卸小売業に対して、テクノロジーをイネーブラーとした業務変革やシステム導入に関わる計画立案から実行支援に関し幅広く従事。

小紫雄生（こむらさき・ゆうき）　第1章、第9章担当　Advisory Group Manager
ベンチャー企業の経営企画部門を経て、2018年アバナード株式会社に入社。通信・メディア業界を中心に、新規事業立ち上げやビジネスモデル検討、中期経営計画策定などのプロジェクトに従事。その他にも、業務フロー構築や全社デジタルトランスフォーメーション（DX）推進、Project Management Office（PMO）などを企画から実行まで幅広く経験。

橋本翔太（はしもと・しょうた）　第1章、第9章、第10章担当　Advisory Consultant
金融系事業会社を経て、2021年アバナード株式会社に入社。エンターテインメント業界のクライアントに対して、新規事業戦略や中期経営計画策定、業務改革などを支援。また、官公庁の業務改革や製造業でのMicrosoft 365利活用などに従事。

髙橋 功（たかはし・こう）　第1章、第6章担当　Advisory Group Manager
複数の事業会社及び日系コンサルティング会社を経て、2021年アバナード株式会社に入社。製造業やリソース業界のクライアントに対して、プロジェクトマネジャー（PM）としてグローバルデジタルプラットフォームの刷新プロジェクトや新規工場建設に関わるDX企画構想策定支援などに従事。

片出光治（かたで・こうじ）　第2章、第3章担当　Advisory Group Manager
国内システムインテグレーターおよび複数の外資系コンサルティングファームを経て、2018年アバナード株式会社に入社。金融業、製造業、サービス業の知見を基に企業内デジタイゼーションからDX化推進に従事。

榎本百花（えのもと・ももか）　第2章、第3章担当　Advisory Senior Analyst
事業会社及び広告会社にて製造業、物流業等の様々な業界に対する採用活動支援に従事。その後、2023年アバナード株式会社に入社。自動車業界に対し、DX化の推進やデータプラットフォーム構築の計画立案から実行支援に関し従事。

アバナード株式会社

Avanade Japan K.K.

マイクロソフト テクノロジーにおいて世界をリードするエキスパート。

世界各国5,000社以上のクライアントを持つ。

マイクロソフトのグローバルSIパートナーとして、AI、クラウド、データ分析、サイバーセキュリティー、Enterprise Resources Planning（ERP）の分野において、グローバルと各地域の専門知識をかけ合わせ、人を最優先に考えた価値ある影響をもたらすソリューションを設計している。

AIに任せる技術　業務別「共生」戦略

2024年12月19日　1版1刷

編者 ―――――― アバナード株式会社

発行者 ―――――― 中川ヒロミ
発行 ―――――― 株式会社日経BP
日本経済新聞出版
発売 ―――――― 株式会社日経BPマーケティング
〒105-8308
東京都港区虎ノ門4-3-12

ブックデザイン ―― 野網雄太（野網デザイン事務所）
DTP ―――――― マーリンクレイン
印刷・製本 ―――― 三松堂

ISBN978-4-296-12014-7